掌尚文化

SALUTE & DISCOVERY
致敬与发现

中国人民银行营业管理部优秀调研成果选编（2023）

新发展阶段下的
首都金融管理研究

RESEARCH ON CAPITAL FINANCIAL MANAGEMENT IN THE NEW DEVELOPMENT STAGE

杨伟中 ◎ 主编

经济管理出版社
ECONOMY & MANAGEMENT PUBLISHING HOUSE

图书在版编目（CIP）数据

新发展阶段下的首都金融管理研究/杨伟中主编 . —北京：经济管理出版社，2023. 6
ISBN 978-7-5096-9119-9

Ⅰ. ①新…　Ⅱ. ①杨…　Ⅲ. ①地方金融事业—金融管理—研究—北京　Ⅳ. ①F832. 71

中国国家版本馆 CIP 数据核字（2023）第 119240 号

组稿编辑：宋　娜
责任编辑：宋　娜
责任印制：黄章平
责任校对：张晓燕

出版发行：经济管理出版社
　　　　　（北京市海淀区北蜂窝 8 号中雅大厦 A 座 11 层　100038）
网　　址：www. E-mp. com. cn
电　　话：（010）51915602
印　　刷：唐山昊达印刷有限公司
经　　销：新华书店
开　　本：720mm×1000mm/16
印　　张：21. 25
字　　数：348 千字
版　　次：2023 年 8 月第 1 版　　2023 年 8 月第 1 次印刷
书　　号：ISBN 978-7-5096-9119-9
定　　价：98. 00 元

课题组成员

主　编：杨伟中

副主编：马玉兰　刘玉苓　曾志诚　姚　力

　　　　洪　波　王　晋　梅国辉

编　审：林晓东　赵婧祎　李　康

前言

2021年以来，我国经济总体保持稳定恢复态势，经济运行保持在合理区间，发展质量稳步提升，"十四五"实现了良好开局。但也要注意，当前全球经济增长放缓、通胀高位运行，国际金融市场不确定性增加，贸易保护主义抬头，影响着全球经济复苏与发展。我国经济恢复的基础尚不牢固，仍面临需求收缩、供给冲击、预期转弱三重压力，稳增长压力依然较大。

面对复杂的国内外形势，中国人民银行营业管理部广大干部职工，深入贯彻落实习近平总书记关于调查研究的重要论述，秉承金融为民理念，紧密围绕中国人民银行中心工作以及经济金融运行的新特点、新状况、新问题，主动深入实际、深入基层、深入群众开展调查研究，着力将调研成果转化为解决问题、改进工作的真招、实招、硬招。结合自身履职，广大干部职工积极为金融支持首都高质量发展重点领域、持续防范化解重大金融风险、服务首都对外开放新格局、提高金融惠企利民水平建言献策，交出了一份扎扎实实的调研信息工作成绩单，有效提升了金融服务首都经济社会高质量发展的能力。

中国人民银行营业管理部以党史学习教育为抓手，着力推进调研作风转变，不断创新调研方式、丰富调研手段，提升调研信息服务决策水平，形成了一批选题有精度、调研有力度、分析有深度的调研成果，有力提升了广大干部职工的调研能力，推动了高质、高效履职。广大干部职工在实际工作中，围绕首都经济金融运行状况，为构建新发展格局提供调研支持；深入调研分析货币政策执行情况，为畅通货币政策传导机制与提升金融服务实体经济质效提供研究支持；全面研判辖内金融风险状况，为维护首都金融安全与稳定提供决策依据；依托"我为群众办实事"实践活动，深入基层、深入一线开展调查研究，为提升金融服务效率、改善首都营商环境提供有力支撑。

新发展阶段下的首都金融管理研究

　　春华秋实，勤耕不辍。《新发展阶段下的首都金融管理研究》集合了中国人民银行营业管理部百余篇调研成果中的 52 篇优秀成果。现将这些调研成果与社会同仁分享，希望能够为首都经济金融工作提供有益参考，并衷心期待广大读者朋友的批评与反馈，以促进首都金融工作高质量发展。

编　者

2022 年 12 月 22 日

目录

第三篇 / 金融监管与金融稳定篇

第四篇 / 外汇管理篇

第五篇 / 综合管理篇

第一篇

宏观经济与金融政策篇

Macro-Economy and Financial Policy

金融赋能自愿碳市场稳健发展[①]

杨伟中[*]

党的二十大提出要推动绿色发展、加快发展方式绿色转型，金融支持绿色发展是贯彻党的二十大精神、践行习近平生态文明思想、坚持新发展理念、落实碳达峰碳中和重大决策部署、推动绿色低碳发展的具体行动。我国碳交易市场的重要组成部分——自愿减排碳市场[②]，通过履约抵消机制和自愿减排交易机制双向加速推动各类市场主体碳减排，是碳达峰碳中和目标实现的加速器。CCER市场参与主体既涉及农业、林业、制造业等国民经济传统行业，又涉及碳捕捉、可再生能源等战略性新兴产业，金融支持CCER市场既有利于推动碳减排，又有助于实现绿色转型发展。建议通过完善CCER交易相关制度、加快CCER基础设施建设、鼓励金融机构发挥更多作用等政策措施，更好地引导金融资源向绿色低碳领域倾斜，推动能源结构和产业结构优化转型，助力碳减排约束下经济高质量发展。

一、全国CCER市场发展现状

2021年7月，全国碳排放权交易市场上线交易，标志着我国市场化碳减排进入新阶段，对助力实现"双碳"目标意义深远。除了碳排放权交易市场，我国碳交易市场还有CCER市场。碳排放权交易市场是强制性交易市场，交易产品是重点控排企业获配的碳配额（Chinese Emission Allowances，CEA）；CCER市场是通过市场化机制激励更多行业、企业主动减排，交易产

---

① 杨伟中. 金融赋能自愿碳市场稳健发展［J］. 中国金融，2022（21）：40-42.

* 杨伟中：中国人民银行营业管理部主任。

② 即国家核证自愿减排量（Chinese Certified Emission Reduction，CCER）市场，以下简称CCER市场。

品为 CCER。两个市场通过抵消机制衔接，CCER 市场为碳排放权交易市场提供不超过碳配额一定比例的低成本抵消额度。

2012 年，我国开始建设 CCER 市场。2015 年以来，我国逐渐在 9 个地区开展 CCER 试点交易，2017 年暂停了 CCER 项目的备案申请受理，2018 年 5 月国家自愿减排交易注册登记系统恢复上线运行，存量交易重启，但增量项目备案仍处于停滞状态。2021 年 5 月，生态环境部等八部门发文，明确鼓励北京自贸试验区设立全国自愿减排等碳交易中心。截至 2021 年底，各试点地区 CCER 累计成交量约为 4.4 亿吨，成交额突破了 40 亿元；约 6000 万吨的 CCER 已被用于碳市场配额清缴履约抵消。[①]

二、CCER 市场建设促进绿色发展的主要作用

党的二十大提出发展绿色低碳产业，倡导绿色消费，推动形成绿色低碳的生产和生活方式，而 CCER 市场的核心功能正是为全社会主动减排和绿色技术创新提供平台与工具，是碳中和目标实现的重要抓手和有力载体。CCER 市场具有减排的正向激励作用，是我国践行联合国可持续发展目标（Sustainable Development Goals，SDGs）、遵守国家自主贡献（Nationally Determined Contribution，NDC）承诺的重要抓手，是企业实现碳中和目标、履行社会责任等的重要载体。CCER 项目来源、项目用途和交易方式多元，不仅可以为市场主体提供自愿减排真实价值实现的机会，还有助于吸引更多企业加入自愿减排队伍，加快全社会碳中和进度。此外，CCER 市场还能为碳捕捉、碳利用等先进技术项目提供进步的空间和额外收益，提升投资人对 CCER 项目的收益预期，从而吸引更多资本进入 CCER 市场，活跃市场交易，加快绿色技术创新，增强碳中和目标实现的驱动力。

党的二十大提出统筹产业结构调整、污染治理、生态保护、应对气候变化，协同推进降碳、减污、扩绿、增长，推进生态优先、节约集约、绿色低碳发展，而 CCER 市场覆盖范围广，涉及行业多、产业链完备、市场参与主体多元，CCER 项目可产生于农、林、制造、建筑、交通运输、能源、化工、金属加工以及碳吸收、碳捕集、碳利用等多个行业和领域，大多为国家鼓励

---

① 数据来源：《2021 年中国碳价调查》。

的绿色低碳项目，符合产业结构和能源结构转型要求。全国碳排放权交易市场开启后，在第一个履约周期约有 3300 万吨 CCER 被履约抵消，目前市场上可用的 CCER 存量约为 1000 万吨。[①] 未来，随着碳排放权交易市场逐步扩大，越来越多的企业做出"净零承诺"，CCER 的需求量还会进一步增加，将会有力地推动我国经济低碳转型发展。

党的二十大提出立足我国能源资源禀赋，坚持先立后破，有计划分步骤实施碳达峰行动，而 CCER 市场通过为碳排放权交易市场高碳行业重点碳排放单位提供一定比例的履约抵消额度的方式，进一步促进全社会减排。碳排放权交易市场与 CCER 市场通过履约抵消机制连接，当碳排放权交易市场中的交易主体出现超额碳排放时，与选择碳配额履约相比，选择具有"负碳"效应的 CCER 高质量履约，既能促进全社会更多减排，降低重点碳排放企业的碳减排成本，还能深入推进能源革命。

三、金融支持 CCER 市场建设具有四方面意义

金融支持 CCER 市场有利于加速碳中和目标的实现。我国从碳达峰到碳中和的时间短、任务重，目前纳入全国碳排放权交易市场的排放量占全部碳排放量的四成左右，如期实现"双碳"目标亟须 CCER 市场助力。金融支持可有效提高 CCER 市场流动性和活跃度，激励更多市场主体主动减排，扩大市场规模，金融服务可帮助建立有效的碳市场。为低碳、零碳和负碳技术研发和推广应用提供资金支持和金融服务，可以促进 CCER 市场快速发展，推动我国碳中和目标如期实现。

金融支持 CCER 市场建设有利于推动能源和产业结构转型，助力碳减排约束下经济高质量发展。从碳达峰到碳中和，我国经济发展对能源增长的需求与碳减排的双重压力更为突出，倒逼能源体系加速低碳转型。金融支持 CCER 项目，可充分发挥其资源配置功能，引导资金更多流向清洁能源、低碳生产等绿色领域，优化能源结构和产业结构，形成绿色低碳经济下新的增长点，减少碳减排给短期产出带来的下行压力；同时，对降碳负碳技术研发、成果转化和推广应用提供金融支持，有助于更多企业提升减排质效、提高要

---

① 数据来源于路孚特。

素使用效率，从资源依赖走向技术依赖，减少碳达峰碳中和对潜在经济增长率的影响。

金融支持 CCER 市场建设有利于完善碳排放权交易价格形成机制，使碳排放权交易价格逐步体现全社会真实的减排成本。建立合理有效的碳价格是碳市场引导碳减排资源优化配置、降低全社会减排成本的重要手段。碳排放权交易价格主要取决于配额供给总量和分配方式，反映出高碳排放行业企业的碳排放代价。CCER 价格主要由市场供需决定，反映出自愿减排项目的减排成本。金融支持 CCER 交易不仅不会推高自愿减排的真实成本，还可以解决 CCER 供需双方时间不匹配和信息不对称的问题，使 CCER 价格更加真实地反映自愿减排成本。同时，受抵消比例和抵消条件等因素限制，CCER 价格波动不会对碳排放权交易价格产生决定性影响；虽然当 CCER 价格波动较大时，其可能会通过影响碳排放权需求及市场参与主体的价格预期间接影响碳排放权交易价格，但这种价格波动体现了市场供需和真实减排成本，对碳排放权交易价格发现能够起到正向助推作用。因此，金融支持碳市场建设的政策和措施可在 CCER 市场先行先试，待取得成熟经验后再推广到碳排放权交易市场。

金融支持 CCER 市场建设有助于促进我国自愿碳市场紧跟国际发展进程。全球自愿减排市场容量虽然不大，但交易活跃度正在增加，市场快速发展。中国作为世界上自愿减排市场最大的供给方，未来很有可能也是最大的需求方，2020 年 3 月，CCER 被纳入国际航空碳抵消与减排计划（Carbon Offsetting and Reduction Scheme for International Aviation，CORSIA），为我国自愿碳市场与国际碳市场连接提供了重要途径。金融支持有助于改善目前国内 CCER 市场分散和市场容量小的状态，推动 CCER 市场实现更高的标准化，助力 CCER 在全球规模化交易，为全球碳市场建设注入中国力量。

四、金融赋能 CCER 市场建设主要存在三方面问题，需要加力破解

CCER 审批所需时间较长，抵消比例尚不灵活。企业开发 CCER 项目需要经过申请、审核、注册、签发、登记等一套严格的流程，CCER 从项目开发到减排量获得备案进入市场交易，所需时间较长，客观上影响了 CCER 项

目参与者的积极性。同时，目前全国和各区域试点市场规定，被强制纳入碳控排的企业仅能够使用5%～10%的CCER抵消量实现履约义务且只有存量交易，限制了CCER项目开发和市场扩展。

我国法律界对碳排放权的法律属性认识不一。《中华人民共和国民法典》第四百四十条列明的依法可以出质的权利不包含碳排放权。法律界对其属性也认识不一，有的认为其是用益物权、准用益物权，也有的认为其是准物权，容易引起法律纠纷。

CCER市场机制仍不够健全。从交易方式看，各试点地区CCER交易和定价自成体系，交易多采用协议转让方式，不利于金融机构为碳金融产品估值和定价。从交易产品看，多为现货交易，不利于金融机构开展以碳资产为基础资产的碳金融产品创新、推广与投资。同时，缺乏碳期货等风险对冲工具缓释履约机构的市场风险。

五、金融加大CCER市场建设支持力度的政策建议

加快推动全国统一的CCER市场建设。一是加快全国统一的CCER交易中心建设，使其成为权威的CCER定价交易平台、专业的项目服务平台和综合的金融服务平台。二是可将CCER项目纳入全国统一的绿色项目库，建立企业碳排放账户并强化环境信息披露要求，便于金融机构优先、精准对接。三是加强碳交易市场第三方中介机构建设，探索开展企业碳核算、碳减排的量化评估。

完善CCER市场建设的相关配套制度，为金融赋能提供有利条件和制度保障。一是在防范道德风险的基础上，进一步完善审批流程，提高审批效率，降低企业时间成本。二是视碳排放权交易市场发展情况适时提高CCER抵消比例，尝试建立CCER抵消浮动机制，激发更多企业开发CCER项目。三是鼓励各类市场主体购买CCER主动实现碳减排，增加CCER的市场需求。

加强对金融机构的激励约束，鼓励金融机构积极支持CCER项目。一是通过再贴现、再贷款等结构性货币政策引导信贷资金向CCER项目及企业倾斜。二是适时将CCER的支持情况纳入金融机构环境信息披露和绿色金融考核评价体系，探索建立金融机构参与CCER交易的风险容忍机制，激励其积极开展金融产品和服务创新。三是通过贴息和奖补等财政措施加大对CCER

项目的支持力度，吸引金融资源向 CCER 项目所属企业、行业倾斜。四是建立跨部门的碳市场监管框架和协调机制，推动碳市场平稳健康发展。

支持金融机构在 CCER 市场交易中发挥更多作用。一是积极为市场参与主体提供结算、融资、碳资产管理等碳金融服务。二是借鉴国际碳市场中碳期货、碳远期等金融产品成熟的发展经验，探索推出新型碳金融工具。三是充分发挥金融科技在碳金融市场定价、交易、监管、信息披露、风险管理等方面的作用。

数字经济发展趋势与路径研究

马玉兰[*]

党的十九届五中全会提出，发展数字经济，推进数字产业化和产业数字化，推动数字经济和实体经济深度融合，打造具有国际竞争力的数字产业集群。为深入贯彻党中央、国务院关于发展数字经济的决策部署，加快将北京建成全球数字经济标杆城市，笔者组织研究团队赴贵州调研大数据产业发展模式，探索北京市数字经济发展路径，建议加快地方专项立法建设，促进"政府+市场"多维数据共享、引导培育大数据交易市场、推进征信市场供给侧结构性改革、推动地方征信平台建设。

一、数字经济总体情况

（一）基本内涵

2021年5月27日，国家统计局发布《数字经济及其核心产业统计分类（2021）》（以下简称《数字经济分类》）对"数字经济"的概念进行明确界定：数字经济是指以数据资源作为关键生产要素、以现代信息网络作为重要载体、以信息通信技术的有效使用作为效率提升和经济结构优化的重要推动力的一系列经济活动。根据《数字经济分类》，我国数字经济主要由"数字产业化"和"产业数字化"两部分构成，其中前者指计算机通信和其他电子设备制造业、电信广播电视和卫星传输服务、互联网和相关服务、软件和信息技术服务业等，是数字经济发展的基础；后者指应用数字技术和数据资源为传统产业带来的产出增加和效率提升，是数字技术与实体经济的融合。

---

* 马玉兰：中国人民银行营业管理部副主任。

（二）主要特点

1. 数据化

当前，经济社会中95%以上的信息都以数字格式存储、传输和使用，随着数字化进程不断加深，数据已成为与资本和土地并列的核心生产要素。数据资源可复制、可共享、无限增长和供给的禀赋，打破了传统要素有限供给对经济增长的制约，数据的价值创造潜能大幅提升，为经济持续增长提供了动力。

2. 平台化

互联网资料显示，在全球市值排名前十的公司中，有七家采用基于平台的商业模式，包括微软、亚马逊、腾讯等。平台正式成为数字经济时代协调和配置资源的基本经济组织。依托于信息技术的进步，平台能快速实现供需资源的有效匹配，显著降低交易成本和信息不对称性，进而提高经济社会整体的运行效率。

3. 普惠化

数字经济实质上是一种"人人参与、共享共建"的经济范式，其发展使消费者和小微企业能够以很低的成本获得所需要的服务，更公平地参与经济活动并从中获益，具有服务领域广、经济体量大、参与人数多等优势。

4. 边际成本接近于零

数字经济在发展前期往往需要投入高额的基础设施建设费用，但达到一定规模后，其处理、存储、复制和传输数据的边际成本很低甚至接近于零，因此很容易形成规模经济和范围经济，马太效应极强。

（三）发展现状

1. 数字经济规模保持高速增长，对 GDP 贡献水平持续上升

2020 年，我国数字经济规模为 39.2 万亿元，同比增长 9.7%，[①] 数字经济占 GDP 的比重达 38.6%，[②] 同比提升 2.4 个百分点，成为推动我国经济持

[①] 数据来源：新华社报道（中国政府网引用）《中国互联网发展报告 2021》中披露数据为 9.7%。

[②] 数据来源：《中国数字经济发展白皮书（2021）》。

续稳定增长的关键动力。

2. 产业数字化占比约八成，三次产业数字化程度加深

2020 年，产业数字化规模为 31.7 万亿元，同比增长 10.3%，占数字经济的比重为 80.9%，同比增长 0.7 个百分点。由图 1 可知，2020 年第三产业、第二产业、第一产业数字经济占行业增加值比重分别为 40.7%、21.0% 和 8.9%，较 2019 年分别增加 2.9 个、1.5 个、0.7 个百分点，产业数字化融合程度持续加深。[①]

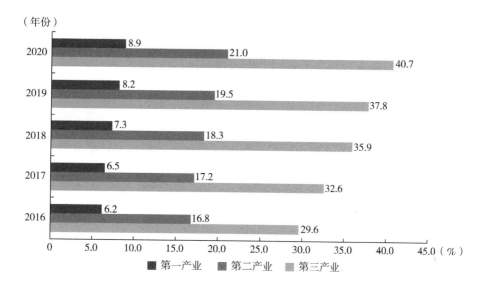

图 1　2016~2020 年我国数字经济渗透率的变化

资料来源:《中国数字经济发展白皮书（2021）》。

3. 数字产业化结构日趋合理，新业态发展势头迅猛

2020 年，数字产业化规模为 7.5 万亿元，同比增长 5.3%，占数字经济的比重为 19.1%，较 2019 年下降 0.7 个百分点。[②] 细分行业来看，数据中心、云计算、大数据以及物联网等新业态加速发展，收入同比增长均超 15%，远超电信业平均增长水平;[③] 5G 网络建设稳步推进，新建 5G 基站 60 多万个;

[①②]　数据来源:《中国数字经济发展白皮书（2021）》。
[③]　数据来源:《数字中国发展报告（2020 年）》。

数据服务（包括云服务、大数据服务等）收入同比增长 29.5%，较 2019 年提高 3.9 个百分点。[①]

二、贵阳大数据交易所模式

贵阳大数据交易所成立于 2014 年底，采用"政府指导、社会参与、市场化运作"的模式运营，由多个科技公司联合成立。2018 年 3 月，交易所会员数量突破 2000 家，接入数据源 225 家，交易额累计突破 1.2 亿元，可交易数据产品近 4000 个，但 2019 年其交易金额仅为 500 万~800 万元，2020 年不足500 万元，目前业务已基本处于停滞状态。[②]

（一）运营模式

1. 交易流程

贵阳大数据交易所采用会员注册制度进行交易，即数据提供方和需求方必须都是会员才能交易。通过注册会员、在线发布需求或上传数据、交易所在线撮合、交易结算等流程完成一系列的交易活动。

数据需求方可在交易大厅中查询所有数据供应方已挂牌的可供应产品，并根据自身需求将所需产品加入购物车，系统将自动生成针对各数据供应方的购买订单请求。在供应方密封递价进行竞价，需求方择优选定之后，生成数据商品订单。在之后的数据配送过程中，交易系统根据数据交易双方确认的订单内容，生成配置文件并将其部署至交易双方的专用服务器——数据配送前置机，进行数据实时配送。在账务清算时，系统会自动记录所有数据交易的过程，在结算周期内生成结算单与清算单，并在后续的结算清算环节中，向各成员定期发送结算清算结果。

2. 提供产品及服务

贵阳大数据交易所为用户提供数据包、API、数据解决方案等，其交易产品为对底层数据进行清洗、建模、分析、可视化后的数据结果。数据类型

---

① 数据来源：工业和信息化部。
② 数据来源：2018 年数据来自《贵阳日报》（贵州省人民政府官网引用）。2019 年、2020 年数据来源：《证券时报》报道。

包括金融、征信、政府、医疗、海关、能源、社交、水电煤、法院、交通、企业等 30 余种。

3. 定价模式

贵阳大数据交易所采用协议定价、固定定价、集合竞价三种定价模式，针对每一个数据品种设计自动的计价公式，买方可以通过交易系统查询每一类数据的实时价格。此外，贵阳大数据交易所对特殊类型的数据交易会采用拍卖定价等特殊的定价形式。

4. 收费模式

贵阳大数据交易所的收入包括两部分：一部分是会员缴纳的会费，另一部分是基于交易收取的费用。贵阳大数据交易所通过参与数据的清洗、挖掘等工作，按照交易金额收取一定比例的交易费用。

5. 安全管理

贵阳大数据交易所通过设立数据交易安全体系与技术标准，对会员单位数据造假、数据欺诈、违法违规的行为进行相应处罚。同时，贵阳大数据交易所作为业务指导单位，联合全国知名大数据企业共建大数据交易商联盟，形成自制、自律平台。在数据交易中，通过加密算法保障数据安全；数据访问时通过访问授权确保数据访问的合法性；通过对传输中的数据进行加密，有效防止数据被截获事件的发生。

（二）发展停滞的原因分析

1. 数据交易的顶层设计、法律法规缺位，信息保护缺乏明确标准

相较于迅速崛起的大数据技术，关于数据交易的立法进程相对滞后。虽然《中华人民共和国数据安全法》已经审议通过并发布，但针对数据交易的专门性法律法规尚未出台，在缺乏法律依据的情况下，数据交易的合法性面临很多不确定性。此外，大数据交易的许多标的是以个人为粒度的数据，包含可识别个人身份的信息，数据的商业化应用极易侵犯个人隐私权。在数据交易中，必须对包含个人敏感信息的数据进行清洗，做脱敏处理。但数据去标识化目前尚缺乏明确的标准，数据交易存在较大的法律风险和数据安全风险，制约了数据交易发展。

2. 数据确权问题在数据参与方之间尚未形成共识

确定权利归属是资源市场化利用的前提，明确权利归属才能有效进行市

场交易。数据资产所有权归属决定数据价值利益的分配以及对数据质量、安全责任的划分。不同于实物资产，数据是可以无限次复制的电子信息，具有易复制、难以防范侵权行为的特点，数据的采集、加工、控制、利用、交易等环节涉及多个参与方，哪些类型的参与方可以获得数据权利、所拥有的权利中哪些是排他性权利等问题关系到多方利益博弈和平衡，目前在交易实践中尚未形成共识。

3. 数据交易参与者、可供交易的数据品类和数量不足，难以支撑规模化交易

目前，数据供给主体主要为拥有大数据的政府、互联网企业运营商以及科研机构，其主体数量、对数据开放共享的程度影响着大数据交易所的业务范围以及交易质量。一方面，受经济发展及产业结构状况的影响，贵州拥有可交易数据资源的市场主体有限，且政府部门的数据开放程度不高，部门信息化水平参差不齐，难以充分释放高价值数据，导致交易所内合法流通的数据品类和数量不足；另一方面，目前数据交易尚未形成成熟的交易模式，数据本身的商业价值和社会价值未被充分发掘利用，市场主体参与数据交易的意愿不足，市场活跃度较低。

4. 数据交易市场尚处于初期探索阶段，交易机制和交易模式不成熟

贵阳大数据交易所在设立之初定位为数据交易的第三方中间市场，交易所平台上汇聚了不同部门、不同主体的各类数据，买家和卖家在平台上自由选择想要买卖的数据和交易对手。但在实践中，市场主体仅仅是把交易所作为拓宽客户的渠道，通过交易所接触更多的意向客户，交易过程并不在交易所进行，交易所更多的是充当了数据撮合服务商的角色。从交易机制来看，贵阳大数据交易所也并未突破一对多的交易限制，现有平台功能尚停留在登记和协议交易上，缺乏成体系的交易结算计划和方案，交易规则尚不明确，且不能提供传统交易所中央对手方的强信用保障机制，大部分交易机制和产品设计还停留在设想阶段，缺乏可落地的实施方案，商业逻辑尚不清晰。

5. 尚未形成稳定的定价机制，利益分配机制不成熟

贵阳大数据交易所的数据大多来源于政府和国有企业，其仅是对数据进行简单的聚合，对于这些数据能够产生什么价值、如何产生价值、是否能作为大数据分析的原料、是否适合交易等问题尚不明晰。在此情况下，很难进行数据的产品化定价。不同于传统物品交易，数据交易的价值发现不在供给

侧，而在于需求侧，对于不同的数据使用者，相同的数据会产生不同的价值，因此很难形成统一的标准价格，也很难对数据价值做出事先评定。此外，数据的最终价值至少由三个主体来决定，一是原始数据提供者，二是数据加工者，三是数据分析者，明确这三者间的利益分配机制也是尚需解决的问题。

三、北京市数字经济发展的对策研究

北京市依托政策、技术、区位、人才等优势，数字经济发展一直处于国内领先地位。2020 年，北京市数字经济总量为 2 万亿元，增速为 9.2%，占 GDP 比重达 55.9%，数字经济研发投入位列全国第一，为建设数字经济标杆城市打下良好基础。① 2021 年 3 月 31 日，北京国际大数据交易所正式成立。为进一步促进数字技术与实体经济融合，加快建设全球数字经济标杆城市，建议从以下几方面持续推进：

一是加快地方专项立法建设，为数字经济发展提供法律保障。当前，《中华人民共和国数据安全法》《中华人民共和国网络安全法》《中华人民共和国个人信息保护法》等相关法律已出台，规范了数字经济发展，建议以地方数字经济发展实践为基础，探索建立针对数字经济的专门性法律法规和行业标准，尤其是基础数据描述标准、数据处理标准、数据分类分级标准、数据安全标准、数据质量评价标准、数据产品和平台标准以及数据应用和服务标准等，推动数字经济安全、规范发展。

二是推进"京津冀征信链"建设，促进"政府+市场"多维数据共享。数据资源的开放、流通和共享是数字经济发展的关键，建议以"京津冀征信链"为基础，依托区块链、联邦学习等技术，推动政府部门与市场机构加快数据信息开放共享，促进企业市场信息、政务信息、信贷信息归集，打破信息壁垒，实现数据资源的互联互通，有序规范实现数据资源社会效益最大化，为数字经济发展提供坚实保障。

三是引导培育大数据交易市场，探索适应数据交易特点、可持续发展的交易模式。建议以北京国际大数据交易所为试点，构建适应数据流动的所有权制度，在数据确权、个人隐私保护、数据安全、数据交易等方面探索可复

---

① 数据来源：《北京数字经济研究报告（2021 年）》。

制可推广的规则、制度、标准等，丰富数据交易市场的数据品类和数量，提升数据使用者数据交易的参与度和积极性，进一步推动大数据交易发展。

四是推进征信市场供给侧结构性改革，为数字经济发展提供重要支撑。建议进一步加强培育征信市场，提升市场活力，对内积极培育"有数据、有技术、有竞争力，能有效促进普惠金融发展"的征信、评级机构进入市场；对外稳妥推进具有国际影响力、具备先进技术及经营管理理念的外资机构进入市场，为北京市打造数字经济标杆城市和信用之都提供重要支撑。

五是推动地方征信平台建设，推进数字经济与实体经济深度融合。发展数字经济的最终落脚点在于服务实体经济。建议以"创信融"企业融资综合信用服务平台为基础，拓展平台服务的深度和广度，进一步提高金融机构对小微企业信用融资的服务能力。加快扩大试点银行范围，积极推动"创信融"企业融资综合信用服务平台与行内业务平台的整合，加强与北京市地方融资服务平台的协同联动，提升大数据支持小微企业融资质效。

金融支持绿色低碳发展的制度构建

姚 力[*]

如何充分发挥金融的作用支持绿色低碳发展，是目前亟待解决的重要问题。主要发达经济体通过夯实绿色金融基础性制度、建立激励性制度和强化约束性制度，为绿色低碳发展提供了有力的制度保障。近年来，我国绿色金融制度建设取得显著成绩，但仍存在基础性制度不统一、覆盖窄，激励性制度权威性不足、有缺失，约束性制度缺乏刚性、不健全等问题。为此，我国应着力夯实绿色金融基础性制度，坚持激励性与约束性制度建设并重，以有效形成制度合力。

一、国际经验

（一）夯实基础性制度

绿色金融标准制度和环境信息披露制度是识别经济活动绿色与否，进而引导资金投入绿色低碳项目的基础。近年来，欧盟着力建立健全绿色金融标准制度和环境信息披露制度，出台了《适用性指南：欧盟绿色债券标准》等绿色金融标准文件，以及《非财务报告指令》等环境信息披露立法，明确了绿色经济活动分类及其筛选标准，确立了非金融企业、金融机构的环境信息披露要求。为提升信息披露质量，欧盟拟进一步要求对环境信息进行审计。

（二）建立激励性制度

生态环境具有公共物品属性，在"搭便车"效应之下，无论是企业还是

---

* 姚力：中国人民银行营业管理部副主任。

金融机构均缺乏向绿色项目投资的持续动力。为此，欧盟构建了以碳排放权交易制度为代表的激励性制度。2003 年通过的关于建立欧盟碳排放权交易体系的指令要求企业使用事先分配的相应数量的碳配额冲抵其碳排放量，如超额排放必须从市场购买配额补足超排部分，否则将受重罚；反之，如企业积极减排以至在自用之外还有剩余配额，可将之出售获利，从而为其创造了持续减排的经济动因。除现货交易之外，欧盟还积极推进碳配额期货、期权等衍生品交易，衍生品交易额在碳市场交易总额中占比一度超过 70%。

（三）强化约束性制度

除激励性制度外，欧盟和美国还注重环境法律责任等约束性制度建设，从正反两个方面同时发力引导金融体系为绿色低碳发展提供支持。一方面，对环境违法行为处罚力度大，使违法成本大幅高于违法收益。例如，在欧盟碳排放权交易体系第二阶段，欠缴配额的企业须按每吨二氧化碳当量 100 欧元的标准缴纳罚款，而同期碳配额的价格不超过 20 欧元。另一方面，追责对象范围广，对污染企业和为其提供资金支持的金融机构一并追责。根据美国《超级基金法》，如金融机构违反审慎义务，构成实质参与企业污染环境行为的，需对污染行为造成的损害承担连带赔偿责任。

二、我国现存的问题

近年来，我国加强绿色金融制度建设，有力支持了经济社会绿色低碳发展。但从实践情况看，也还存在一些问题：

一是绿色金融标准体系不统一，环境信息披露制度覆盖范围窄且披露质量缺乏保障。目前我国绿色金融标准体系存在"碎片化"问题，如《绿色债券发行指引》《绿色信贷指引》界定的绿色项目互不一致。环境信息披露方面，我国虽已对环保部门认定为重点排污单位的上市公司建立强制性环境信息披露制度，但从总体上看覆盖范围过窄。此外，由于缺乏环境信息审计等配套安排，难以有效遏制"洗绿"等问题的发生。

二是环境权益交易制度的权威性不足，衍生品交易制度缺失。旨在获取碳排放权的各类减排项目的建设周期长、投资金额大，如果不能以权威立法给予市场主体稳定的预期，其难免在投资减排时顾虑重重，逡巡不前。我国目前碳交易主要的法律依据《碳排放权交易管理办法（试行）》仅为规章，立法效力和权威性有所欠缺，无法有效打消市场主体顾虑。此外，该办法仅规定了现货交易而没有涉及衍生品交易，难以发挥衍生品交易在风险规避等方面的重要作用。

三是环境违法行为处罚力度过低，贷款人环境法律责任制度有待完善。我国部分领域的环境责任法律制度存在失之于软的问题。例如，根据《碳排放权交易管理办法（试行）》，对欠缴碳配额的企业，最高仅能处以 3 万元罚款。此外，我国尚未系统性建立贷款人环境法律责任制度，实践中存在银行因违反绿色信贷法规被处罚的案例，但其民事赔偿责任应如何承担尚不明确。

三、相关建议

一是构建统一的绿色金融标准体系，着力扩大和提升环境信息的披露范围和质量。可在全国金融标准化技术委员会绿色金融标准工作组的框架下，加强部门协调，制定统一的绿色金融支持目录。进一步扩大环境信息披露主体的范围，要求上市公司和发债企业强制披露环境信息，强化金融机构的环境信息披露，引入外部审计制度，有效保障信息披露质量。

二是提升环境权益交易立法等级，弥补衍生品交易制度"短板"。在现行《碳排放权交易管理办法（试行）》基础上，加快制定行政法规，以权威性立法稳定市场预期。在该条例中，应对现货和衍生品交易一并进行规定。

三是强化环境违法行为的法律责任追究，明确贷款人对环境违法行为应承担的各类法律责任。加大对环境违法行为的处罚力度，提升责任追究的威慑力，使环境法律责任成为刚性约束。系统性确立贷款人对环境违法行为的民事、行政和刑事法律责任。对明知或应知有关项目违反环境保护法规仍提供资金的贷款人，应要求其对污染行为造成的损害承担相应的赔偿责任。

我国居民消费形势分析及政策建议

王 晋[*]

以习近平同志为核心的党中央根据我国新发展阶段、新历史任务、新环境条件，提出构建双循环新发展格局，并要求坚持扩大内需这个战略基点。我国居民消费在经济金融循环中发挥重要作用，但仍然存在堵点和"短板"，这既与收入分配、社会保障等制度性因素相关，也与文化传统、消费心理等非制度性因素相关，还与居民消费升级等社会发展阶段相关。建议提升居民收入水平，稳步提高社保支出，加强养老理念宣传，促进服务消费升级。

当前，消费已经远远超过投资和出口，成为经济增长的"主引擎"和扩大内需的"驱动力"，在经济金融循环中发挥重要作用。但是，居民消费仍然存在堵点和"短板"，经济金融如何更好地顺应居民消费升级、打通关键堵点、推动扩大内需，都是"十四五"时期构建新发展格局亟待研究和解决的问题。

一、当前我国居民消费的总体形势

（一）居民消费需求处于偏低状态

据世界银行统计，人均 GDP 在 1 万美元左右时，德国的最终消费率超过80%，美国、英国、法国、加拿大等国家的最终消费率保持在 70% 以上，日本、韩国、新加坡等亚洲国家的最终消费率平均为 61.4%，而我国的最终消

＊ 王晋：中国人民银行营业管理部副主任。

费率仅为 55.1%。

（二）居民平均消费倾向呈递减趋势

2013 年以来，我国居民平均消费倾向呈加速递减态势。据世界银行统计，人均 GDP 在 1 万美元左右时，美国、英国、法国、德国等国家的居民平均消费倾向①超过 58%，日本、韩国、俄罗斯等国家的居民平均消费倾向约为 56%，而我国的居民平均消费倾向仅为 40.4%。

（三）城镇居民消费支出明显不足

2013~2020 年，我国农村居民消费倾向由 79.38% 提高至 80.05%。同期，城镇居民的消费倾向由 69.85% 下降至 61.61%。2014~2020 年，我国农村居民人均消费支出增幅比城镇居民高出约 3.4 个百分点，但农村居民人均可支配收入增幅仅比城镇居民高出约 1.4 个百分点，农村居民将更多的可支配收入用于消费，城镇居民的消费潜力有待释放。②

（四）居民消费增速低于 GDP 增速和收入增速

2017 年以来，我国人均消费支出增速与人均可支配收入增速和 GDP 增速出现分化。2017 年、2018 年和 2019 年，居民消费增速均低于收入增速和 GDP 增速；2020 年受新冠疫情影响，居民消费增速呈负增长，与收入增速和 GDP 增速的差距进一步拉大。

二、居民消费疲软的成因分析

（一）居民收入水平不高是制约消费倾向提升的根本因素

凯恩斯绝对收入假说认为，收入是居民消费需求的决定因素。经济合作发展组织（Organization for Economic Co-operation and Developmet，OECD）的数据显示，2018 年美国和德国的居民部门初次分配收入占比分别为 79.6% 和

---

① 消费倾向＝居民人均消费支出/人均国民收入。
② 数据来源：国家统计局。

73.2%，土耳其和墨西哥分别为72.6%和72.4%。2018年，我国居民部门初次分配收入占比仅为61.19%，远低于国际水平。[①]

（二）非制度因素对消费习惯形成长久深刻的影响

杜森贝里的相对收入假说认为，消费不仅取决于当期收入，而且取决于前期收入和消费水平的"棘轮效应"，以及周围其他消费行为的"示范效应"。勤俭节约的传统美德，通过代代相传，长久深刻地影响我国居民的消费观念，形成"棘轮效应"。中国还有代际遗赠的传统，上代人自觉储蓄财富，并给予下代人经济支持，形成"示范效应"。

（三）社会保障功能发挥不充分，居民消费倾向提升难度大

莫迪利亚尼的生命周期假说和弗里德曼的持久性收入假说认为，人们会在更长的时间范围内计划生活消费开支，以达到整个生命周期内消费效用最大化。社会保障制度能够帮助居民熨平生命周期收入波动，实现不同周期的消费配置。我国社会保障支出比重较低，国际货币基金组织（International Monetary Fund，IMF）发布的政府财政统计数据显示，2020年中国社会保障支出占财政总支出的比重为13.26%；而同期美国、英国、日本的社会保障支出占财政支出的比重分别为19.93%、33.05%、41.77%。

（四）人口老龄化、新冠疫情及极端天气持续影响居民消费增长

预防性储蓄理论认为，为了预防未来的各种不确定性，厌恶风险的消费者会提前进行储蓄。我国正在加速进入老龄化社会，这加重了居民对养老、医疗的担忧。全球新冠疫情形势持续演变，世界范围内极端恶劣天气频发。面对巨大的不确定性，居民预防性储蓄大幅上升。

（五）服务性消费升级存在短板

宏观经济学认为，供给与需求只有相互匹配，才能形成良性循环，促进经济达到更高的均衡。2021年上半年，我国居民服务性消费支出占比已达

---

① 数据来源：经济合作发展组织（OECD）。

43.8%。① 要激发居民消费潜力，必须抓住居民消费结构由物质型向服务型升级的大趋势，有效扩大服务性消费供给。但当前，服务性消费升级存在短板，交通通信、教育文化娱乐、医疗保健等产业供给与居民需求存在差距。

三、政策建议

一是强政策，提升收入水平。一方面，提高居民部门初次分配收入占比，加大经济发展成果向居民部门倾斜力度；另一方面，通过财政税收制度对居民收入进行调节，切实缩小行业之间、地区之间、不同群体之间的收入差距。

二是促保障，提高社保支出。健全多层次社会保障体系，稳步提高社保待遇水平，降低个人和家庭不确定性风险，做好基本保障兜底。

三是稳预期，宣传养老理念。建立基于个人全生命周期的财富积累模型，加大养老理念宣传，稳定居民预期，减少预防性储蓄对居民消费的挤出。

四是补短板，促进服务消费。加快服务业发展的政策调整，营造服务业良好的发展环境，建立与新消费业态相适应的市场监管体系，便于居民放心消费。

---

① 数据来源：国家统计局。

建筑领域减排低碳发展的金融支持

梅国辉[*]

《中华人民共和国国民经济和社会发展第十四个五年规划和 2035 年远景目标纲要》明确要深入推进建筑、交通等领域低碳转型。调研显示，建筑领域全过程碳排放量占全国碳排放量比重较大，建材生产和建筑运营减排任务较重。绿色建筑领域金融支持工作不断推进，但在标准衔接、政策激励、产品创新、信息披露等方面仍有待改进，需借鉴相关国际经验，进一步发挥资金支持效力。

一、我国建筑全过程的碳排放情况及节能减排进展

我国现有城镇总建筑存量约 650 亿平方米，2020 年房屋新开工面积 22.44 亿平方米。[①] 中国建筑节能协会能耗统计专业委员会发布的《中国建筑能耗研究报告（2020）》显示，2018 年全国建筑全过程碳排放总量为 49.3 亿吨二氧化碳，占全国碳排放的比重为 51.3%；能耗总量为 21.47 亿吨标准煤当量，占全国能源消费总量的比重为 46.5%。

（一）建筑领域碳排放情况涉及建材生产、建筑施工、建筑运行全过程和多环节，碳排放主要集中在建材生产和建筑运行阶段

我国国家标准《建筑碳排放计算标准》（GB/T 51366—2019），按照建筑材料生产及运输、建筑施工、建筑运行、建筑拆除的全寿命周期，对碳排放

---

* 梅国辉：中国人民银行营业管理部巡视员。
① 数据来源：国家统计局。

进行计算（见图1）。从2018年数据来看，建材生产阶段的碳排放，占建筑全过程碳排放总量的55.17%，建材生产阶段能耗11亿吨标准煤当量，碳排放为27.2亿吨，其中，钢材、水泥和铝材是建材能耗和碳排放的主要行业领域。建筑施工阶段的碳排放，仅占建筑全过程碳排放总量的2.03%，建筑施工（包括建筑拆除）① 阶段能耗0.47亿吨标准煤当量，碳排放约为1亿吨。建筑运行阶段的碳排放，占建筑全过程碳排放总量的42.80%，包括暖通空调、生活热水、照明及电梯、燃气在内的能耗10亿吨标准煤当量，碳排放为21.12亿吨。②

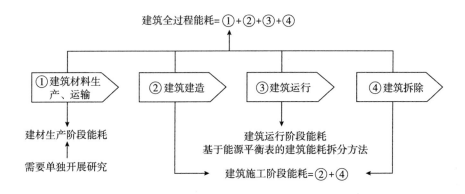

图1　建筑全过程能耗和碳排放测算方法体系

资料来源：中国建筑节能协会能耗统计专委会。

（二）我国建筑领域绿色低碳发展的主要情况

与传统的建筑发展模式相比，建筑领域绿色低碳发展有节能水平更高、资源消耗更少、生态环境更好的特点。

一是在绿色标准认证和绿色建筑设计环节，不断提升低碳降耗的要求。《建筑节能与可再生能源利用通用规范》将建筑碳排放计算作为强制要求，要求新建的居住和公共建筑的碳排放强度分别在2016年节能设计标准的基础上平均降低40%，碳排放强度平均每年每平方米降低7千克二氧化碳。

---

① 此处建筑施工阶段包括《建筑碳排放计算标准》（GB/T 51366—2019）中的建造施工和建筑拆除。

② 数据来源：中国建筑节能协会能耗统计专委会。

二是在建筑施工环节，更加注重绿色低碳转型技术升级路径。建筑企业推广"四节一环保"为目标的绿色施工技术，通过"建筑工业化"和"智慧建造"，实现节材、节水、节能、节地以及建筑工程施工过程环境的保护。

三是在建筑运行阶段，节能清洁等新技术、新材料的应用有利于降低能耗使用和碳排放。门窗的散热损失占整个外围结构散热损失的50%，是影响建筑能耗的直接因素，节能建材可以从根本上提供材料支持和保障。

二、金融支持绿色建筑的情况

一是绿色建筑规格和规模的提升，为绿色建筑类贷款提供增长空间。以北京地区为例，2022年城镇新建项目拟全面达到绿色建筑标准，新建政府投资公益性建筑和大型公共建筑全面执行绿色建筑二星级及以上标准。受此带动，北京市绿色建筑贷款余额稳步增长，2021年9月末余额为1023.05亿元，占绿色贷款的比重为10.53%，较2020年同期提升2.27个百分点。[①]

二是银行在绿色建筑贷款方面突出总量控制和结构优化。在信贷投向上，优先支持符合绿色建筑高星级的房地产开发贷款和吸引绿色产业集群的产业园区、基础设施等固定资产贷款。在审批程序方面，让绿色建筑项目进入绿色通道，优先审查审批，保障及时放款。在信息管理方面，多家银行将绿色建筑贷款纳入绿色金融管理系统，开展绿色建筑贷款打标和信息数据管理，尝试内置测算模型开展碳排放量核算。

三是针对建筑产业全链条，探索依托供应链金融予以支持。由新型建材公司作为银行供应链融资客户，核心企业是中国建筑第二工程局。新型建材公司持有绿色建材评价标识证书，款项用途为中国建筑第二工程局应付预拌混凝土货款，其额度占用核心企业授信额度。

三、金融支持绿色建筑领域效力发挥的部分制约因素

一是绿色建筑行业事后认证和金融部门前置支持存在时间错位，绿色建

---

① 数据来源：中国人民银行营业管理部数据。

筑信贷支持情况无法及时准确反映。从房地产融资周期来看，银行贷款增量主要集中在项目开发建设阶段。《绿色建筑评价标准》下，房地产企业可在设计开发阶段申请绿色建筑设计标识，银行据此在贷款投放阶段即可将贷款认定为绿色建筑贷款。《绿色建筑标识管理办法》取消了前置的绿色建筑设计标识申请环节，只在项目建成验收之后给予绿色建筑标识认证。按照绿色建筑贷款应以获得绿色建筑标识证书为依据的统计要求，开发建设阶段的银行贷款不能再被及时认定为绿色建筑贷款，数据统计出现滞后性。即便待项目建成后，由于目前绿色建筑标识认证为自愿认证且要收取一定费用，房地产贷款主体的认证意愿并不强烈，所以也不能有效配合银行将前期贷款补充认证为绿色建筑贷款，甚至许多绿色住宅项目在取得绿色建筑认证时已结清贷款。有银行担心，后续绿色建筑贷款增速或将明显放缓。

二是商业银行在绿色建筑信贷定价机制方面存在激励政策的错位。尽管各商业银行目前在绿色信贷定价方面给予较多优惠政策，但对于绿色建筑类贷款大多仍按照房地产贷款定价标准执行，在内部资金转移定价（Funds Transfer Pricing，FTP）和经济资本风险系数方面未给予绿色信贷定价优惠；有银行虽然在综合定价后对部分绿色建筑项目有一定优惠，但未区分不同绿色建筑的星级进行差异化管理。

三是对绿色建筑性能不达标企业的风险管理缺位。目前绿色建筑标识的撤销机制尚不完善，建筑管理条例立法工作也仍在进行当中，对于绿色建筑运营阶段性能不达标的项目企业缺少有效制约和实质惩罚手段。商业银行可能面临贷款投放项目"不足够绿""不持续绿"的风险。

四、推动建筑领域绿色低碳发展的建议

一是推动相关部门完善制度和标准体系。开展绿色建筑预评价，为开发建筑贷款提供认证依据；住建部门完善事后监管措施，建立完善标识撤销机制，加快推动立法明确罚则等，防范化解绿色建筑性能不达标风险。

二是开展绿色建筑领域全产业链或全生命周期金融支持。发挥房地产开发和建筑企业的先导引领作用，以其为风险控制主体，通过设计供应链金融产品，为建筑供应链的某个环节或全链条上的绿色建材企业、绿色技术服务机构等提供定制化的金融服务。

三是建议进一步发挥第三方专业机构的作用。鼓励节能环保等中介服务公司为绿色建筑产业和金融机构提供包括节能环保咨询、低能设备维护以及产业运营管理等全套服务。

中国大型银行部分经营指标与国际同行的比较分析

高　菲[*]

党的十八大以来，我国大型银行一直走在高质量发展前列，经营绩效取得长足进步。对英国《银行家》公布的 2020 年全球银行前十强[①]的比较分析发现，我国大型银行部分经营绩效指标已接近甚至赶超国际先进银行水平，资产规模快速增长，管理成本稳步下降，盈利能力维持在较高水平。但是，受定价能力相对薄弱、中间业务发展缓慢、资产质量潜在风险较大以及金融科技投入不足等因素影响，我国大型银行净息差、非息收入占比、市净率及人均营业收入等经营指标与国际同行相比仍存在较大差距。新冠疫情暴发以来，得益于有效的疫情防控举措和正常货币政策，我国大型银行的经营优势继续扩大，与国际同行的差距明显缩小。今后，应扭住金融供给侧结构性改革这条主线，大力增强我国银行风险资产定价能力，提高综合化经营水平，夯实资产质量，加快数字化转型，切实提升银行服务实体经济能力，促进经济高质量发展。

一、我国四家大型银行经营绩效显著提升，资产规模、管理成本和盈利能力总体优于国际同行

由表 1 可知，近年来，我国四家大型银行的竞争力显著增强，经营绩效与国际同行基本相当。

---

[*]　高菲：供职于中国人民银行营业管理部金融研究处。

[①]　2020 年 7 月 1 日，英国《银行家》杂志发布"2020 年全球银行 1000 强"榜单，前十强为中国工商银行、中国建设银行、中国农业银行、中国银行、摩根大通、美国银行、富国银行、花旗集团、汇丰控股和三菱日联金融集团。

一是资产规模和增速远超国际同行。我国四家大型银行的平均资产规模从 2015 年的约 2.9 万亿美元增至 2019 年的约 3.7 万亿美元，年均增速 6.32%，同期国际同行的平均资产规模仅从 2015 年的约 2.2 万亿美元增至 2019 年的约 2.5 万亿美元，年均增速 3.21%。

二是管理成本远低于国际同行，且稳步下降。以成本收入为衡量指标，2015~2019 年，我国四家大型银行的平均成本收入比约从 29% 降至 27%，而国际同行的平均值始终高于 60%。

三是盈利能力优于国际同行。银行盈利能力由资产收益率（Return On Assets，ROA）和净资产收益率（Rate of Return on Common Stockholders' Equity，ROE）衡量。2015~2019 年，我国四家大型银行的平均 ROA 均在 1% 以上，持续高于国际同行；平均 ROE 维持在 10% 以上，也比国际同行高。

二、我国四家大型银行净息差、非息收入占比、市净率和人均营业收入等指标与国际同行仍存在一定差距

（一）净息差收窄且低于国际同行，表明银行定价能力相对较弱且受政策影响较大

我国四家大型银行的平均净息差低于国际主要大行。我国四家大型银行的平均净息差从 2015 年的 2.47% 降至 2019 年的 2.13%，始终低于美欧五家同行（摩根大通、美国银行、富国银行、花旗集团、汇丰控股）的平均净息差。尤其是 2016~2019 年，我国四家大型银行的平均净息差比美国四家同行（摩根大通、美国银行、富国银行、花旗集团）低约 70 个基点。

长期以来，我国银行贷款更偏好大企业和制造业，个性化、差异化、定制化金融产品，特别是针对小微企业的信贷供给不足。近年来，在政策驱动下，大型银行贷款客户下沉，对其定价能力提出更高要求。为完成普惠小微信贷目标，大型银行一定程度上存在掐尖中小银行优质客户的现象，拓展优质客户并发放较高利率的信用贷款仍相对有限。随着贷款市场报价利率（Loan Prime Rate，LPR）改革逐步打破贷款利率隐性下限，大型企业的议价能力增强，进一步压缩了银行盈利空间，让利实体经济等政策也降低了大型银行息差水平。

（二）中间业务发展缓慢，非息收入占比与国际同行相差较大

我国四家大型银行的平均非息收入占比与国际同行仍存在一定差距。非息收入占比反映了银行非利息性收入对营业净收入的贡献程度。2015～2019年，我国四家大型银行的平均非息收入占比在27%上下波动，低于六家国际同行，年均相差约20个百分点。

主要原因在于银行综合化经营能力不足。我国银行以传统存贷款业务和传统支付结算中间业务为主要盈利来源，主动负债占比较小，银行竞争和盈利主要是靠规模扩张，在发展战略、市场定位、业务结构、产品和服务等方面存在明显的同质化现象；综合化金融服务能力较弱，产品创新能力和品牌意识仍待增强，针对居民和企业的财富管理，利率、汇率风险管理等金融创新相对缓慢。

（三）银行估值较国际同行偏低，资产质量潜在风险较大

我国四家大型银行的平均市净率低于国际主要大型银行。金融市场一般用市净率衡量银行的股市估值水平，该指标越高，反映市场越认可银行的经营效率、资产质量和风控能力。2016年、2018年和2019年，我国四家大型银行的平均市净率小于1，低于美欧五家同行的平均市净率。

主要原因在于资产潜在风险较大、资产质量承压。由于我国金融业前期高速增长、扩张，风险并未完全暴露，所以一些长期形成的隐患尚未彻底消除。部分金融机构历史包袱较重，随着监管日趋严格，银行通过各类方式"暂放"于体系外的不良资产亟需全面清理，资本和拨备缺口较大。在资金面宽松的背景下，结构复杂的高风险影子银行易死灰复燃，不良资产反弹压力增大。为应对新冠疫情冲击，我国政府采取了延期还本付息等直达性政策，进一步延缓了风险暴露。随着实体经济困难向金融领域传导的滞后效应逐渐显现，银行恐面临更大的不良贷款处置和资本消耗压力。

（四）人均营业收入与国际同行相比仍有差距，金融科技投入有待加强

我国四家大型银行的人均营业收入与国际主要大型银行的差距持续收窄，但依然较低。2015～2019年，虽然我国四家大型银行的平均人均营业收入从2015年的22.06万美元升至2019年的25.38万美元，与汇丰控股、三菱日联金

融集团大致相当，但与美国四家同行的平均人均营业收入相比还有一定距离。

主要原因在于金融科技投入不足和科技人员占比低。虽然国内金融机构日渐重视数字化转型，但与国外金融机构相比仍有提升空间。例如 2019 年，摩根大通的科技预算为 114 亿美元，居美国银行业首位；中国工商银行、中国建设银行、中国农业银行和中国银行在信息科技方面的投入仅为 716.8 亿元人民币，仍存在较大差距。在新的数字化经营模式下，银行网点减少、智能化程度提升，对人员总需求降低，但对科技人员需求增加。例如 2019 年，摩根大通科技岗位员工达 5 万人，占员工总数的比重达 20%；中国工商银行、中国建设银行、中国农业银行、中国银行的科技人员只有 6.4 万人，平均科技人员占比 3% 左右。

三、新冠疫情暴发以来，我国大型银行经营优势继续扩大，与国际同行差距明显缩小

新冠疫情暴发以来，我国大型银行的经营优势继续扩大。资产规模稳步增长，增速快于国际同行。2020 年前三季度，我国四家大型银行的平均资产规模约为 4.18 万亿美元，较 2019 年末增长 12.94%；美欧五家同行平均资产规模为 2.6 万亿美元，较 2019 年末增长 11.79%。管理成本维持在较低水平，而国际同行的管理成本较新冠疫情暴发前有所提高。2020 年三季度末，我国四家大型银行的平均成本收入比约为 23.12%，比 2019 年末低约 3.96 个百分点；美欧五家同行平均成本收入比约为 66.71%，比 2019 年末高约 4.44 个百分点。盈利能力下降，但下降幅度明显小于国际同行。2020 年三季度末，我国四家大型银行的平均 ROA 约为 0.70%，比 2019 年末低约 0.30 个百分点；平均 ROE 约为 8.75%，比 2019 年末约低 3.78 个百分点。2020 年三季度末，国际同行的平均 ROA 为 0.3%，比 2019 年末低 0.52 个百分点；平均 ROE 为 3.73%，比 2019 年末低 4.70 个百分点（见表 1）。

新冠疫情暴发以来，除非息收入占比外，我国大型银行与国际同行的差距明显缩小。净息差与国际同行的差距收窄。2020 年三季度末，我国四家大型银行的平均净息差与美欧五家同行持平。市净率下降幅度小于国际同行。2020 年三季度末，我国四家大型银行的平均市净率约为 0.64，比 2019 年末低 0.15；美欧五家同行的平均市净率约为 0.73，约比 2019 年末低 0.53。人

表 1　英国《银行家》2020 年全球银行前十强主要指标（2015～2020）

指标	机构	2015 年	2016 年	2017 年	2018 年	2019 年	2020 年前三季度
资产规模（亿美元）	中国工商银行	34203	34795	39924	40360	43160	49150
	中国建设银行	28258	30220	33859	33837	36461	41553
	中国农业银行	27398	28211	32220	32943	35662	40083
	中国银行	25896	26162	29793	30987	32639	36275
	摩根大通	23517	24910	25336	26225	26874	32461
	美国银行	21443	21877	22812	23545	24341	27385
	富国银行	17876	19301	19518	18959	19276	19222
	花旗集团	17312	17921	18425	19174	19512	22345
	汇丰控股	24097	23750	25218	25581	27152	29559
	三菱日联金融集团	26050	26605	28233	27591	30690	—
成本收入比（%）	中国工商银行	25.49	25.91	24.46	23.91	23.28	19.55
	中国建设银行	26.98	27.49	26.95	26.42	26.53	22.18
	中国农业银行	33.28	34.59	32.96	31.27	30.49	25.95
	中国银行	28.30	28.08	28.34	28.09	28.00	24.79
	摩根大通	63.09	58.69	59.10	58.14	56.65	56.06
	美国银行	69.45	65.81	62.57	58.40	60.17	63.10
	富国银行	59.62	59.34	66.17	64.95	68.39	77.68
	花旗集团	57.12	59.80	58.30	57.43	56.54	55.32
	汇丰控股	73.06	82.98	72.89	68.24	69.59	81.40
	三菱日联金融集团	70.13	84.60	65.89	76.73	81.67	—
资产收益率（%）	中国工商银行	1.30	1.20	1.14	1.11	1.08	0.72
	中国建设银行	1.30	1.18	1.13	1.13	1.11	0.77
	中国农业银行	1.07	0.99	0.95	0.93	0.90	0.64
	中国银行	1.12	1.05	0.98	0.94	0.92	0.66
	摩根大通	0.99	1.02	0.97	1.26	1.37	0.57

指标	机构	2015 年	2016 年	2017 年	2018 年	2019 年	2020 年前三季度
资产收益率（%）	美国银行	0.75	0.83	0.82	1.21	1.15	0.48
	富国银行	1.32	1.18	1.14	1.16	1.02	0.02
	花旗集团	0.96	0.85	−0.37	0.96	1.00	0.34
	汇丰控股	0.54	0.10	0.44	0.54	0.28	0.16
	三菱日联金融集团	0.28	0.07	0.41	0.24	0.10	0.23
净资产收益率（%）	中国工商银行	17.10	15.24	14.35	13.79	13.05	8.74
	中国建设银行	17.27	15.44	14.80	14.04	13.18	9.40
	中国农业银行	16.79	15.14	14.57	13.66	12.43	8.86
	中国银行	14.53	12.58	12.24	12.06	11.45	7.98
	摩根大通	10.19	9.86	9.59	12.68	14.07	6.38
	美国银行	6.36	6.85	6.83	10.57	10.35	4.66
	富国银行	12.13	11.18	10.91	11.11	10.20	0.17
	花旗集团	7.98	6.67	−3.19	9.09	9.96	3.65
	汇丰控股	7.14	1.36	5.91	7.29	3.99	2.38
	三菱日联金融集团	5.54	1.43	8.48	4.76	2.03	5.14
净息差（%）	中国工商银行	2.47	2.16	2.22	2.30	2.24	2.10
	中国建设银行	2.63	2.20	2.21	2.31	2.26	2.13
	中国农业银行	2.66	2.25	2.28	2.33	2.17	2.83
	中国银行	2.12	1.83	1.84	1.90	1.84	1.81
	摩根大通	2.58	2.73	2.90	2.96	2.88	2.26
	美国银行	2.35	2.43	2.58	2.63	2.56	1.91
	富国银行	2.90	2.86	2.99	3.16	2.93	2.44
	花旗集团	3.25	3.17	3.07	3.05	3.02	2.42
	汇丰控股	2.62	2.55	2.26	2.28	2.18	1.93
	三菱日联金融集团	0.97	0.95	1.03	0.99	0.93	—
非息收入占比（%）	中国工商银行	27.20	30.19	28.14	26.01	29.03	30.48
	中国建设银行	24.36	30.95	27.22	26.20	27.63	29.16
	中国农业银行	18.66	21.33	17.71	20.19	22.38	20.97
	中国银行	30.71	36.72	29.98	28.64	31.85	30.64

续表

指标	机构	2015 年	2016 年	2017 年	2018 年	2019 年	2020 年前三季度
非息收入占比（%）	摩根大通	53.49	52.28	50.25	49.50	50.49	54.30
	美国银行	53.04	50.90	48.08	47.09	46.42	49.40
	富国银行	45.96	45.90	43.93	42.14	44.48	43.84
	花旗集团	39.44	36.01	37.80	36.09	36.26	42.92
	汇丰控股	53.55	50.97	55.51	51.32	55.25	55.14
	三菱日联金融集团	51.57	35.01	46.46	41.00	45.54	—
市净率	中国工商银行	0.99	0.85	1.10	0.86	0.87	0.69
	中国建设银行	1.06	0.88	1.15	0.86	0.88	0.71
	中国农业银行	0.96	0.82	0.94	0.81	0.75	0.62
	中国银行	1.02	0.79	0.85	0.72	0.67	0.55
	摩根大通	0.99	1.35	1.60	1.40	1.85	1.25
	美国银行	0.68	0.91	1.23	1.01	1.29	0.86
	富国银行	1.44	1.55	1.66	1.24	1.32	0.61
	花旗集团	0.70	0.81	0.94	0.71	0.99	0.52
	汇丰控股	0.81	0.86	1.10	0.90	0.85	0.43
	三菱日联金融集团	0.53	0.62	0.67	0.48	0.34	—
人均营业收入（万美元）	中国工商银行	23.04	21.10	24.54	25.09	27.54	22.48
	中国建设银行	25.24	24.06	26.98	27.75	29.14	24.48
	中国农业银行	16.41	14.69	16.87	18.41	19.38	16.08
	中国银行	23.56	22.57	23.77	23.68	25.44	20.57
	摩根大通	38.24	37.11	37.35	40.67	42.82	27.61
	美国银行	37.13	38.51	40.17	43.12	42.14	25.67
	富国银行	30.75	31.07	32.20	32.14	30.61	15.22
	花旗集团	29.63	28.72	30.62	32.00	32.95	20.30
	汇丰控股	20.71	19.39	21.59	21.77	22.70	13.20
	三菱日联金融集团	24.00	16.90	33.90	25.50	24.42	—

资料来源：Wind。

均营业收入降幅明显小于国际同行。2020 年三季度末，我国四家大型银行的平均人均营业收入约为 20.90 万美元，较 2019 年末下降约 4.48 万美元；美国四家同行的平均人均营业收入为 22.2 万美元，较 2019 年末下降 14.93 万美元。

我国大型银行与国际同行的差距明显缩小，主要原因在于，我国在较短时间内有效控制新冠疫情的蔓延，一直坚持实施正常货币政策，我国大型银行应对风险冲击的韧性更强，经营态势更加平稳。新冠疫情暴发后，美欧迅速降低政策利率，扩张央行资产负债表，危机应对较全球金融危机时期更为坚决果断。由于持续低（负）利率，银行息差大幅下降，损失准备增加，盈利能力严重受损。为降低对息差收入的依赖，国外大型银行更加重视综合化经营，非息收入占比有所上升。

四、政策建议

一是深化利率市场化改革，增强银行风险资产定价能力。进一步改革完善 LPR 形成机制，通过将 LPR 运用情况纳入宏观审慎评估（Macro Prudential Assessment，MPA）考核，推动银行将 LPR 嵌入内部资金转移定价（Funds Transfer Pricing，FTP），提高银行内部定价和传导机制的市场化程度。

二是推进银行业转型升级，提高综合化经营水平。银行应加大针对中小微企业和高附加值行业的信贷投放，通过业务转型提升净息差水平；加快表外业务发展，扩大中间业务和产品创新范围，在努力提升金融产品创新能力、做好支付结算等传统中间业务服务的基础上，开发具有高收益和高附加值的现金收付、投资咨询等中间业务，提升非息收入占比。

三是夯实资产质量，完善商业银行公司治理。银行要采取更加审慎的财务会计制度，做实资产分类，摸清不良资产家底；充分利用下调拨备监管要求腾出的财务空间，加大不良资产处置力度。要以公司治理为核心，完善现代金融企业制度，调整优化股权结构，严格股东资质管理，规范股东行为和关联交易，严防大股东操纵和内部人控制，强化履职监督和信息披露。

四是加快数字化转型步伐，充分发挥金融科技引领带动作用。金融科技是金融机构服务"双循环"新发展格局的重要抓手，应加大金融科技投入，加快经营方式、文化理念、数据治理与运用等方面的数字化转型步伐。同时，创新体制机制、增强激励约束，重新定义和优化岗位设计，强化科技赋能，不断吸收、培养复合型高素质人才。

人口老龄化背景下的金融教育研究

舒 昱 王 京 郭 情[*]

随着我国老龄化人口的不断增多以及老年群体掌握财富的不断增长，老年人参与金融活动的广度、深度和频度都在日益提升。但老年人金融知识和风险责任意识的有限程度制约着其对金融服务的充分获取和合理使用，尤其是当人口老龄化进程恰逢数字化浪潮时，需要运用金融教育手段缓解数字鸿沟问题，这对老年人金融教育工作提出了更高的要求。因此，本文通过分析老年人的金融知识水平及行为特点，基于国外老年人金融教育的先进经验，提出推动我国老年人金融教育工作高质量发展的政策建议。

一、引言

按照国际通行的判断标准，一个国家或地区 65 岁以上的老年人口占总人口的比重达到 7% 以上，就意味着这个国家或地区进入老龄化社会；65 岁以上的老年人口占总人口的比重超过 14%，则进入老龄社会；比重达 20%，则进入超老龄社会。根据第七次全国人口普查结果，截止到 2020 年 11 月 1 日零时，我国 65 岁及以上的人口占总人口的比例为 13.5%，处于老龄社会的边缘。人口老龄化关系着经济社会的长远发展，影响着我国全面建设社会主义现代化国家的进程。党的十八大、十八届三中全会、十八届五中全会、十九大、十九届四中全会，都要求积极应对人口老龄化。2019 年 11 月，中共中央、国务院印发《国家积极应对人口老龄化中长期规划》。2020 年 10 月，党的十九届五中全会提出"实施积极应对人口老龄化国家战略"。

---

[*] 舒昱、王京、郭情：供职于中国人民银行营业管理部法律事务处（金融消费权益保护处）。

二、老年人金融知识水平及行为特点

（一）金融知识匮乏，且获取渠道受限

金融知识的概念最早由 Noctor 等人提出，指在管理和配置资金时具有的正确判断、明智决策的能力，国内学者对金融知识的定义多沿用这一概念。在数字化时代，中青年人往往能更快地接受并尝试新鲜事物，获得更多金融知识。相比之下，老年人掌握的金融知识较少，且获取渠道有限。一方面，通过互联网获取金融知识不是老年人擅长的方式，与中青年人相比，老年人学习金融知识的渠道少、能力弱，对新鲜事物的接受程度低。另一方面，目前针对老年人的金融知识和风险的普及宣教渠道单一，宣传触达面和效果有待提升。金融机构对老年金融消费者进行的宣传教育往往局限在网点之中，对互联网科技渠道在老年人金融知识和风险普及方面的运用也非常有限，对子女向老年人传导信息的渠道挖掘不够。

（二）老年人风险意识较弱，易受金融诈骗

老年金融消费者由于缺乏必要的金融知识和金融风险防范意识，难以区分合法理财产品与金融诈骗，易受高收益宣传诱导。越来越多的老年人成为集资诈骗、非法吸收公众存款等金融诈骗犯罪的受害人。实施金融诈骗行为的犯罪分子通常会使用合法手段掩盖非法目的，以合法手续成立公司，通过发放各种红包、礼品，提供销售人员一对一贴心服务以及初期及时支付较高回报等方式，使受害老年人放松警惕，一步步落入陷阱，遭受严重损失并影响养老规划。

（三）理财意识日益增强，但理财能力受限

人口老龄化导致老年人持有的金融资产规模不断扩大，对投资理财等领域的金融服务需求也越来越高。但受种种因素的影响，老年客群很难参与互联网理财，且理财能力十分有限。

一是专门针对老年人的金融知识及消费者权益保护知识的宣传渠道有限，宣传方法、宣传语言与老年人契合度不高。老年人缺乏基础的金融知识，因

此理财入门较难。二是符合老年人特点与需求的金融产品与服务供给不足。目前银行对此类产品的创新动力不足，老年人的稳健理财需求缺口巨大。三是随着互联网的兴起，大部分商业银行营业网点的金融服务逐渐向智能化、电子化转型。这些互联网金融产品和服务存在技术上的排他性，参与互联网金融的群体需要学习金融常识和互联网操作能力，并具备一定程度的风险承受能力。

三、国外老年人金融教育先进经验借鉴

（一）美国老年人金融教育经验

1. 通过立法将金融教育纳入金融消费者保护体系

2003 年，美国国会通过了《公平交易与信用核准法案》，成立美国金融扫盲与教育委员会，正式将金融教育纳入国家法律体系。随后于 2010 年颁布《多德·弗兰克华尔街改革和消费者保护法》，将金融教育工作正式纳入金融消费者保护体系。

2. 设立专门机构负责金融教育

消费者金融保护局下设金融教育办公室，主管公众金融知识普及教育工作，制定具体提升美国公民金融素养与认知能力的计划，增强美国国民对日益复杂的金融产品的分辨能力。在消费者金融保护局内专设老年人金融保护办公室，专门针对 62 周岁以上老年人开展金融教育和消费者权益保护工作。该老年人金融保护办公室还加强与金融机构、检察部门的协作，共同为老年人提供防范金融诈骗的服务。

3. 制作老年人金融教育专项读物

美国消费者金融保护局专门设置老年人金融教育专栏并制作专项金融知识指南，如老年人金融保护办公室制作了《老年人智慧理财防骗指南》《关于防止和应对老年人金融欺诈的金融机构咨询意见》等。

4. 鼓励社会志愿者加入金融宣教工作

美国成立了志愿者"金融扫盲队"，深入社区、学校等人员集中区域，义务帮助社会公众了解金融知识并进行专业答疑，这种组织及教育形式对老年群体而言更加友好与实用。

（二）英国老年人金融教育经验

1. 依法设立消费者金融教育局

2010 年，英国金融服务管理局依据法律规定设立消费者金融教育局，负责面向英国民众独立开展金融教育工作。消费者金融教育局开展了面向全国的"理财指导服务计划"，该计划旨在免费为公众提供客观公正的金融信息与知识，使金融消费者能够客观科学地对待日新月异的金融产品，帮助民众做出正确的理财规划与决策。

2. 集中进行金融教育工作

英国在金融教育方面的主要特点表现为教育工作的集中性，由消费者金融教育局统一制定与实施金融消费者教育计划，高度的集中性降低了教育难度与成本，也使金融知识的普及力度与效率大大增强。

3. 创建金融消费者教育网站普及知识

英国金融消费者可以快捷简便地从金融服务管理局官方网站上获取大量有效的金融信息与知识，内容不仅包含金融消费行为产生之前的信息和知识，也涵盖了金融消费行为结束之后产生的投诉与赔偿的知识。该网站还专门开立了投诉与赔偿事务板块，提出金融服务赔偿计划，帮助金融消费者系统学习金融服务售前与售后相关知识。

（三）澳大利亚老年人金融教育经验

1. 成立消费者和金融教育特别行动小组

2004 年，澳大利亚政府成立消费者和金融教育特别行动小组。该组织由金融业、政府部门、消费者、社区团体代表组成，旨在领导全国金融消费者教育工作，评估金融消费者教育工作成效，以及向政府提出有关建议。消费者和金融教育特别行动小组成立后，制定了国家金融消费者教育战略目标，从国家层面向消费者提供金融扫盲课程和信息，并清晰界定公众团体、个人以及社区团体组织在为金融消费者提供信息和服务过程中的责任。

2. 开立专门的金融消费者教育网站

澳大利亚政府还以消费者和金融教育特别行动小组为依托，成立了金融消费者教育基金会，开设专门的金融消费者教育网站，向消费者提供关于理财管理、合理避税、投资工具选择、退休金安排等方面的知识。此外，还提供各种计算工具，让消费者可以对自身资金安排状况的健康度及理财资金的安排状况等进行测算，并提供直观的结果供公众做出决策。同时，网站还接受金融消费者对金融机构服务的投诉和建议，对金融消费者在金融活动中暴露出的知识盲区进行总结和归纳，以及时调整和逐步完善金融消费者教育。

（四）日本老年人金融教育经验

1. 政府重视金融教育工作

2000年，日本金融系统委员会在《21世纪新金融构建》中强调了投资金融教育的重要性。2004年，日本内阁在《未来金融改革项目》中提出加大日本金融消费者教育的资金投入，积极调动日本公民在生命周期各阶段的投资活力。日本内阁在2005年将加强消费者金融教育作为日本金融改革的主要组成部分，由日本政府主导，普及金融知识。

2. 明确专门机构负责金融教育及其职责

日本金融厅和中央金融服务信息委员会是主要的金融教育责任部门。其中，金融厅下设金融教育研究组，主导建立了老年人"官民圆桌会议"机制，每月围绕老年人金融产品和金融服务的设计与研发，以及针对中青年和中年人养老与投资的金融商品和金融服务的设计与开发这两大主题开展讨论，促进老年人金融产品和金融服务标准化建设。中央金融服务信息委员会提供金融和经济信息，推广金融教育理念，提高全民金融素养，组织开展金融教育活动。中央金融服务信息委员会还与地方委员会设置财务公共关系顾问，成立金融学习小组，整合传统媒体和新媒体资源，通过大众传媒、互联网、出版物和讲座等多种形式为老年人普及金融知识。

3. 搭建专门性金融知识教育网站

日本建立了政府主导的专门性金融知识教育网站——财经素养专题网站，方便民众实时获取最新金融动态，掌握必要的金融知识与信息。

四、推动我国老年人金融教育发展的政策建议

（一）建立金融普及教育相关法律规范

在法律层面，受教育权是我国宪法规定的公民基本权利。但这只是一项原则性规定，权利内涵并未明确涵盖金融消费者受教育的权利，且我国的消费者权益保护法也未明确规定消费者享有受教育权。2015 年，国务院办公厅发布《关于加强金融消费者权益保护工作的指导意见》，首次将"受教育权"作为金融消费者的基本权利，但这也是一项原则性规定。因此，建议借鉴国外先进经验，将国民金融教育上升到法律层面进行推进，明确各相关监管部门、行业协会、金融机构和教育部门等进行金融普及教育的职责与义务，尤其强化商业性金融机构在金融普及教育中的主要责任，避免金融机构以金融宣传教育为名，行产品营销之实。

（二）重构金融普及教育组织体系

由于老年人金融知识普及具有公益性及教育资源的公共性特征，因此应由政府部门主导老年人金融知识普及教育工作。在我国分业经营与分业监管格局下，金融教育主要由"一行两会"等监管部门各自推动开展，各类教育活动缺乏统筹安排，导致各项教育工作难以持续推动，容易陷入追求活动规模和短期效应的怪圈。因此，建议整合现有多个机构交叉管理的模式，借鉴英国高度集中的管理模式，成立类似于英国"消费者金融教育局"的专门金融教育机构，统筹制定、统一实施金融消费者教育计划。

此外，考虑老年群体的特殊性，可借鉴美国经验，在专门的金融教育机构内专设老年人金融保护办公室，根据老年人现有的金融知识水平及行为特征，有针对性地开展金融教育和消费者权益保护工作。

（三）搭建差异化、系统性的金融教育体系

一是细分不同群体，因材施教。受居住区域、受教育程度、收入水平等因素影响，不同类型的老年人对金融知识的需求呈现差异化。因此，应关注不同老年人的金融知识需求，采用差异化的教育方式，差异化地开展金融知

识教育。例如，针对城镇离退休老人，可以深入社区，重点针对老年人关心的退休储蓄或理财知识开展金融宣传，并增强其反欺诈意识和能力。二是制定总体规划，确保形成完整的金融知识体系。金融教育的内容不应仅限于金融消费行为产生之前的基础知识、金融消费时的风险提示与操作技巧，还应涵盖金融消费行为结束之后产生的投诉与赔偿的知识，促进老年人理性地进行金融消费和投资。

（四）鼓励多渠道、多形式的金融教育

一是充分调动协会、民间团体、金融机构等广泛参与老年人金融教育，鼓励金融机构充当金融普及教育的主力军，深入社区，将金融教育融入居民日常生活。二是启动金融普及教育志愿者工程，招募志愿者团队，鼓励金融机构从业人员、大学生、政府工作人员参加，并将参与金融普及志愿者活动的情况作为获取金融从业资格的考核项目。三是借鉴澳大利亚与日本的经验，建立政府主导的专门性金融知识教育网站，汇集政府机构、金融机构、协会组织和高校的金融教育信息和实践经验，形成老年人可获取金融知识的权威平台。四是借鉴美国经验，加强与老年人的沟通，掌握老年人的实际金融服务需求与知识欠缺状况，结合老年人金融消费行为特点，为老年群体量身打造金融知识教育读本，填补老年人的金融知识盲区，深化老年人对金融风险的认知，增强其自我保护意识，提高其风险处置能力，使老年人能够理性、自信地参与金融活动，满足其金融服务需求。

房地产金融宏观审慎管理工具运用：时机选择和政策效果

蒋湘伶　陈　岩　潘洋帆　朱琳琳　安　飒　郭虹程　孙　雪*

一、引言

　　新冠疫情暴发以来，伴随全球货币政策环境宽松，众多因素共同作用使消费者房价上涨预期增强。从全球范围看，美、韩等多国的房价均有明显上涨；从我国看，房地产市场近年来总体较为平稳，2020 年下半年开始量价回升，房价上涨压力显现。2021 年《政府工作报告》指出，要坚持房子是用来住的、不是用来炒的定位，稳地价、稳房价、稳预期。中国人民银行 2021 年工作会议，同样强调要落实房地产长效机制，实施好房地产金融审慎管理制度。

　　当前，我国已初步积累房地产金融宏观审慎管理的经验，在具体政策实践方面，此前对房地产市场进行逆周期宏观审慎调节主要使用的是收付比工具。为增强银行业金融机构抵御房地产市场波动的能力，防范金融体系对房地产贷款过度集中带来的潜在系统性金融风险，提高银行业金融机构稳健性，2020 年以来，中国人民银行等部门先后引入重点房地产企业资金监测机制和"三道红线"融资管理规则，建立银行业金融机构房地产贷款集中度管理制度。中国人民银行副行长潘功胜指出，要考虑逐步实施房地产贷款集中度、居民债务收入比、房地产贷款风险权重等宏观审慎政策工具。因此，在房地产金融宏观审慎管理框架下，如何结合我国商业银行运行状况，研究包括债

　　* 蒋湘伶、陈岩、潘洋帆、朱琳琳、安飒、郭虹程、孙雪：供职于中国人民银行营业管理部跨境办。

务收入比限制、逆周期资本要求、房地产资本风险权重等在内的宏观审慎政策工具的运用，具有较强的理论和实践意义。

二、房地产宏观审慎政策工具使用

（一）可供使用的房地产宏观审慎政策工具

国际上针对房地产金融的宏观审慎政策工具可以分为：供给侧工具，包括（部门）逆周期资本缓冲（Countercyclical Capital Buffer，CCyB），行业资本金要求（Sectoral Capital Requirments，SCRs），房地产信贷集中度要求、房地产资产风险权重调整，贷款价值比（Loan To Value，LTV）、房贷期限，动态拨备计提、动态准备金要求、利息覆盖率要求等；需求侧工具，包括偿债收入比（Debt Service-To-Income，DSTI）、债务收入比（Debt-to-Income Ratio，DTI）、贷款收入比（Loan To Income，LTI）等。

（二）房地产宏观审慎政策工具运用的时机选择

1. 启动/收紧宏观审慎管理措施

以下核心指标共同作用时，提供了系统性风险累积的前瞻性信号：房地产信贷增长和占比情况；房地产资产价格与其长期趋势的持续偏离，包括房价增长、房地产估值（房价租售比和房价与收入比）；一段时间内新增贷款或特定时间点的存量贷款的 LTV/首付比、DSTI、LTI 的比率和分布情况；以外币计价抵押贷款或仅付利息抵押贷款的份额。

2. 宏观审慎政策工具的校准

政策工具启用后，需要及时监测、评估和反馈后续影响，应密切监控其效果，并根据需要调整设置。供给侧工具方面，定期监测一个时期内新增贷款，或特定时期存量贷款的平均 LTV/首付比的比率和分布情况。需求侧工具方面，定期监测一个时期内新增借款人的债务收入比，或特定时期 DSTI 的比率和分布情况；新增贷款下借款人群体中 DSTI 比率的分布，以及 DSTI 在不同收入阶层特别是低收入群体中的分布情况。

3. 放松/退出宏观审慎政策工具

以下核心指标共同作用时，提供了放松/退出宏观审慎管理的信号，包括房地产资产价格下降和房地产信贷增速下降等房地产市场指标。出现信用利差扩大、股票价格下跌等表现金融市场趋向紧缩的现象也可能是需要放松/退出宏观审慎管理的早期信号。

（三）房地产宏观审慎政策工具的运用

1. 房地产宏观审慎政策工具启用的先后顺序

《宏观审慎政策指引（试行）》指出，房地产宏观审慎政策工具应循序渐进启用，顺序一般为：为减少可能产生的政策扭曲效应，应首先实施行业资本要求、调整资产风险权重、实施集中度管理等资本类相关工具，为金融机构建立额外的资本缓冲。如果上述工具的实施未能达成监管目标，则可以考虑收紧针对居民部门的对 LTV 和/或 DSTI 比率的限制。

2. 房地产宏观审慎政策工具的设定范围

国际货币基金组织建议，政策制定者应明确设定 LTV 和 DSTI 上限。比如，LTV 和 DSTI 分别不高于 85% 和 45%（国际货币基金组织监测的国家中超过半数将 DSTI 上限设定为 40%~45%）。划定范围可为监管部门收紧和放松措施提供政策空间，同时向市场主体传达政策常态化调整信号，有利于在监管部门于经济下行时期放松审慎管理措施时培育稳定的市场预期。

部门资本要求、资产风险权重等资本管理工具同时适用于新增贷款和存量信贷敞口。面向整体房地产部门信贷敞口实施上述工具有助于提高金融机构的韧性。但值得注意的是，在新增贷款比存量贷款风险更高的情形下，如果监管部门应用资本管理工具来分别管理特定时间点后发放的新增贷款和存量贷款，一是分类跟踪监测较为不便，二是降低金融机构的调整成本，监管机构则需要对金融机构的信贷投放行为进行更严格的工具校准。

三、房地产金融宏观审慎政策工具的应用效果

一是单独使用一项房地产金融宏观审慎政策工具的有效性有限。英国央行 2020 年的研究表明，LTV 本身不足以抑制繁荣时期的债务积累，但可以与

资本要求结合控制 DSR。具体而言，DSR 和 LTV 之间存在替代作用，DSR 和
资本要求之间存在互补性，同时 LTV 本身不足以在房价上涨时限制家庭负债
（见图 1）。因此，可以通过调整资本要求和 LTV 使 DSR 处于监管要求之下。

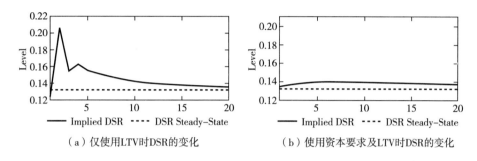

（a）仅使用 LTV 时 DSR 的变化　　　　（b）使用资本要求及 LTV 时 DSR 的变化

图 1　住房需求冲击下各种政策工具的反应

注：左图为仅使用 LTV 时 DSR 的变化，右图为同时使用资本要求及 LTV 时 DSR 的变化。

二是监管部门的事前沟通有利于提高房地产金融宏观审慎政策工具的有
效性。荷兰中央银行 2020 年的研究表明：LTV 限制的预先公布对家庭信贷具
有强烈且持续的影响，而对房价的影响则存在显著滞后性，传导机制和调控
效果与通过减少家庭贷款的政策来控制房价相同。

三是房地产金融宏观审慎政策工具的有效性取决于政策实施环境。国际
货币基金组织在其 2020 年 6 月发布的工作报告中指出，当经济高度暴露于房
地产且缺乏相应配套的货币政策时，收紧 LTV（贷款价值比）的短期政策成
本较高。特别是当经济体处于高负债率的情况下（即存在流动性陷阱时），
LTV 收紧对利率、通胀及产出的反馈效应均为显著。此外，随着时间的推
移，LTV 收紧在中期逐渐反弹至稳定水平，体现出在流动性陷阱情况下收紧
LTV 在短期内的"超调"程度最大。

四是房地产金融宏观审慎政策工具的有效性取决于一国人口的年龄结构
和收入结构。韩国央行 2020 年研究发现，宏观审慎管理政策总体上是有效
的，但对人口群体具有异质性影响。随着 LTV 和 DTI 政策的放松，老年人群
体和单身群体在购买房屋时不会受到 LTV 和 DTI 限额的约束。相比之下，需
要抚养青少年的劳动年龄群体对这种宏观审慎管理政策反应强烈。国际货币
基金组织和爱尔兰央行 2020 年研究了房地产宏观审慎政策工具对不同收入人
群购房意愿的影响效果。结果表明：LTV 和 LTI 压制住了原有低收入人群，

但没能管住高收入人群，说明受宏观审慎政策约束，银行贷款转向了非限制目标，即高收入人群。

五是房地产金融宏观审慎政策工具还应当关注非银行金融机构对房价的影响效果。欧洲央行 2020 年研究发现：在调控房地产价格和信贷周期等方面，影响机构投资者借款上限的逆周期 LTV 规则比限制家庭借贷限额的动态 LTV 规则更为有效。

四、政策建议

（一）贯彻实施房地产金融宏观审慎管理

由于传统的差别化住房信贷政策对房地产杠杆率的控制效率较低，建议根据我国经济金融发展以及房地产市场实际，构建有效的房地产金融宏观审慎管理体系。一方面，建议充分运用最低首付比、贷款利率、信贷政策导向效果评估结果与宏观审慎评估的激励约束工具相挂钩的政策工具，并以逆周期动态资本缓冲要求和前瞻性的拨备安排，对宏观审慎管理政策工具不断优化和调整。另一方面，建议逐步完善监测与评估体系，通过细化多层次的房地产金融监测指标，提高对房地产金融市场的宏观审慎分析水平。

（二）优化房地产金融宏观审慎政策工具

目前，我国房地产金融宏观审慎管理仍处在不断探索之中，因此在具体实施中，建议结合我国房地产市场的实际情况，适时调整、优化及丰富宏观审慎管理政策工具组合。一方面，建议重点关注家庭住房按揭贷款和银行房地产信贷的宏观审慎管理；另一方面，建议加强房地产市场及房地产金融的危机应对，制定出台一系列危机处置措施，建立房地产信贷与其他贷款间的紧急时期风险隔离机制，严控房地产信贷过度扩张。

（三）建立和完善房地产金融风险预警体系

建议在完善监测指标的基础上，建立起针对房地产市场压力、量化房价和房地产剧烈波动可能引发的系统性金融风险的预警体系。一是引导银行机构开展住房贷款压力测试，模拟房价下跌情形下个人住房贷款风险变化情况，提升风险预警能力。二是银行机构要严格评估贷款购房者的还款能力，适当提高贷款购房条件，保持个人住房贷款合理适度增长。三是加强对信贷资金规模、用途的监管和危机应对，建立危机处置预案和风险隔离机制，有效防控房地产市场风险的积累和传播。

（四）加强政策的协调配合性和配套性

金融政策对于房地产市场的调控只在一定领域内发挥作用，而房地产市场的平稳发展与产业、财税、行政等政策密不可分，建议相关政策在房地产市场调控方向、调控力度和调控目标上达成一致，保持各项政策的配套性和稳定性，减少政策调控的时滞性，彼此互补和推动，以达到预期效果。

（五）积极推进城市和人口政策调整

从长期看，人口和城市变迁是房地产市场发展的主要动力，按照供给侧结构性改革和新型城镇化的要求，建议研究制定配套的城市与人口政策，推进户籍制度改革，着力发展中小城市和卫星集镇。进一步完善进城务工人员等流动群体的城镇定居落户制度，健全财政转移支付同农业转移人口市民化挂钩机制。持续推进三四线城市的产业结构升级，完善教育、医疗等公共资源配套，提高三四线城市的人口吸纳能力。

普惠小微企业贷款延期支持工具运用与会计计量探讨

王军只　刘子逸　姜　旭[*]

为缓解新冠疫情冲击、推动货币政策直达实体经济，中国人民银行会同财政部针对地方法人银行创设了普惠小微企业贷款延期支持工具。中国人民银行营业管理部对辖内接收普惠小微企业贷款延期支持工具的 15 家地方法人银行开展调研。调研显示，该工具在运用过程中存在四方面问题：一是会计计量依据不一致；二是会计确认与计量结果存在较大差异；三是交易双方对该工具的会计属性认定不协调；四是工具到期缺乏退出机制。建议规范普惠小微企业贷款延期支持工具的会计核算，协调交易双方对该工具会计属性的认定，明确工具到期后的退出机制。

一、普惠小微企业贷款延期支持工具与一般利率互换业务会计计量模式的比较

（一）一般利率互换业务会计计量

利率互换是交易双方通过合同约定在未来一定期限内基于同种货币的等量名义本金，交换根据约定算法计算的现金流，其中一方的现金流按照浮动利率计算，而另一方的现金流按照固定利率计算，其主要目的是降低资金成本、减少利率风险、改善资产负债结构、完善利率定价机制、促进利率市场化。一般利率互换业务会计计量模式如图 1 所示。

　＊　王军只、刘子逸、姜旭：供职于中国人民银行营业管理部会计财务处。

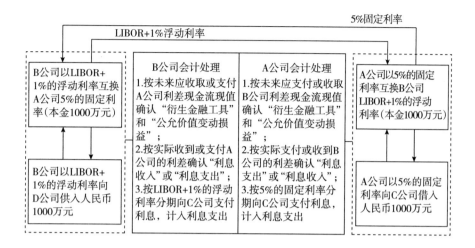

图1　一般利率互换业务会计计量模式

资料来源：笔者自行整理。

我国企业会计准则体系未对互换合约的会计处理给出详细规定，《企业会计准则第22号——金融工具确认和计量》做了原则性规定，即衍生工具应当划分为交易性金融资产或交易性金融负债，其会计处理规则是"以公允价值计量且其变动计入当期损益"。我国衍生工具相关会计规则主要借鉴了《国际会计准则第39号——金融工具：确认与计量》①，而后者又是以美国证券市场上的公认会计原则之《财务会计准则公告第133号：衍生工具和套期活动的会计处理》（*Statement of Financial Accounting Standards No.* 133：*Accounting for Derivative Instruments and Hedging Activities*）为蓝本设计出台。基于上述会计准则理念，考虑利率互换合约相应的法律事实和预期影响因素，利率互换衍生金融工具形成了较为成熟的会计确认与计量模式。

（二）普惠小微企业贷款延期支持工具会计计量

普惠小微企业贷款延期支持工具基于利率互换业务形式创设，创设的目的是鼓励地方法人银行对普惠小微企业贷款"应延尽延"。中国人民银行通过普惠小微企业贷款延期支持工具与地方法人银行业金融机构开展利率互换

---

① 该文件于2014年被 International Accounting Standards Board，2014：International Financial Reporting Standard 9：Financial Instruments 取代。

操作。利率互换协议的互换本金按地方法人银行业金融机构延期还本付息的贷款本金确定，中国人民银行向地方法人银行业金融机构支付的固定利率为2.62%（见图2），向地方法人银行业金融机构收取的浮动利率为法定存款准备金利率。在利率互换协议签订次月，中国人民银行按协议与地方法人银行业金融机构轧差交割互换收益。由于现行法定存款准备金利率为1.62%，中国人民银行实际上通过利率互换安排给予地方法人银行业金融机构延期还本付息贷款本金的1%激励。利率互换的期限是1年，利率互换协议到期自动解除。

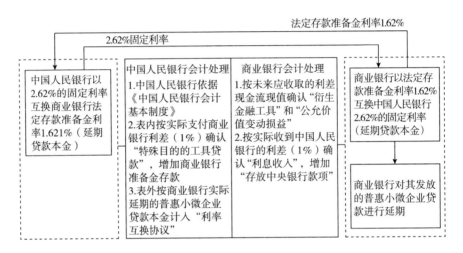

图 2　普惠小微企业贷款延期支持工具会计计量模式

资料来源：笔者自行整理。

二、普惠小微企业贷款延期支持工具运用存在的问题

（一）商业银行关于普惠小微企业贷款延期支持工具的会计计量依据不一致

北京辖内商业银行对普惠小微企业贷款延期支持工具的会计计量依据在会计准则层面主要包括《企业会计准则——基本准则》《企业会计准则第14号——收入》《企业会计准则第22号——金融工具确认和计量》，同时参照

《中国人民银行关于增设特殊目的工具贷款相关统计指标的通知》以及商业银行与中国人民银行签订的利率互换协议。其中，40%的商业银行依据《企业会计准则——基本准则》，27%的商业银行依据《企业会计准则第22号——金融工具确认和计量》，13%的商业银行依据《企业会计准则第14号——收入》，20%的商业银行没有依据会计准则，而是依据《中国人民银行关于增设特殊目的工具贷款相关统计指标的通知》对普惠小微企业贷款延期支持工具进行会计确认与计量。另外，由于各商业银行对会计准则和政策文件的理解存在差异，所以针对普惠小微企业贷款延期支持工具的会计处理方式大相径庭。会计标准不统一造成了商业银行对普惠小微企业贷款延期支持工具会计处理不规范，影响商业银行财务报告客观、公允地反映其财务状况和经营成果。

（二）商业银行对普惠小微企业贷款延期支持工具的会计确认与计量结果存在较大差异

各商业银行对普惠小微企业贷款延期支持工具的会计确认主要包括负债和收益两类。40%的商业银行将其全部确认为一项负债，反映为向中央银行借款；27%的商业银行先将其确认为向中央银行借款，到期或分期确认为利息收入；13%的商业银行按公允价值将其确认为一项金融工具，并在合同期间分期确认公允价值变动损益和收益。20%的商业银行直接将其确认为一项补贴或收益，但在具体会计科目归属上存在不同，分别计入利息收入、其他业务收入、营业外收入和投资收益等。不同商业银行对普惠小微企业贷款延期支持工具会计确认与计量结果的不同背离了会计可比性原则，影响会计指标和监管指标的反映和使用。

（三）商业银行与中国人民银行对普惠小微企业贷款延期支持工具的会计属性认定不协调

中国人民银行按照利率互换协议的形式设计运用普惠小微企业贷款延期支持工具。在表外，将中国人民银行与商业银行开展利率互换对应的普惠小微企业延期贷款本金计入"利率互换协议"；在表内，按照双方利率互换的差额，将中国人民银行实际支付给商业银行的1%激励资金作为一项特殊目的工具贷款。作为中国人民银行的交易对手，商业银行对普惠小微企业贷款延期支持工具的会计属性却有负债、收入、衍生工具和政府补贴等多种认定（见表1），与中国人民银行对该工具会计属性的认定不协调。

表1　普惠小微企业贷款延期支持工具会计确认与计量情况

会计项目确认	会计计量方式	金融机构
负债	计入"向中央银行借款"	房山沪农商村镇银行、昌平发展村镇银行、门头沟珠江村镇银行、密云汇丰村镇银行、平谷新华村镇银行、通州中银富登村镇银行
负债/到期或分期确认收入	（1）收到激励资金时，先确认为"向中央银行借款"；（2）到期或分期计入贷款利息收入/营业外收入/其他业务收入	北京农商银行、大兴九银村镇银行、大兴华夏村镇银行、怀柔融兴村镇银行
金融工具	（1）交易日，收记表外利率互换科目；（2）业务存续期，定期估值，估值变动损益分别计入表内衍生工具、公允价值变动损益科目；（3）收到该工具交收损益，计入投资损益；（4）业务到期，销记表外利率互换科目	北京银行、中信百信银行
收益	计入利息收入/其他业务收入/营业外收入/投资收益	中关村银行、顺义银座村镇银行、延庆村镇银行

资料来源：笔者自行整理。

（四）普惠小微企业贷款延期支持工具到期缺乏退出机制形成挂账

根据普惠小微企业贷款延期支持工具的最初设计，中国人民银行将其作为一项特殊目的工具贷款在央行资产负债表中列示为一项资产。部分商业银行根据中国人民银行的做法，将普惠小微企业贷款延期支持工具确认为一项负债。普惠小微企业贷款延期支持工具是中国人民银行为引导地方法人银行业金融机构对普惠小微企业贷款本息进行延期给予的激励，工具到期时，金融机构并不向中国人民银行返还收到的激励。但由于目前普惠小微企业贷款延期支持工具到期的退出机制不明确，中国人民银行和部分商业银行关于普惠小微企业贷款延期支持工具形成的资产和负债在到期时将形成挂账。

三、政策建议

（一）规范商业银行对普惠小微企业贷款延期支持工具的会计核算

制定统一的普惠小微企业贷款延期支持工具会计处理制度，根据实质重于形式的原则，综合考虑会计基本准则和金融工具准则，发布会计指引，明确商业银行对普惠小微企业贷款延期支持工具的会计计量依据。

（二）协调商业银行与中国人民银行对普惠小微企业贷款延期支持工具会计属性的认定

中国人民银行执行的是《中国人民银行会计基本制度》，商业银行执行的是《企业会计准则》，虽然依据的准则不同，但会计处理原则相同。中国人民银行目前将普惠小微企业贷款延期支持工具认定为资产，作为交易对手方，商业银行应将该工具确认为一项负债，并在合同期间分期确认收入。

（三）明确普惠小微企业贷款延期支持工具到期后的退出机制

明确中国人民银行通过普惠小微企业贷款延期支持工具发放给金融机构的激励资金的最终来源。如果工具到期有明确的资金来源，建议将发放给金融机构的普惠小微企业贷款延期支持工具作为当期一项支出，同时反向结转"特殊目的工具贷款——普惠小微企业贷款延期支持工具"；如果工具到期没有明确的资金来源，建议将该工具进行暂时挂账，或转入待核销项目，同时反向结转该工具，待相关资金来源到位后再予以冲销或核销。

第二篇

区域经济金融篇

Regional Economy and Finance

国际碳排放交易服务平台发展经验及对北京绿交所的启示

魏海玉[*]

碳排放交易是利用市场机制实现温室气体排放权配置，控制碳排放总量、降低社会减排成本的有效政策工具，已在欧美等发达国家持续实施多年，形成了良好的控排效果。目前，国内碳排放交易市场有两类基础产品：一类为分配给控排企业的碳配额，已明确在上海、武汉建立全国碳配额交易市场，上海市提出依托碳配额市场打造国际碳金融中心；另一类为企业自愿减排、经国家认证获得的减排凭证 CCER，主要由可再生能源、林业碳汇等项目产生，交易收入将激励项目发展，降低财政成本，目前国家已初步确定全国自愿减排交易中心落户在北京绿色交易所。与碳配额市场相比，核证自愿减排交易可以帮助更多行业"碳达峰、碳中和"，重要性日益凸显。建议借鉴国外成熟碳市场发展经验，高标准高起点建设北京绿色交易所全国自愿减排交易中心，服务"碳达峰、碳中和"国家战略。

一、北京绿色交易所发展概况

北京环境交易所 2008 年设立，2020 年更名为北京绿色交易所，承担本市碳排放权交易试点市场的建设运行任务 7 年，约涵盖重点排放单位 900 家。截至 2020 年底，北京市碳配额核证自愿减排量及林业碳汇各类产品累计成交近 6800 万吨，成交额超过 19.45 亿元，成交均价稳居全国第一。[①] 绿色量化标准及服务探索取得多项成果。开发完成中国首个自愿减排标准"熊猫标

　＊　魏海玉：供职于中国人民银行营业管理部金融研究处。
　①　数据来源：北京绿色交易所。

准"，开发"竹子造林碳汇项目方法学"与"小规模非煤矿区生态修复减排方法学"两个核证自愿减排方法学，获得世界银行认可，并在原国家发展和改革委员会应对气候变化司备案；与蚂蚁金服合作推出"蚂蚁森林"项目并开发近30种场景的减排算法，成为国内外较成功的碳普惠案例之一。优化绿色金融服务，建设全国绿色项目库。开发搭建绿色项目登记及评估服务平台，推动全国绿色金融改革创新试验区的绿色项目统一入库、登记、评估及融资对接，截至2021年8月汇集6省9市绿色金融改革创新试验区项目2299个，融资总额3811亿元，合作投资机构25家，行业协会4家，第三方评估机构4家。①

在全国碳市场建设中，碳配额市场第一步将纳入发电行业，2021年为首个履约周期。未来将逐渐覆盖发电、石化、化工、建材、钢铁、有色金属、造纸和国内民航8个行业，配额分配以免费为主，适时引入有偿分配。CCER主要由减排项目产生，可由碳配额不足的企业购买用以履约，每个履约周期企业使用CCER的比例存在上限，约为配额量的5%～10%。试点经验显示，通常CCER单价低于配额，企业购买使用的积极性较高。全国自愿减排交易中心由北京绿色交易所牵头筹备，已完成公司组建及运营、交易系统建设和运维、登记系统建设等方案拟制，需生态环境部指导支持，推动早日落地。

二、我国各地环境权益交易服务平台的发展经验

一是构建全方位环境权益交易体系，促进能源结构转型。山西环境能源交易中心②依托山西金融投资控股集团金融全牌照优势，打造以"一站式"排污权抵押融资业务为主的绿色金融服务平台。"一站式"排污权融资平台根据不同资产、相应的环保管理机制等"量体裁衣"，设计相应的绿色金融模式，为中小企业提供融资支持，盘活企业绿色权益类资产，推动绿色发展与实体经济深度融合。

二是推广环境资源质押融资，丰富产品类型和优化结构。山西环境能源交易中心开展各类环境权益交易，形成信贷、债权、股权多种类型结构，多

---

① 数据来源：根据2021年中国国际服务贸易交易会上绿交所展区资料统计。
② 山西环境能源交易中心为山西省产权交易中心的子公司，山西省产权交易中心致力于建设集物权、股权、债权、知识产权、环境权益等各类权益为一体的综合交易服务平台。

层次、多元化的金融产品体系，并先后完成排污权融资、供热等特许经营权融资、林权抵押融资等产品的发行工作。基于碳排放权、用能权、水权、节能量、电力收费权开发环境权益金融服务，助力山西省生态文明建设。

三是开展跨境碳排放权市场交易，引入境外机构资金。深圳率先启动全国首个碳排放权交易市场，丰富准入机构类型，允许境外投资者以外币或境外人民币不限额度地参与深圳碳交易，保证有效绿色金融供给，充分发挥了境外投资者对深圳碳市场管控单位节能减排活动的资金融通作用。

四是助推绿色转型，服务实体经济高质量发展。浙江衢州绿色金融改革创新试验区充分利用当地专业化特种纸产业集群的特点，指导 4 家商业银行突破特种纸产业融资政策壁垒，争取到"一行一策"差异化信贷政策，将特种纸产业从原先的"压控类行业"调整为"适度支持行业"，助力衢州传统特种纸产业走出发展新路子。

三、国际环境交易服务平台发展经验

（一）国际环境交易服务平台发展现状

全球碳排放交易市场发展迅速，作为第三方平台的碳交易所为碳交易发展提供了重要支撑。国际碳交易所已逐步形成较为完善的交易体系（见表1），呈现出以下几个特点：一是主要以欧元计价；二是呈现出一定的融合趋势，部分碳交易所通过第三方对碳交易进行监管和结算工作；三是已形成具有代表性的碳基准价格，碳期货市场价格主要参考欧洲气候交易所的碳期货合约价格，碳现货价格主要参考欧洲环境交易所的碳价走势。

表 1 国际主要碳交易所基本特征

碳交易所	交易品种	参与者	参与方式	碳交易单位	交易系统与体制	计价货币
芝加哥气候交易所（Chicago Climate Exchange，CCX）	6种温室气体等	碳排放者与碳补偿贸易提供商	自愿	EUAs、CERs	由美国金融业监管局（The Financial Industry Regulatory Aathority，FINRA）监管	美元

续表

碳交易所	交易品种	参与者	参与方式	碳交易单位	交易系统与体制	计价货币
欧洲气候交易所（European Climate Exchange，ECX）	CO_2	碳排放者	强制	EUAs、CERs	CCX 在欧洲的全资子公司，在英国金融服务管理局监管下交易排放合约，ICE 负责将合约列在电子交易平台，并负责结算工作	欧元
欧洲能源交易所（European Energy Exchange，EEX）	电力、天然气、煤炭、CO_2	所有市场参与者	自愿	EUAs	与欧洲期货交易所合作拍卖排放权，欧洲商品结算所负责结算工作；EEX 所有会员共同承担违约责任，建立了公用的风险保障基金	欧元
奥地利能源交易所（Energy Exchange Austria，EXAA）	能源、CO_2	所有市场参与者	自愿	EUAs、CERs、ERUs	通过风险评估系统测定违约风险，会员缴纳抵押金，以应对可能出现的负债；EXAA 负责结算工作	欧元
北欧电力交易所（Nord Pool）	电力、CO_2	所有市场参与者	自愿	EUAs、CERs	网上支付系统进行结算工作，会员在交易前必须按最低限额缴纳抵押金，可以根据每天的抵押金通知，为新参与者预测未来的净购买量	欧元
欧洲环境交易所（Blue Next）	CO_2	所有市场参与者	自愿	EUAs、CERs	纽约-泛欧证券交易所集团持 60% 股份，法国国家银行 Caisse des Depots 持 40% 股份	欧元

资料来源：笔者自行整理。

（二）国际环境交易服务平台对北京平台建设的经验

一是分阶段搭建与审查交易平台。英国承诺在 2050 年实现温室气体净零排放，于 2021 年 1 月推行本国的碳排放交易系统（United Kingdom Emissions Trading System，UK-ETS）。UK-ETS 的实施将分阶段进行，其中第一阶段从 2021 年开始至 2030 年，第二阶段从 2031 年至 2040 年。政府将会在 2023 年对 ETS 系统进行初步审查，并于 2026 年之前完成对系统设计方案的必要调整。2028 年将开始全面评估系统在第一阶段的整体表现。芝加哥气候交易所（Chicago Climate Exchange，CCX）搭建包括三个部分的交易体系：其一，由电子数据库记录和确定会员的减排履约和 CFI（碳金融工具）交易状况；其二，通过互联网在 CCX 注册账户持有人之间完成交易指令、成交确认并公示交易结果，交易标的是标准化的 CFI，采取保证金交易方式，当天完成成交，次日交割，价格公开透明，不支持匿名交易和通过私下谈判协商达成的双边交易；其三，通过清算和结算平台处理所有交易活动的每日数据和信息。

二是逐步培养企业碳排放付费观念。欧盟碳排放交易系统（European U-nion Emission Trading System，EU-ETS）采用免费配额和拍卖相结合的方式给成员国分配碳排放配额。在经历 7 年的运行，企业逐渐树立了碳排放需要付费的观念后，欧盟才逐渐将效率作为分配的首要原则，向以拍卖为主分配排放权的方式过渡。英国碳排放交易系统（UK-ETS）为了保障系统的竞争力、降低碳泄漏风险，免费发放少部分比例的碳排放配额，其余均拍卖。2021 年的免费配额①约为 5800 万吨，占总量的 37%，之后逐年减少 160 万吨。②

三是允许碳排放配额的储存和借贷。欧盟允许存储配额，使企业能够用当下的减排成果抵消未来扩大生产规模产生的额外排放；也可以立即将节省的配额在碳市场出售变现，激励企业尽早开展节能减排行动。而允许配额的借贷则使企业能够在一个相对较长的时间内调剂使用配额，促使企业制订较长远的减排规划。

四是实行碳配额价格干预措施。英国碳排放交易系统（United Kingdom Emissions Trading System，UK-ETS）为确保碳价的平滑连续性，在系统运行的第一年和第二年里，利用成本控制机制通过压低价格的方式防止碳价剧烈波动，在系统运行的第三年将恢复为 EU-ETS 的价格控制机制。

五是引入外部减排成果。欧盟碳排放交易系统（European Union Emission Trading System，EU-ETS）覆盖下的企业除了可以通过自主减排，或购买配额的方式完成减排任务之外，还可以使用"排放减量权证""减排单位"抵减自身排放，其在 EU-ETS 市场上与"欧盟排放配额"（European Union Al-

---

① 免费配额的初始发放量依据"历史活动水平×基准线排放×碳泄漏暴露因子"的方法进行核算。具体可参照欧盟碳排放交易体系（EU-ETS）第四阶段列出的数据。

② 数据来源：英国政府官网。

lowance，EUA）有同等效力。这样既降低了 EUA 的市场价格（即企业的履约成本），又为欧洲以外的地区推进减排提供了现实的激励，在全球产生了显著的减排效应。

六是由相关法案规定成员碳排放行为。欧洲能源交易所（European Energy Exchange，EEX）对成员国的碳排放量有严格规定和时间限制，欧盟有统一的法律约束交易所行为，各成员国必须遵照事先制定的国家碳排放量配额计划，由欧盟中央管理处进行监测，否则将因为超额排放受到处罚，同时为了避免以罚代缴达不到减排目的，欧盟专门规定受到超额排放处罚的成员国在下一期仍需补交等量缺额碳排放量。芝加哥气候交易所（Chicago Climate Exchange，CCX）则是具有法律效力的自愿性交易平台，对碳排放的规定主要是在局部法案中，包括《2009 年美国清洁能源与安全法案》和《2010 年美国能源法草案》等。

四、对北京建设绿色交易所的建议与启示

（一）发挥政府引导作用，完善相关法律法规体系

建议健全法律法规层面对绿色资产交易的制度安排，借鉴欧盟经验，出台具体法规细则约束各类排放行为与交易所行为，为环境权益金融发展营造良好的外部环境，促进市场公平竞争。

（二）构建长效工作机制，提升环境权益金融效能

一是加强顶层设计，分阶段完善平台布局。持续推进现有碳排放权、排污权、用能权等各类环境权益交易发展。借鉴英国经验，分阶段搭建包含各类环境权益交易的数据填报、交易平台，排放配额核定与发放、配额交易和清算等各环节的配套交易平台。强化产业协同布局，联合各类金融投资机构，共建绿色项目投融资服务平台，提供多样化的投资方式和便利的退出通道，降低金融机构进入门槛和退出成本。

二是完善市场机制，强化排放付费观念培养。明确碳减排及碳市场配额总量目标，协同推进建设各类环境权益市场化的交易机制，逐步向以拍卖为主的交易方式过渡，培养企业碳排放、排污等各类排放付费观念。

三是加强产品创新，建立绿色金融生态链条。建立各类环境权益配额存储与借贷交易机制，形成完整的绿色金融产品生态链条，搭建绿色资产价值实现的市场化通道，从而逐步催生出绿色金融自生长的可持续发展商业模式。

四是加强宏观调控，保障绿色资产价格稳定。北京应进一步推广现有碳市场的价格预警机制和公开市场操作机制的试点政策，健全各类环境权益的价格宏观调控机制，强化价格干预手段，保证各类环境权益资产价格平稳。

（三）加大对外开放，加强北京与国际接轨

在北京探索试行部分已公布的绿色金融标准，进一步推动绿色项目库建设过程中向国内外各类绿色金融相关标准靠拢，促进中外绿色金融相关标准的接轨及融合。借鉴深圳经验，丰富准入机构类型，允许境外投资者参与北京碳交易，扩大绿色金融对外开放水平。

国际科创中心建设的标准、实践及启示研究

徐　珊　王璐翟[*]

　　党的十九届五中全会提出，把科技自立自强作为国家发展的战略支撑，加快建设科技强国，支持北京形成国际科技创新中心，并强调完善金融支持创新体系，促进新技术产业化规模化应用。本文通过对标两大国际主流科技创新中心评价体系，分析两大指标体系对中国及北京科技创新的评价，梳理科技金融生态体系建设的先进经验，为金融支持北京国际科技创新中心建设提供借鉴与启示。

一、科技创新中心建设的国际标准

（一）国际主流科技创新中心评价体系的框架设计比较及特征分析

　　目前，国际上具有较大影响力的科技创新评价指标体系主要有全球创新指数[①]（Global Innovation Index，GII）和全球科技创新中心指数[②]（Global Innovation Hubs Index，GIHI）。GII 的评价体系围绕某一经济体（地区）的科技创新而设计，对科技创新投入、产出指标的质量进行诸多考虑，设计了本地高校质量、本地发明国际化水平、本地研究报告国际引用等多重指标，通过将分值、百分率及每 10 亿购买力平价美元 GDP 中所含的个数作为排名依据，

---

　　* 徐珊：供职于中国人民银行中关村中心支行。王璐翟：供职于中国人民银行营业管理部纪检监察办公室。

　　① 世界知识产权组织、美国康奈尔大学、欧洲工商管理学院联合发布。
　　② 清华大学、施普林格、自然联合研究团队联合发布。

较好地反映了科技创新质量，具有较强的科学性、及时性和可操作性。

相较于 GII，GIHI 指标体系更突出区域性，着重评价各个科技创新中心的创新引领作用。GIHI 认为全球科技创新中心是指在全球科技和产业竞争中凭借科学研究和技术创新的独特优势，发展形成引导和指挥全球创新要素流动方向、影响资源配置效率的枢纽性城市，它们最终成为科学中心、创新高地和创新生态融合发展的全球城市。

GII 和 GIHI 两大指标体系均重视创新生态体系建设，强调环境是构建创新生态的基础，基础设施是创新生态的重要支撑。两大指标体系均重视创新资源配置作用，强调投入质量和产出质量指标评价。两大指标体系均突出金融支持科技创新评价，设置如信贷获得率、中小投资者数量、投资市值、创业和私募基金投资金额等指标。

（二）两大指标体系对中国及北京的评价

1. 全球创新指数对中国的评价

一是保持创新领先，连续两年排名在前 15 位。2020 年，中国排名第 14 位，较 2019 年提升了 1 个名次。在多个创新指标中，中国取得全球最高得分，创新表现在中等偏上收入经济体内位列第一。二是数项关键创新产出指标具有世界优势。中国在本国人专利申请量、实用新型、外观设计、无形资产以及创意产品出口等二级指标上的排名均为世界第一。三是部分创新投入质量指标有待提升。创新投入质量指标中，制度环境、高等教育及信贷为中国薄弱项。

2. 全球科技创新中心指数对北京的评价

一是北京技术创新指数在国内城市中居首位。北京排名仅次于旧金山、纽约、波士顿和东京。二是创新高地指标北京位居第三。北京在技术创新能力和创新企业等指标中均排名前三。三是科学基础设施表现亮眼。北京在科学基础设施指标中表现亮眼，以显著优势位居第二。四是创业支持力度排名高居第三。北京排名仅次于旧金山和纽约，展现了城市初创企业发展活力强、资本活跃度高的景象。五是创新生态建设仍需发力。北京的创新生态指标排名第 11 位，低于创新高地和科学中心的指标排名水平。

二、科技创新金融生态体系建设的国际实践经验

（一）发挥政府引导作用，提供多角度政策法规支持

一是提供坚实的法律法规保障。美国从 20 世纪 50 年代开始相继颁布了《史蒂文森—韦德勒技术创新法》《美国国家科学技术、组织和重点法》《小企业法》《小企业股权投资促进法》，从技术创新、人才发展、融资渠道等多方面支持科技创新型中小企业发展。韩国政府提出"科技立国"战略，出台《技术开发促进法》，通过设立多种政府背景的风投基金、中小企业共济制度等一系列制度举措，支持科技创新型企业发展。

二是提供完善的税收优惠政策。美国充分重视风险投资对创新的激励作用，实行优惠的资本利得税，最高税率为 28%，低于个税最高 35% 的税率，天使投资进入政府认可的高科技企业，可享受更为优惠的税收优惠措施。日本为进一步促进初创型企业和中小企业研发，实施一系列针对研发的税收优惠：规定若当年研究费用超过往年的最高值，则可对其增加部分免征 25% 的税金；针对试验研究费波动较大的中小企业，将试验研究费总额的 10% 从应纳税额中扣除；对于企业购进的研发资产，抵免购置价格 7% 的税金。

三是发挥政府引导科技创投基金的领头作用。为解决科技型企业初创期的融资困境，各国政府利用财政资金的杠杆作用，设立了多种投资基金。以色列发起 YOZMA 计划，政府出资份额占 40%，其余 60% 通过吸引民间资本和国际资本等投入，基金用于投资创新型初创企业，政府承诺若基金运营失败与投资者共担风险，若成功则在 5 年后将政府份额以原价转让给投资者。德国设立以政府主导的高科技创业基金，吸纳了包括德国复兴信贷银行、西门子、德国电信和德国邮政等多家企业，该基金以参股方式投资科技创业企业。

（二）发挥资本市场作用，便利科创企业多渠道融资

一是构建完备的创投机构发展政策环境。美国出台大量举措促进创投机构进行风险投资，20 世纪 50 年代推出"小企业投资公司计划"，批准创投机构成立小企业投资公司（Small Business Investment Corporation，SBIC），一方

面将 SBIC 的进入门槛降至 250 万～500 万美元（远低于美国风险投资基金 3000 万美元的资本金门槛）；另一方面允许 SBIC 向小企业提供长期贷款，而一般风险投资公司不允许开展此项业务。

二是提供多层次资本市场融资支持。美国拥有全球规模最大和层次结构最完备的资本市场。为支持中小企业上市融资，美国于 1971 年创立了纳斯达克市场，分为全球精选市场、全球市场和资本市场三个层次，能够满足不同类型、规模以及发展阶段企业的融资需求。日本各证券交易所均成立了创业板市场，为初创期科技型企业提供了良好的融资环境。

三是科创企业融资工具不断创新发展。各国积极创新融资工具，通过发行债券和利用高新技术资产证券化等新型金融工具来扶持企业技术创新。美国政府通过发行工业开发债券将所筹资金以低息贷款的形式贷给科技企业，企业盈利后用收益偿还债券本息，部分地区政府为科技企业发行债券提供担保。德国等欧洲国家探索出了中小企业贷款证券化，即将商业银行中小企业贷款，以及企业的应收账款、知识产权收入等能在未来产生稳定现金流的资产证券化。

（三）健全间接融资机制，全方位提供科创金融服务

一是为科创企业提供政策性贷款与利息优惠政策。美国联邦政府于 1953 年设立小企业管理局，向中小企业提供贷款，贷款形式有三种：第一种是直接贷款；第二种是担保贷款，为需要贷款的小企业向私营银行或其他金融机构提供担保；第三种是协调贷款，贷款方为地方发展公司、金融机构协会。韩国 20 世纪 90 年代设立专门基金为科技型企业贷款提供服务，该基金的运作模式是以低息借款方式投放给指定银行，银行再将利率上浮 1～1.5 个百分点向相关企业发放贷款。

二是发展投贷联动等金融服务新模式。美国成功发展了"小企业投资公司"和"硅谷银行"模式。"小企业投资公司"模式利用政府的担保激励商业银行面向科创类小企业贷款，推动私人资金对处于创业期的小企业进行投资，填补了风险投资机构不愿涉足的"投资缺口"。"硅谷银行"模式以直接投资和间接投资两种方式向企业提供融资支持。直接投资包括股权直投和债权直投，间接投资模式为硅谷银行先将资金投给风投机构，再借道风投机构向科创企业投资。

（四）完善风险分担机制，促进科创融资服务体系发展

通过建立多层次融资担保体系，实现风险共担。日本实行的是双重担保体系，即政府出资建立中小企业信用保险公库和官民合资建立地方信用保证协会。信用保证协会和承贷商业银行按照 8：2 的比例分担风险，信用保证协会再以其担保额的 70%～90% 购买中小企业信用保险公库的信用保险，政府每年按风险损失金额的 30% 向中小企业信用保险公库拨付财政性补偿金。德国实行双层次担保体系，联邦政府和各州均设立政策性担保机构。担保机构和承贷商业银行按照 8：2 的比例分担风险，联邦政府和州政府再对担保银行的担保额提供合计 65% 的再担保。韩国分类建立中小企业信用担保体系，包括以普通中小企业为担保对象的"韩国信用保证基金"、以科创类中小企业为担保对象的"韩国技术信用保证基金"，以及以培育本地区中小企业为目标的"韩国地方性信用保证财团"。

三、对金融支持北京国际科创中心建设的借鉴与启示

（一）发挥政府引导作用，推进创新生态体系建设

一是完善政策支持体系。优化科技创新金融人才、税收、土地等配套政策，健全"政府引导、市场运作"的科技创新投入方式。二是营造良好的发展环境。完善科技创新公共服务体系，建立健全知识产权评估机构和交易中心等科技金融中介服务体系，重视创新文化氛围培育。

（二）拓宽科创企业直接融资渠道，完善资本市场功能

一是要加强创业投资政策支持。大力培育和壮大各类政府性引导基金，加强政府引导作用，借鉴以色列 YOZMA 计划与德国模式，加大政府资金支持力度。二是加快发展多层次资本市场融资渠道。对标美国多层次资本市场标准，健全适应创新创业的多层次资本市场体系，提供全面系统的投融资服务，加强上市辅导，完善资本进入、退出机制，完善市场功能体系，有效支撑创新驱动发展战略。

（三）加大科技创新融资支持力度，创新融资服务模式

一是进一步加大货币政策工具对科创企业的支持力度。推出科创企业专项再贴现产品和支持企业技术进步的专项再贷款，加大对科技创新领域的信贷支持。二是探索构建适合我国国情的股债联动模式。借鉴美国"硅谷模式"等先进经验，加强银行、理财子公司、保险公司、证券公司、各类基金公司、担保公司以及专业科技金融机构之间的联动衔接，积极创新发展股债联动新模式与新产品。

（四）优化科技创新金融环境，完善科技创新金融服务体系

健全多层次的科技创新金融组织体系、多元化的科技创新金融产品和服务体系、多维度的科技创新金融政策支撑体系，丰富适应科创企业全生命周期的金融产品和服务方式，加强对科创企业的融资担保等综合融资服务支持。借鉴日本、德国的担保模式，充分发挥财政资金在信用担保体系中的引导作用，带动社会资源共建信用担保体系。

2021 年上半年北京市消费增长情况及政策建议

陈　娇　陈红姣　韩睿玺*

一、当前北京市消费增长情况

（一）从纵向对比看，与新冠疫情暴发之前相比北京消费未完全恢复

从消费"供给"看，2021 年上半年，北京市场总消费额同比增长 22.1%，两年平均增长 3.0%，低于 2019 年同期增速 5.2 个百分点。其中，全市实现社会消费品零售总额 7227.5 亿元，同比增长 21.0%，两年平均增长 0.6%，低于 2019 年同期增速 4.8 个百分点。从消费"需求"看，2021 年上半年，全市居民人均消费支出 21564 元，同比增长 15.8%，两年平均增长 1.0%，低于 2019 年同期增速 6.4 个百分点。[①]

（二）从横向对比看，北京消费增速低于全国和上海

2021 年上半年，北京社会消费品零售总额累计增速均低于全国和上海，1~5 月北京社会消费品零售总额的增速为 23.3%，分别低于全国和上海 2.4 个百分点和 11.9 个百分点。2021 年上半年，北京市居民人均消费支出同比增长 15.8%，低于全国 2.2 个百分点。[②]

---

* 陈娇、陈红姣、韩睿玺：供职于中国人民银行营业管理部调查统计处。
① 数据来源：北京市统计局。
② 数据来源：北京市统计局、国家统计局、上海市统计局。

（三）从消费供应内部结构看，缺乏明显特色、未形成优势产业

从吃、穿、用、烧四类商品结构看，2021 年 1~5 月北京社会消费品零售总额中，四类商品的占比分别为 21.2%、6.2%、68.7% 和 3.9%。一方面，与上海相比，北京占比较高的用类商品的消费优势减弱。北京用类商品的零售额领先上海的金额较 2020 年同期收窄近半，2021 年 1~5 月北京用类商品的零售额为 4013.8 亿元，较上海高 226.1 亿元，2020 年同期北京则较上海高 527.2 亿元。另一方面，上海特色穿类产品优势保持，北京在穿类商品方面的消费劣势扩大。2021 年 1~5 月上海市穿类商品的零售额为 1788.3 亿元，高出北京 1427.4 亿元，而 2020 年同期上海穿类商品的零售额较北京高 975.4 亿元，上海优势进一步增强。[①]

（四）从消费需求内部结构看，北京人均消费支出中居住、医疗类支出占比较高

从居民八大类消费支出看，2015 年以来居住类支出占比不断提升，2021 年上半年北京市居民人均居住支出 8180 元、在消费支出中的占比为 37.9%，较全国居民人均居住支出占比高 14.8 个百分点；人均医疗保健支出 2366 元、在消费支出中的占比为 11.0%，较全国居民人均医疗保健支出占比高 2.2 个百分点。[②]

二、影响北京消费增长的原因分析

（一）从消费供给看存在短板

一是生活服务业恢复慢，企业面临增收不增利的压力，影响了消费品供给潜力。2021 年 1~5 月，生活服务业的主要行业中，仅批发零售业的收入和利润恢复至 2019 年的水平，商场超市受新冠疫情影响较小，恢复较快。文化体育娱乐业的收入和利润均恢复正增长，但是利润总额的绝对量还是低于

---

① 数据来源：根据各统计局数据计算或数据直接来源于各统计局。
② 数据来源：北京市统计局、国家统计局。

2019 年，电影业、景区等逐步恢复，但是演出赛事、旅游业还未正常运营。住宿和餐饮业，居民服务、修理和其他服务业收入分别增长 67.7% 和 23.3%，虽相较于 2020 年同期的同比下降 48.8% 和 22.9% 已经有明显提升，但两个行业的利润总额仍是负值，企业经营压力较大。①

二是北京市商圈客流吸引力不强，商业设施相对不足。第一，北京市商圈客流吸引力不强。2021 年一季度百度地图对全国 37 个头部商圈平日和周末客流量的比较显示，北京市商圈均未排进前 10 名，上海有 2 个商圈入榜。第二，地铁等交通枢纽周边商业设施不足。2019 年 8 月，北京市才允许在新建地铁站等交通枢纽周围建设商业设施，交通和商业设施联动发展不足。第三，北京星级宾馆数量下降幅度比较大，导致接待人次大幅降低。2009 年星级宾馆个数达到 815 家，2019 年下降至 395 家。接待住宿人数从 2011 年高峰时期的 2111 万人次降低至 2019 年的 1817 万人次。②

（二）从消费需求看受到制约

一是新冠疫情防控常态化对居民外出就餐、旅游等人员聚集消费形成制约。2021 年上半年，北京社会消费品零售总额中，餐饮收入 561.2 亿元，同比增长 68%，两年平均下降 4.9%，而 2019 年同期餐饮收入同比增长了 6.9%。2021 年二季度北京城镇储户问卷调查显示，2021 年三季度准备增加的支出类型中，选择"旅游"的居民占比为 27.7%，2021 年一季度虽提升 6.5 个百分点，但较 2019 年同期仍然下降 8 个百分点。③

二是北京居民收入和收入占比不高，对居民消费增长形成制约。一方面，居民收入增长速度不及经济增速。2021 年上半年，北京居民人均可支配收入 38138 元，同比名义增长 10.3%，两年平均增长 6.1%，扣除价格因素，同比实际增长 9.8%，两年平均增长 4.4%，低于 GDP 两年平均 4.8% 的增速。另一方面，北京居民收入不及上海。近年来，北京居民人均可支配收入及其占人均 GDP 的比重均低于上海，2020 年北京居民人均可支配收入为 69434 元、在人均 GDP 中占比 42.1%，较上海分别低 2798 元、4.3 个百分点。④

---

① 数据来源：北京市统计局。
② 杨松.北京建设国际消费中心城市的成效、问题与对策［J］.中国经贸导刊（中），2021（6）：29-33.
③ 数据来源：中国人民银行营业管理部。
④ 数据来源：北京市统计局、上海市统计局。

三是成本因素拉升了居住、医疗等生活必需项目的支出占比，对居民消费升级形成制约。从近年来北京市居民八大类消费支出的结构变动可以看出，随着房价以及房租价格的走高，2015 年以来居住类支出占比不断提升，2021年上半年居住类支出占比达 37.9%，较 2020 年的高位下降 2.5 个百分点，但仍然高于 2019 年之前的水平；随着近年来医疗服务价格的上涨，医疗保健类支出的占比也不断上行，2021 年上半年占比为 11.0%，较 2020 年提升 2 个百分点。2021 年上半年，居民消费支出同比增长 15.8%，其中，医疗保健类、居住类支出分别推动消费支出增长 3.7 个和 3.3 个百分点。[①]

四是居民预防性储蓄动机仍然较强，对消费倾向的提升形成制约。2021年上半年，北京居民平均消费倾向（即居民人均消费支出占人均可支配收入的比重）为 56.5%，与 2020 年平均消费倾向 56.0% 的水平相比略有提升，但仍然较 2019 年低了 7 个百分点。[②] 2021 年二季度北京城镇储户问卷调查显示，居民储蓄"养老、防病、防失业"和"防意外"等预防性动机比较强。

三、相关政策建议

针对目前北京市消费供给、需求两方面的制约因素，提出以下政策建议：

（一）发展特色消费产业、优化居民消费环境，补足消费"供给"短板

一是发展北京特色消费产业，充分利用平台经济扩大消费需求群体。一方面，打造北京特色产业链，大力发展智能制造等高端制造业，确定文旅、智能家居产品等特色消费产业，大力打造区域消费品牌；另一方面，提升消费企业竞争力，利用特色消费产业和具备品质竞争力的消费产品，留住本地居民消费需求，同时吸引外地消费需求。

二是优化消费环境和营商环境，推进消费基础设施更新优化，打造国际消费中心城市。一方面，改善商业设施空间配置，提升消费便利程度，缩短生活区、工作区和商圈间的距离，打造吃、购、玩一体化的消费环境，关注停车、公厕等配套设施建设。另一方面，优化营商环境，努力降低消费企业

---

①②　数据来源：北京市统计局。

运营成本，吸引和培育消费品牌企业。

（二）加大消费补贴、增加居民收入、完善社会保障、发展养老产业，破解消费"需求"制约

一是逐步加大对住宿餐饮、文化旅游等行业的消费鼓励。在国内新冠疫苗接种进一步普及的情况下，通过定期发放消费补贴、减免停车费等方式，鼓励居民外出就餐、娱乐、旅游，促进居民消费升级，同时也使居民形成较为稳定的消费预期。

二是建立合理的居民收入增长机制，提升中低收入群体的收入水平。提高居民收入在地区收入分配中的比重，加大经济发展成果向居民倾斜的力度，大力提升中低收入群体的收入水平；加大对中低收入居民的减税降费力度，为中低收入群体创造就业岗位、增加就业机会。

三是增加保障性租赁住房、完善社会保障体系，优化居民消费支出结构。通过增加保障性租赁住房等方式减轻居民居住负担，进一步完善社会保障体系，如提高低保水平、加大社区养老支持力度、完善失业保险、减轻居民就医负担等，解决居民消费的后顾之忧。

四是完善老龄化消费市场，关注青少年群体的消费结构升级。完善老年医疗保障制度、发展医疗行业，发展符合中国实际的老龄化消费市场。同时，随着三孩生育政策放开，要更加关注青少年群体的消费结构升级，尤其是针对少年儿童的食品、商品和服务。

新型城镇居民金融素养和金融供需现状调查报告

——以北京市昌平区为例

蒋湘伶　陈　岩　朱琳琳　王　京*

北京地域广阔，人口结构多元。除城六区外，仍有昌平、房山等十个远郊区县，这些地区农村户口常住人口占比达 13.4%。新型城镇化的加快推进，使越来越多的农村人口融入都市生活圈。为了解新型城镇居民，特别是其中的农村户口居民的金融素养和供需现状，以北京市昌平区为样本，中国人民银行营业管理部完成了居民金融素养和普惠金融调查。调查显示：超六成受访者"有房或有车"，负债规模超百万的家庭中房贷占比超过八成；超四成受访者认为理财产品是固定收益类金融产品，近三成受访居民存在投资损失"政府兜底"的思想。近九成居民认为银行的金融供给能满足其基本需求。50 岁以上及农业户口受访者对金融产品的判断选择主要依赖银行员工，老年群体和农业户口受访者偏好银行存款且金融服务需求仍高度依赖银行网点。建议开展"理财产品净值化"宣传，引导居民建立"谨慎投资、风险自担"理念；重视银行实体网点作用，满足居民基础金融服务需求；加强针对银行员工的金融教育，防范操作风险发生。

一、问卷受访者基本情况

本次调研在昌平区 6 家银行机构 82 个网点展开，通过问卷星回收有效问

---

* 蒋湘伶、陈岩、朱琳琳：供职于中国人民银行营业管理部跨境办。王京：供职于中国人民银行营业管理部法律事务处（金融消费权益保护处）。

卷 868 份，覆盖了除天通苑和回龙观街道①以外的全部街道和乡镇。调研从居民资产负债状况、金融知识水平、金融服务现状及需求等方面出发，较为全面地了解居民的金融知识水平及金融供需程度。男女比例基本均衡，其中女性占比稍高，为 56.85%；年龄层次全覆盖，其中 30~39 岁的中青年受访者最多，占比 36.36%；户籍结构包括农业户口（占比 37.17%）、非农业户口（占比 47.3%）和统一居民户口②（占比 15.53%）；教育水平主要集中在大专/大学本科学历以上，占比达 68.36%。

二、居民家庭资产负债情况

（一）超六成受访者"有房或有车"。除自用住房外，七成居民的家庭资产净值在 50 万元以下，近半数受访者的年均可支配收入在 20 万元以下

调查显示，分别有 65.71%、64.1% 的受访者拥有自住房产或家用轿车；49.6% 的受访者表示家庭年均可支配收入为 5 万~20 万元；71.23% 的受访人群除自用住房外的家庭资产净值在 50 万元以下。受访者学历越高，家庭净金融资产（不含自用住宅及实业投资资产）规模越大。在初中及以下学历的受访人群中，49.53% 的家庭的净金融资产净值在 15 万元以下；在拥有研究生以上学历的受访人群中，拥有 15 万~49 万元金融资产的家庭占比最高，达到 43.18%，2.27% 的家庭拥有 1000 万元及以上金融资产。

（二）负债总体稳健，住房、教育和信用卡是家庭主要负债来源，负债在 100 万元以上的家庭中房贷占比超过八成

家庭负债方面，69.16% 的受访者表示家庭债务水平在 20 万元以下，14.98% 的受访者家庭债务水平为 20 万~49 万元。家庭负债结构相对单一，住房负债（34.79%）、教育负债（32.03%）和信用卡负债（22.00%）位居

---

① 考虑到本次调研以昌平区常住人口为主，天通苑和回龙观街道多为城市通勤人员居住地，故这两个街道不在调研样本中。

② 对于非北京户口的受访者，其户籍所在地可能取消了户口性质，统一登记为居民户口。

前三。具体来看，在负债 20 万元以下的家庭中，教育（31.45%）和信用卡（23.13%）负债为主要构成；而就拥有 20 万元以上负债规模的居民来说，住房负债是最主要的家庭负债来源，特别是负债 100 万～199 万元的家庭，92.86%的负债高度集中于住房贷款。

三、昌平区居民金融素养总体情况分析

（一）中青年受访者多依靠自有知识选择金融产品，50 岁以上受访者、农业户口受访者对金融产品的判断选择主要依赖银行员工，近三成受访者仍存在投资损失"政府兜底"的思想

调查结果显示，近五成（49.19%）受访者主要依赖自己的金融知识进行金融产品的独立选择。分年龄层看：在 18～29 岁及 30～39 岁的受访者中，依据自身金融知识做出金融产品选择的人群均超过半数（分别为 68.50%和53.80%）。就 50 岁以上受访人群而言，对金融产品的选择高度依赖银行员工推荐和亲朋好友的"口口相传"——超五成 50～59 岁的受访人群依赖银行员工推荐（51.63%），16.33%的 60 岁及以上年龄的受访者选择金融产品靠亲朋好友推荐，在各年龄层的受访者中占比最高。分户籍看：农业户口的受访者更多依赖银行员工推荐金融产品（46.13%），自主判断的人口占比仅为34.06%，远低于非农业户口和统一居民户口 58.15%和 58.21%的占比。

此外，41.43%的受访者认为其金融素养一般；有 83.54%的受访者认同"回报较高的产品，风险也比较大"这一基本理念；63.18%的受访者认为"分散投资可以降低投资风险"；对风险较大金融产品的选择也高度集中于股票基金（41.08%）和期货（30.15%）这两个选项。然而在面对"个人投资的股票、债券或理财产品遭受损失，政府是否应当赔偿"这一问题时，部分受访者对投资损失仍存在"政府兜底"思想。认为政府不应该赔偿的受访者占比不及五成（48.22%），28.31%的受访人群认为在理财产品跌破净值时政府应该赔偿，而表示不知道政府是否应当承担赔偿责任的受访人群占比为 23.47%。

（二）超四成受访者认为理财产品具有稳定收益，对理财产品的认同超国债

对于理财产品这一非固定收益金融产品，44.7%的受访者认为理财产品是具有"稳定收益"性质的金融产品，占比超过国债（32.6%），这一认知在各个年龄层的受访者中普遍存在。其中，30~39岁的受访者中认为理财产品是具有"稳定收益"性质的金融产品的占比为52.85%；50~59岁的受访者中也有41.83%的人认为理财产品具有稳定收益，亦超过"国债是固定收益产品"这一选项30.07%的占比。

（三）分别有超三成的农业户口受访者认为其金融知识水平一般或有所欠缺

在拥有农业户口的受访者中，35.29%的人认为自己的金融水平一般；认为自己金融知识水平不太好和一点也不好的受访者的占比分别为21.36%和10.22%。这一点也反映在其对具体问题的回答结果上。例如，在被问及"如果您打算选择按揭贷款，同时希望每个月支付相关金额会选择哪种还款方式"时，仅39.01%的受访者选择了较为合适的选项"等额本金还款"，38.08%选择了"不知道"；而拥有非农业户口及统一居民户口的受访者选择正确选项比例达到59.63%。

四、昌平区居民金融供需总体情况分析

（一）近九成居民认为银行的金融供给能满足其基本需求

调查显示，绝大部分受访者认为金融机构提供的金融产品能够满足其基本金融需求（一般55.93%、满意24.05%、非常满意9.55%）。此外，34.98%的受访者表示其购房、购车等突发性融资需求可以得到完全满足。对于那些突发性融资需求很难得到满足（19.22%）或只能得到部分满足（45.8%）的人群，小额贷款公司（32.93%）、消费金融公司（43.47%）分别为其最优选择。

（二）超七成的老年人和农业户口受访者偏好银行存款，中青年受访者的金融产品需求则集中于理财产品。老年群体的金融服务需求仍高度依赖银行网点

一是超六成受访者的金融产品需求集中于银行存款（68.7%）和理财产品（64.33%），30.84%的受访者的金融产品需求为基金（30.84%）。分年龄层看：年纪较大的受访者投资相对保守，中青年人最热衷买理财产品、基金和保险。在 60 岁及以上的受访者中，超八成（85.71%）受访者最常选择的金融产品为银行存款；30~39 岁的中青年人更倾向购买理财产品（73.42%）、基金（40.19%）和商业保险（17.09%）。分户籍看：农业户口受访者的投资偏好相对保守。在被问及"是否愿意承担金融投资可能产生的风险"时，49.23%的农业户口受访者表示不太愿意或不愿意，远高于受访样本平均38.09%的占比；在金融产品的选择上，农业户口的受访者高度集中于银行存款（77.4%），而约七成非农业户口和统一居民户口的受访者则更偏好理财产品。

二是超六成居民对银行网点有需求，老年群体与农业户口受访者的金融服务需求仍高度依赖银行网点。调查显示，需要通过银行网点/金融服务点获得金融服务的受访者达 68.58%；尽管手机转账（60.35%）和手机移动支付（78.94%）已成为重要的转账方式和日常支付手段，但仍有 36.71% 和29.00%的受访者表示需要通过银行柜台或网点的 ATM 机进行转账操作，15.30%的受访者表示在日常支付中使用现金支付。此外，27.04%的受访者表示"银行网点数少"是其不满意银行服务最主要的原因。

分年龄层看，对银行网点的需求随着年龄的增长而有所增加。特别是对于 60 岁及以上年龄的老年群体，85.71%的金融产品购买需求高度集中于银行网点、77.55%的受访者表示银行柜台转账仍是其最常用的转账方式、67.35%的老年人仍常使用现金支付，占比均远高于其余各年龄层。分户籍看，超七成（74.61%）的农业户口受访者在银行网点办理业务，银行柜台转账（52.01%）是其最常用的转账方式；但同时，农业户口受访者进行现金支付的比例在各户籍人口中占比最高（22%）。

五、相关建议

一是有针对性地开展金融知识普及化教育。一方面，2018年中国人民银行、银保监会、证监会、外汇局发布的《关于规范金融机构资产管理业务的指导意见》（以下简称资管新规）的过渡期在2021年结束，银行按规定应当完成净值化转型。部分金融消费者仍未完全认识到银行理财、基金等金融产品的风险性，需要有针对性地进行金融知识普及，以帮助居民加深对金融产品的认知、形成谨慎投资理念。建议针对"理财产品净值化"进行专门宣传，以尽快帮助居民建立"谨慎投资、风险自担"的理念。另一方面，针对金融知识相对较少、风险偏好较低的农村投资理财群体，不断拓展金融教育的覆盖面，让更多的人具备基本金融素养，迫在眉睫。

二是提高银行服务水平。一方面，重视实体网点建设。北京地区地域广泛，部分偏远郊区/山区居民仍主要依赖银行网点或金融服务点办理现金支取、转账、投资等业务。银行网点向基层下沉，能够较好弥补农村及偏远地区的金融服务短板，满足居民的基础金融服务需求。另一方面，加强针对银行员工的金融教育。银行仍是居民获取金融产品信息和购买金融产品的主要渠道，银行员工在向金融消费者推介、销售金融产品时，应积极履行适当性义务，防范操作风险的发生。

区域流通中人民币整洁度研究

——以北京地区监测数据为例

马　越　李文韬*

人民币整洁度近年逐渐受到重视，中国人民银行在推出整洁度指标算法后，推动监测点抽样监测，提升对人民币整洁度的掌控，但以往对人民币整洁度的探讨多集中在简单的算法和定性的分析上。本文在分析监测结果的基础上，结合实地调研情况，建立了区域人民币整洁度量化模型，分析区域人民币整洁度同 GDP、人口、居民消费价格、人民币流通环境、人民币流通频率和的量化关系，得出人民币整洁度同 GDP、人民币流通环境呈正向变动关系，同居民消费价格、人口、人民币流通频率呈负向变动关系。最后，本文提出了改进整洁度监测研究方法的建议，并根据建模分析结果有针对性地提出了提高整洁度的措施。

一、引言

人民币作为国家名片，整洁度的高低关乎国家形象。因此，准确判断人民币整洁程度，有效提升残损币回收销毁机制，加强人民币抗磨设计，提升流通中的人民币整洁度，逐渐成为人民币管理的重点。

流通中人民币整洁度指标算法由中国人民银行总行在 2012 年《货币金银工作参考》第 4 期首次提出，随后，中国人民银行九江市中心支行、昆明中心支行和营业管理部等对算法的部分指标进行了修正，解决了被研究地区面临的主要问题。然而，该算法主要以人民币各券别发行量、回笼量和 M0 为

* 马越：供职于中国人民银行营业管理部货币金银处。李文韬：供职于中国人民银行营业管理部营业室。

计算变量，属于对整洁度的简单近似估算，与实际运行中的整洁度相去甚远。为确保整洁度评价结果客观、真实，中国人民银行总行于2019年在全国启动了人民币纸币整洁度抽样监测工作，北京分别于2019年7月、11月和2020年7月、11月开展了四期较为全面的监测工作，不断增加和优化监测点，改善监测方法，得到了非常有价值的结果。

在2020年5月对锦绣大地农副产品批发市场、中国人民解放军总医院、永辉超市（金沟河店）和家乐福（定慧桥店，非监测点，作为比对样本）的实地调研中，发现人民币整洁度同区域的人民币流通环境、人民币流通频率、非现金支付替代率、交易品种和物价有较强的关系，因此抽取上述因素作为自变量，结合抽样监测数据建立量化模型进行研究分析。

本文首先对先前研究进行综述，随后对北京地区四期监测工作的结果进行分析，根据研究结果和监测结果建立北京地区区域人民币整洁度状况量化模型，最后对建模结论进行分析，并提出提高人民币整洁度的建议。

二、北京市流通中人民币整洁度抽样监测结果分析

中国人民银行营业管理部分别于2019年7月、11月和2020年7月、11月开展了四期流通中人民币整洁度监测工作，覆盖商场超市、医疗卫生、餐饮住宿、农贸综合市场、车站机场、娱乐六大类近50个监测点。第一期对样本执行全检，后三期对样本执行抽检，四期监测样本均为纸币。

（一）券别

在券别上，人民币整洁度随纸币面额的减小而降低，100元整洁度最高，50元、20元、10元整洁度情况较好，但5元和1元的整洁度较低（见图1），同之前定性研究的结果相符，表明小面额纸币尤其是5元以下面额纸币的整洁度提升是未来工作的重点。

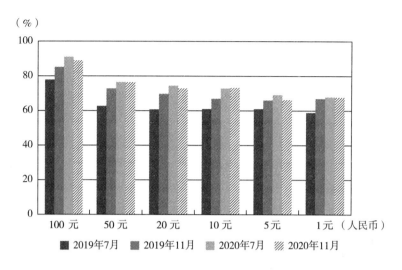

图1　各券别四期人民币整洁度监测结果

（二）场所

在场所上，从四期人民币整洁度监测结果的平均水平来看（见图2），农贸综合市场和商场超市的人民币整洁度较差，主要受人民币流通环境恶劣、人民币流通频率高、购物人群年龄偏大等因素影响。在农贸综合市场和商场超市内，各种面额纸币的使用率均较高，坐收坐支现象（将收取的现金再次付出）随处可见，且青睐非现金支付方式的年轻群体占消费者的比重较小。对锦绣大地农副产品批发市场的调研结果显示，购物人群多数年龄在50岁以上，偏好使用现金支付，一张找零获得的纸币在10分钟之内就会在市场中转手，流通频率非常高，受油污、泥土等污染，人民币在经过3次流通后已显现污浊。因此，流通频率、流通环境和消费者年龄共同造就了农贸综合市场及商场超市中人民币整体整洁度较低的状况。

餐饮住宿场所和车站机场的人民币整洁度较高，2019年餐饮住宿场所的人民币整洁度不高，但受新冠疫情防控的影响，非现金支付占比明显增加，导致现金使用量大幅减少，因此2020年7月人民币整洁度的监测结果较2019年波动较大，拉高了该领域人民币整洁度的总体水平；随着新冠疫情防控等级下降，公众消费加速回暖，现金交易量大幅增加，尤其是"国庆""中秋"小长假期间，赴京游玩人群的餐饮住宿需求较大，导致2020年11月监测的餐饮住宿场所的人民币整洁度的数据又稍有回落。车站机场所在的交通出行领域，随着近年来扫码支付、NFC刷卡、网络实名制预约购票等交易方式的扩展，在此场景下使用现金已成为一种临时性、补充性的交易手段，非现金支付乘坐交通工具已逐渐被社会认可，新冠疫情未给车站机场的人民币整洁度带来明显影响，人民币整洁度稳中有升。总体上看，餐饮住宿场所和车站机场的人民币整洁度在不断提升。

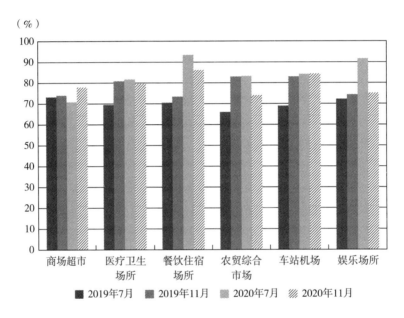

（%）

图2　各场所四期人民币整洁度监测结果

医疗卫生场所和娱乐场所的人民币整洁度居中，由于这两个场所的外地消费者占比较高，现金作为任何消费场景均可接受的支付方式，更受消费者的信赖，现金就诊、现金购票的人群仍然较多，人民币整洁度受到一定影响。医疗卫生场所中，如中国人民解放军总医院、天坛医院和积水潭医院等全国知名度较高的医院，外地前来就诊患者较多，且老年患者较多，习惯使用现金就诊，现金整洁度不高，但总体情况稳定；娱乐场所的监测点主要为旅游景点，其人民币整洁度同餐饮住宿场所的情况相似，受新冠疫情影响巨大，2020年7月的监测结果较之前波动较大，如不考虑本次监测结果，其人民币整洁度处于稳中有升的状态。

（三）时间

选取四期均在监测范围，且票面完整的 20 个监测点数据（见图3），并结合实地调研情况进行分析。

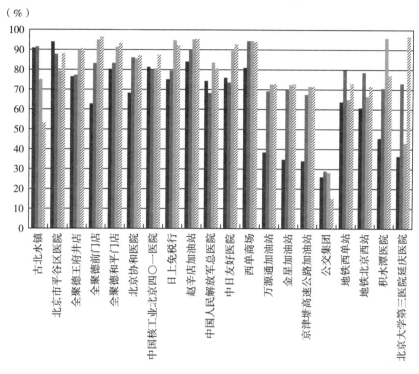

图3　20 个监测点四期人民币整洁度的监测结果

可以看出，大部分监测点四期监测的人民币整洁度不断提升，第二期相对第一期人民币整洁度提升的原因是将全面监测改为抽样监测，第三、第四期相对第二期人民币整洁度提升主要是由于新冠疫情后市场对非接触支付方式的推崇。

实地调研显示，人民币整洁度同时间有一定关系，由于银行在春节期间力推"过新年，用新钱"活动，一般人民币整洁度在过年后要高于过年前；

发行库现金投放后高于投放前，但由于从时间维度上监测人民币整洁度未形成有效的量化数据，暂无法进行量化模型的建立。

（四）区域

在区域上，排除样本量较小的平谷、怀柔和石景山，郊区中通州、大兴、昌平的人民币整洁度较差，主要与监测点相关：通州的监测点主要为八里桥市场农贸市场，是公认人民币整洁度较差的一类监测点；大兴及昌平的监测点主要为物美超市，是所在区域重要的购物场所，价格亲民，果蔬生鲜类交易占比较高，使人民币整洁度较低。城六区中东城、西城的人民币整洁度较高：东城区的监测点包括全聚德、协和医院、天坛公园、天坛医院和故宫，西城区的监测点包括全聚德、西单商场、地铁西单站、百盛购物中心和积水潭医院，较为多样化，由于它们属于核心区，银行网点投放原封新券的比例较高，所以其人民币整洁度相对较高，见图4。

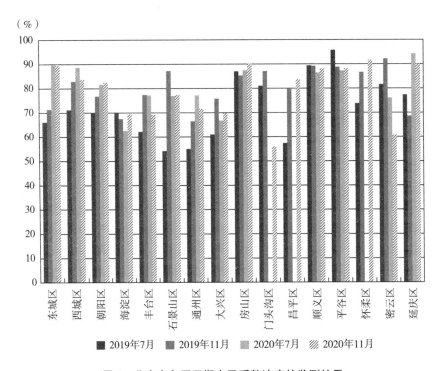

图4　北京市各区四期人民币整洁度的监测结果

三、区域人民币整洁度量化模型分析

经建模分析，流通中人民币的整洁度同 GDP、人民币流通环境呈正向变动关系，同居民消费价格、人口、人民币流通频率呈负向变动关系。而 GDP、居民消费价格、人口均属于客观事实，无法进行调整，因此通过改善交易环境、降低交易频率，可以有效提升流通中人民币的整洁度。

四、相关建议

（一）进一步优化监测分析方法

经调研，过年前后、新冠疫情发展趋势、现金投放时点均对人民币整洁度具有较大影响，而每年两次的监测难以形成时间维度的有效数据，无法建立事件冲击对人民币整洁度影响的时间序列模型。因此，建议根据行业分类在各区确定同等数量的监测点，尽量不更换监测点，同时选择若干典型监测点按月监测，获取月度监测数据，然后建立时间序列量化模型。另外，对部分数据波动较大的监测点应进行实地调研和深入研究，了解数据异化原因，排除异常数据，提高监测结果的可靠性。

（二）引导商业银行建立主动兑换机制

部分商户为满足日常交易找零的需要，存在坐收坐支现象，现金长期难以回笼至银行，造成"体外循环"和"超期服役"现象，最终导致流通中人民币整洁度的下降。应通过业务指导、强化考核等方式，引导商业银行建立残损币主动兑换机制，减少现金流通次数，从而提高人民币整洁度。

（三）培养公众良好的现金使用习惯

充分运用商业银行网格化管理工作机制，持续加强爱护人民币宣传。向公众普及兑换、使用、保存人民币现金的相关知识，引导公众及时将残损人民币拿到银行进行兑换，鼓励公众在小额现金交易中使用抗磨损、耐使用的硬币，强化公众自觉爱护人民币的意识。

（四）深入开展人民币整洁度宣传活动

近年来，随着商业银行人民币整洁度宣传活动的持续开展，城区人民币整洁度和居民爱护人民币的意识均得到明显提升。但从监测结果看，郊区和农村地区仍存在薄弱环节，相关宣传仍需加深加频。建议针对人民币整洁度较差区域的农贸市场、商超、社区等场所开展走访宣传，定期举办残损币上门回收、有奖回收等活动，鼓励商户主动兑换残损币，提升区域人民币整洁度。

资管业务发展对北京金融业的影响分析

刘前进　王　芳　左慧敏*

资管新规发布以来，北京地区资管业务规范发展，2021 年上半年，北京地区法人资管机构资产合计同比增长 14.7%，比全国高 8.7 个百分点，比北京地区同期本外币存贷款增速高 7.5 个百分点，创资管新规发布以来最高增速。从其对存款的影响看，高达 14 万亿的资金通过资管产品流向外地，分流北京大量存款；从其对贷款的影响看，2018 年以来，约 2177.2 亿元表外贷款回表，有助于北京贷款增长，随着资管产品资本市场投资占比的提升，对资本市场的影响将越来越大。①

一、资管产品资产规模触底后加速增长，结构变化明显

（一）资产增速创新高

2021 年上半年末，北京辖区存续资管产品 1.9 万只，直接汇总的资管产品资产合计 6.9 万亿元，是表内资产②的 2.9 倍，同比增长 14.7%，较 2020 年末高 11.0 个百分点，比全国高 8.7 个百分点；比年初增加 7506.2 亿元。

（二）证券业、保险业资管产品市场份额提升明显，信托公司产品市场份额不断下降

由表 1 可知，2021 年上半年末证券业资管产品规模占比为 32.6%，较

---

*　刘前进、王芳、左慧敏：供职于中国人民银行营业管理部调查统计处。
①　全文数据均来源于中国人民银行营业管理部。
②　表内资产指辖内上报资管产品数据的金融机构的表内资产合计，包括北京地区银行法人 5 家。

2020 年同期提升 5.2 个百分点。其中，证券资管资产合计比 2021 年初增加 3682.1 亿元，同比增长 50.8%，比 2020 年末高 61.4 个百分点；公募基金资产合计比 2021 年初增加 906.6 亿元，同比增长 44.5%，近两年均保持较高增速，规模占比达到 10.0%，较 2020 年同期提升 2.1 个百分点。据了解，受银行理财转型影响，银行对基金、券商等投研实力强的头部机构产生较多研究、投资、交易需求，2021 年上半年，证券业九成新增资金来源于银行非保本理财。

表 1　北京地区资管产品结构分布　　单位：%

时间	资产增速						规模占比					
	银行业		证券业			保险业	银行业		证券业			保险业
	合计	其中：信托产品	合计	其中：证券资管	其中：公募基金		合计	其中：信托产品	合计	其中：证券资管	其中：公募基金	
2018 年末	—	—	—	—	—	—	61.5	60.9	28.5	14.7	4.8	10.0
2019 年上半年末	—	—	—	—	—	—	62.9	62.2	29.6	14.8	5.6	7.5
2019 年末	-7.2	-7.3	-8.1	-14.3	26.0	-24.6	62.8	62.1	28.9	13.8	6.7	8.3
2020 年上半年末	-3.7	-3.8	-9.9	-19.8	37.9	35.4	62.2	61.5	27.4	12.2	7.9	10.4
2020 年末	-3.7	-3.8	3.9	-10.6	50.9	58.6	58.4	57.6	28.9	11.9	9.8	12.7
2021 年上半年末	-0.8	-1.0	36.8	50.8	44.5	49.3	53.8	53.1	32.6	16.0	10.0	13.6

资料来源：中国人民银行营业管理部。

2021 年上半年末，银行业资管产品的规模占比为 53.8%，较 2020 年同期下降 8.4 个百分点。其中，信托产品的规模占比持续下降，由 2019 年上半年的 62.2% 下降至 53.1%，资产增速同比下降 1.0%，降幅较 2020 年末缩小 2.8 个百分点。银行非保本理财资产合计比 2021 年初增加 34.9 亿元，同比增长 17.0%，比 2020 年末高 5.2 个百分点。

2021 年上半年末，保险业资管产品的规模占比为 13.6%，较 2020 年同期提高 3.2 个百分点。保险资管资产合计比 2021 年初增加 1586.2 亿元，同比增长 49.3%，比 2020 年同期高 13.9 个百分点，2020 年以来保持 30% 以上的高增速，市场份额也持续提升。

（三）资金来源于居民和非金融企业的比重稳步提升，资金内部嵌套规模不断压降

由表 2 可知，2021 年上半年末，存续资管产品中来源于居民和非金融企业的资金同比增长 15.6%，比年初增加 2290.7 亿元。其中，居民资金余额达 12707.4 亿元，较 2018 年末增长 54.5%，在资管资金中的占比为 20.2%，较 2018 年末提升 6.9 个百分点；非金融企业资金余额 11477.5 亿元，较 2018 年末增长 32.2%，在资管资金中的占比为 18.2%，较 2018 年末提升 4.2 个百分点。2021 年上半年末，北京辖区资管产品关联资金比率①为 56.3%，比峰值下降 13.0 个百分点。

表 2　北京地区资管资金来源结构分布　　　　单位：亿元，%

时间	居民		非金融业		银行非保本理财	
	余额	占比	余额	占比	余额	占比
2018 年末	8222.3	13.3	8684.6	14.0	9226.6	14.9
2019 年上半年末	9244.2	15.9	8701.6	15.0	8208.6	14.1
2019 年末	9857.1	17.7	9415.5	16.9	7445.9	13.3
2020 年上半年末	10872.7	19.3	10041.8	17.8	7979.1	14.2
2020 年末	11254.0	19.8	10640.3	18.7	8298.9	14.6
2021 年上半年末	12707.4	20.2	11477.5	18.2	12832.3	20.4

资料来源：中国人民银行营业管理部。

（四）资金投向债券的比重稳步提升，投向类信贷和股权类资产的比重下降

由表 3 可知，2021 年上半年末，北京地区存续资管产品投向类信贷资产的占比为 37.2%，类信贷仍是资管产品的主要投向，但余额和占比下降明显，已由 2018 年末的 30673.5 亿元下降至 25552.8 亿元，占比下降 10 个百分点；

---

① 资管产品来自金融部门（实体金融机构和特定目的载体）的资金/汇总的资管产品总资产。

债券投资余额近 1.7 万亿元，同比增长 73.1%，较 2018 年末增长 74.8%，其中企业债券同比增长 37.0%，较 2018 年末提升 9.7 个百分点；投向股权类资产的占比略有下降，占比 10.3%，较 2018 年末低 1.2 个百分点。

表 3 北京地区资管资产投向结构分布　　　　　　　　单位：亿元，%

	类信贷		债券投资		股权类资产	
	余额	占比	余额	占比	余额	占比
2018 年末	30673.5	47.2	9582.3	14.7	7492.6	11.5
2019 年上半年末	29354.8	47.8	9625.4	15.7	6831.5	11.1
2019 年末	28224.2	47.8	9782.8	16.6	6335.6	10.7
2020 年上半年末	28285.4	47.2	9677.9	16.2	6168.4	10.3
2020 年末	26478.1	43.3	11383.3	18.6	6669.6	10.9
2021 年上半年末	25552.8	37.2	16752.8	24.4	7057.7	10.3

注：类信贷包括贷款、资产收益权；股权类资产包括股票和股权。

资料来源：中国人民银行营业管理部。

二、资管业务大量分流银行存款，非标产品转为银行表内贷款或标准化债券，助推贷款增长和资本市场发展

（一）资管业务将存款转为同业存款并分流至外地

资管新规出台前，银行理财多为资金池模式，国有大行从全国募集资金，转为北京的同业存款，带动北京同业存款较快增长。资管新规出台后，一些银行理财子公司在京外成立，部分理财同业资金分流至外地。同时，银行理财运作也由资金池向产品过渡，资金使用效率提升，账户所留资金很少，对同业存款贡献不大。随着理财规模上升，其对北京存款的分流效应日益明显。

从分地区募集资金来看，过半（68.3%）资管产品资金流向外地。2021 年 5 月末，全国资管产品在北京地区募集资金余额达 20.5 万亿元，比同期北京地区本外币各项存款多 0.7 万亿元，其中注册在北京地区的法人机构募集

资金的占比为 31.7%；流向广东和上海的资金占比分别为 25.9% 和 25.4%。2021 年 5 月末，北京市本外币同业存款余额 3.7 万亿元，占本外币各项存款和全国资管产品在北京地区募集资金的比重分别为 18.7% 和 18.0%。

（二）资管净值化标准化要求下，资管表外融资转银行表内贷款，债券投资替代非标资产

1. 银行理财表外融资转为表内贷款，提升北京贷款增速

随着资管业务整改不断推进，部分企业表外融资需求转为银行贷款，对北京地区贷款增长产生推动作用。2021 年上半年末，全国资管产品对北京地区贷款余额 1.3 万亿元，比 2018 年末减少 2177.2 亿元。对应的是 2018 年以来，社会融资中本外币贷款占比上升 14.1 个百分点。

2. 标准化产品投资占比提高，推动资本市场发展

资管产品投向债券和股票产品的占比均明显提升，为资本市场提供了充裕的资金。2021 年上半年末，北京地区资管产品投向股票的资金为 4269.1 亿元，占比 6.2%，比 2018 年末高 1.0 个百分点。

三、对策建议

（一）重视资管业务发展，加大对资管类机构的招商引资工作

资管业务由野蛮生长逐渐走向规范发展，全国资管资产合计与本外币各项贷款的比率高达 48.3%，北京金融发达，占比更高，伴随我国资本市场发展，未来资产管理仍将快速发展，对金融业务产生举足轻重的影响。在此情况下，北京需要重视此类业务发展。

（二）修订金融业增加值核算方法，更客观准确地体现金融贡献

目前金融业增加值核算按照货币金融服务业、资本市场服务业、保险业和其他金融业四个行业，分别采用人民币存贷款余额增速、证券交易额增速、保费收入增速、人民币贷款余额增速进行核算，仅考虑了金融机构表内的金融交易，尚未考虑表外资管业务。截止到 2021 年上半年末，全国资管产品规

模达 92.6 万亿元，仅次于银行业规模，而北京同比增速高达 14.7%。资管业务覆盖银行、证券、保险全金融业，金融业增加值核算遗漏表外资管业务将显著低估金融业增加值，需要将其纳入金融业增加值的核算范围，全面反映北京金融业发展状况。

普通纪念币市场化改革效果分析
——以北京市 2021 年贺岁币问卷调查数据为例

胡 月*

一、引言

2020 年 9 月，中国人民银行正式实施《普通纪念币普制币发行管理暂行规定》（以下简称《暂行规定》），标志着普通纪念币市场化改革迈出关键一步，这是发挥市场在资源配置中起决定性作用的重要体现。召开普制币发行数量咨询会、组建承销团招标发行、装帧纪念币溢价销售等多项改革举措，为普通纪念币发行注入新的动力。作为市场化改革后发行的第一枚贺岁系列纪念币，北京市 2021 年贺岁纪念币（以下简称贺岁币）兑换率达到 97%，为通过预约形式发行贺岁币以来的最高值。

为充分了解市场化改革效果，掌握公众对普通纪念币发行的需求，在贺岁币兑换期内，营业管理部组织承办银行开展了"2021 年贺岁纪念币发行情况"问卷调查，共收集有效问卷 3046 份，本文基于上述调查数据对市场化改革效果进行了分析研究。

二、普通纪念币市场化改革内容

（一）认可市场价值，明确纪念币商品属性

以往规定中，未对装帧纪念币的价值进行明确。《暂行规定》中明确了

---

*　胡月：供职于中国人民银行营业管理部货币金银处。

"普制币计划发行数量分为计划预约兑换数量和计划装帧销售数量"，其中装帧销售部分，各承销团需对申购价进行报价，申购价格不得低于普制币面额。这意味着，中国人民银行从制度层面上承认了纪念币的商业价值，允许其经过装帧进行溢价销售，不再一味强调"以面值进行等额流通"。

在 2014 年之前，纪念币的买卖以钱币市场为主，之后随着电商的迅猛发展，诸如淘宝、京东等平台中也纷纷出现了纪念币买卖的行为，但是根据《中华人民共和国人民币管理条例》第二十五条的规定"禁止非法买卖流通人民币"，普通纪念币是否视为流通人民币管理未予以明确，致使一些电商在接到部分地区人民银行的要求后，对纪念币进行下架，减少了交易的渠道。此次装帧纪念币的溢价发行，使纪念币作为商品进行交易"名正言顺"，扩大了纪念币收藏群体。

（二）引入发行数量咨询会，建立参与型的公共决策体制

关于普通纪念币发行数量的确定方式，中国人民银行在《暂行规定》中引入了咨询会的方式，"中国人民银行根据普制币发行计划，通过召开由中国人民银行分支机构、银行业金融机构、经营装帧人民币的企业等参加的普制币发行数量咨询会等方式，在充分考虑公众需求的基础上，研究确定普制币计划发行数量"。由上述表述可以看出，纪念币的发行数量不再由中国人民银行总行直接确定，而是在每次发行纪念币前均会召开咨询会，虽然参会的组成人员没有普通公众，但是就银行业金融机构和装帧流通人民币企业来说，他们的诉求在一定程度上反映了公众的需要，因为如果仍一味"过度"发行，将会导致纪念币市场的低迷，进而影响其收益。咨询会制度的建立，不但有助于决策部门合理确定纪念币的发行数量，更能够成为人民银行倾听公众需求的渠道，真正了解影响公众对纪念币态度的因素是什么，从而可以选择更好的题材、方式来发行纪念币。

（三）引入竞争机制，采用招标方式确定承销团

此次纪念币市场化改革的最大亮点，就是引入了竞争机制，将纪念币发行这项"公共事务"通过招标的形式，"打包"委托给承销团。今后再发行纪念币，不再是由人民银行指定某个银行承担一个地区的预约兑换工作，而是以招标的方式，对于有意愿参与的银行，可以提出报价，中标后，一是要承担普制币预约兑换部分（即平价兑换部分）的预约发行，二是可以根据市

场情况，自主对装帧部分的纪念币进行定价并销售。其中，装帧纪念币的收益可视为其承担纪念币"平价"发行部分的"回报"。

三、调查实施情况

为保证调查的全面性，此次调查范围覆盖北京市参与贺岁币发行的全部银行网点；调查对象为参与贺岁币兑换的公众；调查形式采取纸质问卷与调查问卷相结合的形式，便于不同年龄段群众参与；调查方法采取多阶段抽样，第一步是分层抽样，根据北京市贺岁币发行承办银行的额度分配数量，确定各承办银行参与调查的网点数量，第二步是简单随机抽样，兑换期内在参与调查的网点中随机抽取兑换贺岁币的公众进行调查。具体样本情况如表 1 所示。

表 1　"北京市 2021 年贺岁纪念币发行情况"调查样本概况

类别		样本量	占比
性别	男	1311	43%
	女	1735	57%
年龄	25 岁及以下	368	12.1%
	26~35 岁	1130	37.1%
	36~45 岁	863	28.3%
	46~65 岁	556	18.3%
	65 岁以上	129	4.2%
月收入	5000 元及以下	464	15.2%
	5001~10000 元	1485	48.8%
	10001~20000 元	849	27.9%
	20000 元以上	248	8.1%
参与收藏纪念币的年限	3 年以下	1273	41.8%
	3~5 年	769	25.2%
	6~10 年	431	14.2%
	10 年以上	573	18.8%

类别		样本量	占比
参与兑换过多少种普通纪念币（钞）	1~2 种	1032	33.9%
	3~5 种	963	31.6%
	6~10 种	440	14.4%
	10 种以上	611	20.1%

四、调查结果分析

（一）市场化改革措施得到普遍认可

1. 发行总体满意度较高

调查显示，公众对贺岁币发行工作感到"满意"和"非常满意"的占比达到90.9%，认为"一般"的占比为5.6%，选择"不满意"和"非常不满意"的占比仅为3.5%。这表明绝大多数公众认可当前的普通纪念币发行工作。

2. 装帧纪念币溢价发行满足了公众多样化需求

公众兑换贺岁币的主要目的分别是个人收藏和赠送亲友，占比分别为85.3%和37.2%。约91%的被调查者认可通过溢价方式对纪念币进行装帧后销售，认为平价预约兑换符合公众在钱币收藏方面的需要，而装帧溢价销售则满足了以纪念币馈赠亲友的人际交往需求。①

3. 发行数量、面值、题材基本符合公众预期

71.2%的被调查者认为当前的发行数量（1亿~1.5亿枚）比较科学，既可以保证大多数公众通过预约途径获得纪念币，又能使纪念币有适度市场溢价，避免大量"弃兑"现象。有78.8%的被调查者认为当前的发行面值（5元、10元）符合要求，在满足收藏需要的同时不会占用大量资金，有效减少

---

① 该调查题目为多项选择题。

纪念币回存银行，避免浪费。在最喜爱的纪念币题材的调查中，贺岁生肖系列占比最高，达到89.1%，远超其他题材，部分资深钱币收藏者表示第二轮生肖系列纪念币图案精美、材质优良，深受群众喜爱。

4. 兑换服务及应急措施得到广泛好评

一是公众对纪念币发行承办银行的兑换服务表示满意：86.7%的被调查者表示当前纪念币预约兑换网点设置合理，能够有效满足群众的需要；97.6%的被调查者表示银行为兑换纪念币开设了专门窗口，此举可以有效提高兑换效率，在常态化疫情防控下，有效减少了人员聚集。二是针对被隔离人员的"定向延期兑换"措施得到肯定。贺岁币兑换期内，针对成功预约但因新冠疫情无法按时兑换的情况，中国人民银行营业管理部在总行货币金银局的指导下，启动应急措施，制定精准的"延期兑换"方案：相关群众通过致电预约网点说明情况后申请延期，承办银行为其保留兑换资格，承办银行于2021年3月26~28日组织上述公众进行了延期兑换。调查中，公众均对北京市的延期兑换措施表示肯定，认为该措施最大限度地保障了公民的金融权益，体现了发行政策的温情。

（二）纪念币预约体验等多个方面仍有待完善

1. 超半数公众在预约过程中遇到阻碍，呼吁开发专门的预约系统

调查显示，54.2%的被调查者在预约过程中遇到阻碍，主要是无法顺利登录预约银行网站、无法及时浏览网点预约进度信息、无法及时收到验证码。调查中，有的公众认为预约时有人使用了"外挂"软件，给预约系统造成了冲击，严重影响预约体验。57.9%的被调查者表示希望开发专门的普通纪念币预约平台，一方面能够确保系统运行顺畅，另一方面可避免为预约纪念币而在各大银行间频繁下载 App 或关注微信公众号。

2. 预约时间设定不利于老年群体

62.8%的被调查者认为应适度调整预约开始时间，其中，62.5%的老年人群体表示当前预约开始时间集中于23~24点，每次预约纪念币需要坚持至深夜，对年龄大、睡觉早的老年群体不友好。54%的被调查者建议将开始时间调整为18点到22点。

3. 公众对开展纪念币邮寄等衍生服务有明显需求

82.4%的公众表示对开展定制化装帧、打造交易平台等纪念币衍生服务

有强烈的需求，其中最主要的是希望开展普通纪念币邮寄业务，占比达到57.6%。被调查者表示，如果采取邮寄方式兑换，既可以避免公众因兑换纪念币而集中前往银行，减少人员聚集、减轻防疫压力，也提供了多元化的服务方式，有利于进一步提高兑换率。

五、发行工作经验

（一）坚持"金融为民"理念，完善普通纪念币发行的应急处置方法

在新冠疫情防控常态化背景下，未来的普通纪念币发行工作可能会遇到更多新情况和新问题。在面对各类突发情况时：一是要具有完善的应急处置方案，做到有备无患、心中有数。坚持"金融为民"理念，通过创新管理手段，从保障公民的基本权益出发，想办法、谋措施，建立应急处理的"方法库"。二是做好群众咨询答复工作。当前北京已经建立起来以营业管理部"9550"业务咨询呼叫中心、恒华服务大厅为主的"一点一连线"纪念币服务体系，多种渠道倾听群众呼声；实施普通纪念币"24小时接诉即办"制度，对涉及普通纪念币发行的投诉举报，采取多方联动措施，接到线索后24小时内与当事人取得联系，了解情况，协调承办银行快速办理，切实打造"公平、公正、公开"的普通纪念币发行环境。

（二）发挥"市场化"作用，引导承办银行做好纪念币预约兑换相关服务

做好普通纪念币发行，需要牢牢抓住承办银行这个"牛鼻子"，充分发挥主承销商的牵头作用，中国人民银行实现由"操作员"向"指挥员"角色的转变，引导承办银行做好各项预约兑换服务。

一是督促其进一步优化预约系统。借鉴"双11"期间淘宝、京东等大型电商平台运营经验，加大对纪念币预约系统的开发维护，通过购买大型网络服务器、改进验证码发送和输入方式等措施，提高预约流畅度，遏制不法分子利用技术漏洞批量预约。二是指导其做好兑换服务工作。包括设立专门的普通纪念币兑换窗口，提高兑换效率；对于群众兑换中的诉求，在符合发行

公告及相关通知要求的前提下，尽量满足；临近兑换期，通过电话和短信等方式，告知公众尽快完成兑换，坚持"多一次提醒，少一人弃兑"的原则，切实提高辖区普通纪念币兑换率，为提升群众对发行工作的整体满意度奠定基础。

北京市、上海市服务业开放度与国际竞争力度量及关系实证研究

蒋湘伶　陈　岩　吴建伟　朱琳琳　潘洋帆　周真旭　雨　虹*

2015 年 5 月，北京市启动服务业扩大开放试点，作为全国首家同时也是唯一一个试点城市，随着改革系列配套措施，北京市服务贸易进出口规模不断扩大，服务业利用外商直接投资额持续增加，服务业对外开放取得较大成效和进展，那么对照上海市，北京市服务业开放度及其国际竞争力处于什么水平？本文从分析北京市与上海市服务贸易和服务业利用外资发展现状入手，分别测算北京市与上海市服务业开放度和服务业国际竞争力并比较分析，进而对北京市服务业开放度与服务业国际竞争力之间的关系进行实证检验，结果表明，北京市服务业外资开放度是服务业国际竞争力提升的格兰杰原因，服务业外资开放度越高其国际竞争力越强，基于此本文提出相应的政策建议，为北京市实现"十四五"规划中以高水平对外开放打造国际合作和竞争新优势的目标、推动首都高质量发展建言献策。

一、北京市、上海市服务贸易和服务业实际利用外资现状及对比分析

（一）服务贸易总体规模扩大，但增速放缓

2005~2019 年，北京市、上海市服务贸易总额总体呈现上升趋势（见图 1）。2005 年北京市、上海市的服务贸易总额分别为 300.74 亿美元、373.70

---

* 蒋湘伶、陈岩、吴建伟、朱琳琳、潘洋帆、周真旭、雨虹：供职于中国人民银行营业管理部跨境办。

亿美元，2019 年北京市、上海市的服务贸易总额分别增长至 1605 亿美元、2470.1 亿美元，分别达到了 2005 年服务贸易总额的 5 倍和 6 倍多。除受到 2008 年国际金融危机、2017 年经济下行压力、2019 年国际经贸摩擦影响，导致服务贸易增长小幅下降外，北京市、上海市的服务贸易总额总体呈现稳步增长。2005~2019 年上海市服务贸易总额明显高于北京市服务贸易总额，自 2007 年起二者差距逐渐增大，2018 年和 2019 年服务贸易总额差距才有所减小。从服务贸易总额的增长速度看，2010 年之后北京市、上海市服务贸易总额同比增长率呈现双向波动（见图 2），波动情况大体一致，近几年同比增速均有所放缓。

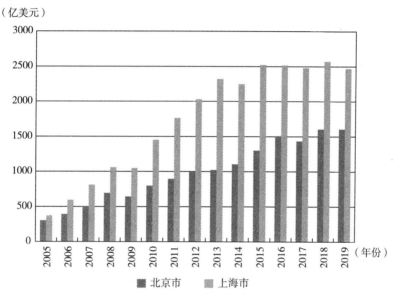

（亿美元）

图 1　2005~2019 年北京市、上海市服务贸易总额对比

资料来源：北京市商务局、上海市商务委员会。

（二）北京市、上海市服务贸易总额占全国比重较高，但呈现小幅回落趋势

2005~2019 年，北京市、上海市服务贸易总额虽稳步提升，北京市服务贸易总额占全国服务贸易总额的比重基本稳定在 20%，上海市服务贸易总额占全国服务贸易总额的比重基本稳定在 30%~40%，上海市服务贸易总额全国占比明显高于北京市服务贸易全国占比，但两城市服务贸易总额的全国占比都呈现先上升后回落的趋势（见图 3）。

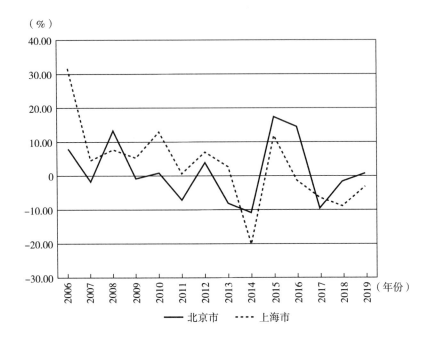

图2 2006~2019年北京市、上海市服务贸易总额同比增长率

资料来源：北京市商务局、上海市商务委员会。

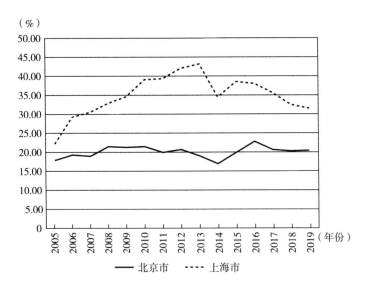

图3 2005~2019年北京市、上海市服务贸易总额占全国比重

资料来源：北京市商务局、上海市商务委员会。

（三）北京市、上海市服务贸易逆差逐年扩大，近两年逆差有所回落

自2008年起，北京市、上海市均出现服务贸易逆差，且逆差逐渐增大，2017年、2018年和2019年北京市、上海市的服务贸易逆差有所下降（见图4）。2005~2019年，上海市的服务贸易逆差均明显大于北京市。从服务贸易进出口结构上看，北京市与上海市服务贸易进口额明显大于出口额，其中北京市服务贸易进口额为出口额的1~2倍，上海市的服务贸易进口额为出口额的2~3倍。

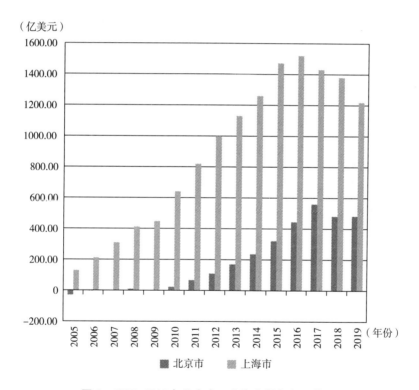

图4　2005~2019年北京市、上海市服务贸易逆差

资料来源：北京市商务局、上海市商务委员会。

（四）北京市、上海市服务业实际利用外资逐年增长，服务业实际利用外资集中在新兴服务业、高附加值服务业

2019年，北京市服务业实际利用外商直接投资总额142.1亿美元，上海市服务业实际利用外商直接投资总额172.86亿美元，2005~2019年北京市与上海市服务业利用外资总额逐年稳步增长，仅在2018年和2019年有所回落，上海市服务业实际利用外资始终高于北京市（见图5）。北京市服务业利用外资主要集中在新兴服务业，以2019年为例，北京市服务业实际利用外资中近八成集中在信息传输、软件和信息技术服务业，科学研究和技术服务业，金融业等新兴服务业，传统服务业实际利用外资的占比较低。上海市服务业利用外资的特点是高附加值服务业利用外资引领增长，2019年租赁和商务服务业，信息传输、计算机服务和软件业，以及科学研究、技术服务和地质勘探业利用外资金额分别增长11.4%、25.4%、63.6%，三个行业合计实际利用外资金额占第三产业实际利用外资金额的比重为56.1%。①

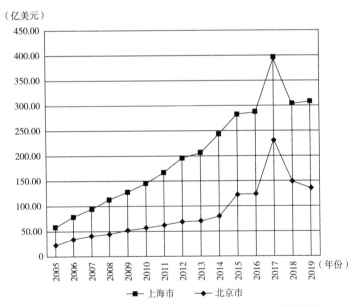

（亿美元）

图5 2005~2019年北京市、上海市服务业实际利用外资

资料来源：北京市商务局、上海市商务委员会。

———————

① 数据来源：上海市统计局。

二、北京市、上海市服务业开放度指标的构建与测量

（一）服务业开放度指标的构建

服务业的对外开放水平和其国际竞争力是衡量一个国家或地区经济发展水平的重要指标。对服务业开放度的衡量主要是看各种生产要素跨国流动的程度，而这种生产要素的流动依赖于服务业的进出口贸易、服务业吸引外商直接投资等活动，本文在构建服务业开放度指标时从服务贸易和服务业外商直接投资两个方面入手。

1. 服务贸易

服务业的对外开放首先表现为对国际贸易的参与程度，服务业的开放度是指一国或者一地区经济与世界经济联系的程度，包括服务贸易进口和出口两个方面，服务贸易的难以储存性和生产与消费的同时性使服务贸易不会出现类似加工贸易进口和出口相加重复计算的问题，因此，本文使用服务贸易的进口额和出口额之和即服务贸易总额占 GDP 的比率来计算一国或一地区通过贸易对世界经济的参与程度。

$$TO = （SE+SI）/GDP \tag{1}$$

其中，TO 代表服务贸易开放度，SE 代表地区服务贸易出口额，SI 代表地区服务贸易进口额，GDP 表示地区生产总值。

2. 直接投资

服务业的特殊性决定了直接投资成为各国进入其他国家服务业市场的方式之一，各国服务业在引进外资时都持十分谨慎的态度，在对外开放的同时也进行着保护，因此，服务业的直接投资是一国或一地区服务业开放的重要内容，服务业允许外国直接投资参与的程度就成为衡量一国服务业开放程度的重要指标，本文使用服务业实际利用外商投资总额占 GDP 的比率来计量一国或一地区的服务业外资开放度。

$$CO = FDI_S/GDP \tag{2}$$

其中，CO 代表服务业外资开放度，FDI_S 代表地区服务业实际利用外商直接投资总额，GDP 表示地区生产总值。

（二）服务业开放度测量

将北京市与上海市数据分别代入公式（1）和公式（2）可计算得出北京市与上海市 2005～2019 年的服务贸易开放度（TO）和服务业外资开放度（CO），结果如表 1 所示。

表 1　2005～2019 年北京市和上海市服务贸易开放度和服务业外资开放度测算结果

年份	北京市		上海市	
	TO	CO	TO	CO
2005	0.35	0.0266	0.22	0.0305
2006	0.38	0.0332	0.30	0.0326
2007	0.37	0.0303	0.33	0.0311
2008	0.43	0.0273	0.36	0.0332
2009	0.36	0.0292	0.34	0.0346
2010	0.37	0.0264	0.40	0.0341
2011	0.35	0.0242	0.42	0.0342
2012	0.35	0.0243	0.47	0.0395
2013	0.32	0.0216	0.48	0.0379
2014	0.32	0.0227	0.46	0.0425
2015	0.37	0.0348	0.52	0.0412
2016	0.41	0.0333	0.50	0.0402
2017	0.33	0.0541	0.42	0.0345
2018	0.33	0.0308	0.38	0.0295
2019	0.32	0.0266	0.34	0.0316

经测算，2005～2019 年北京市服务贸易开放度的波动范围为 0.3～0.5，整体上较为稳定；上海市服务贸易开放度的波动范围为 0.2～0.55，最高为 2015 年达到 0.52，相对而言波动较大；两个城市之间比较来看，2005 年北京市服务贸易开放度（0.35）高于上海市（0.22），但是到了 2010 年上海市服务贸易开放度（0.40）开始超过北京市（0.37）并持续升高，自 2016 年开始上海市服务贸易开放度下降，到 2019 年两城市基本持平（见图 6）。

经测算，北京市服务业外资开放度波动较大，2005～2014 年的波动范围为 0.021～0.034，2015 年开始升高，到 2017 年达到 0.0541，2018 年和 2019 年有所下降；上海市服务业外资开放度的波动范围为 0.029~0.043，2007 年开始缓慢升高，2015 年开始下降，但整体上变化不明显，2018 年和 2019 年又有所上升。两个城市之间对比而言，上海市服务业外资开放度在 2007~2016 年都高于北京市，2017 年和 2018 年北京市外资开放度大幅提升超过上海市（见图 7）。这主要是因为在 2015 年北京市启动服务业扩大开放试点项目后，北京市服务业外商直接投资额明显增加，北京市吸收和使用外资的能力增强。

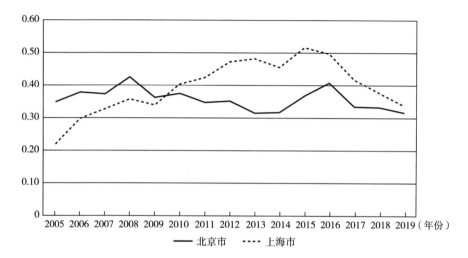

图 6　2005~2019 年北京市与上海市服务贸易开放度折线对比

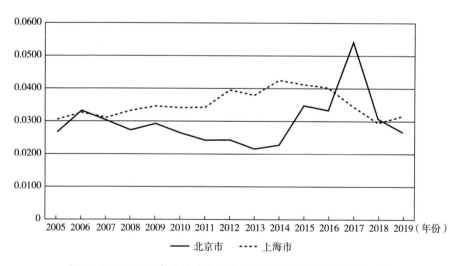

图 7　2005~2019 年北京市与上海市服务业外资开放度折线对比

三、北京市、上海市服务业国际竞争力指标选取和测量

本文选取的服务业国际竞争力指标是以比较优势理论为基础的相对性指标，主要用来衡量相对优势，较为通用的指标为显示性比较优势指数、显示性竞争比较优势指数。

显示性比较优势指数（Revealed Comparative Advantage，RCA 指数），体现一国或地区某种产业或产品出口额占该国全部出口额的比例，与世界该种产业或产品出口额占世界出口总额的比例的比重，该指标通过计算两国或地区某产业或产品的比较优势来阐述该类产业或产品是否具有优势。计算公式如下：

$$RCA_{ij} = (X_{ij}/X_{it}) / (X_{wj}/X_{wt}) \tag{3}$$

其中，RCA_{ij} 表示 i 国或地区第 j 种产业或产品的显示性比较优势指数；X_{ij} 表示 i 国或地区第 j 种产业或产品的出口额；X_{it} 表示 i 国或地区的出口总额；X_{wj} 表示全球第 j 种产业或产品的出口额；X_{wt} 表示全球的出口总额。

RCA 指数多用于描述国或地区的服务在全球服务中所处的竞争地位，但现实中一国或地区的产业或产品的进口和出口一般都同时存在，RCA 指数只考虑出口因素的影响，而没有考虑进口因素的影响。因此，为了消除进口比较优势的影响，本文进一步使用显示性竞争比较优势指数 CA 指数，由此计算得出的数据能够更准确地测度和评价竞争力水平。CA 指数是从一国或地区某产业或产品的出口比较优势中扣除该国或地区某产业或产品进口比较优势，从而得到该国或地区某产业或产品的实际竞争优势。计算公式如下：

$$CA_{ij} = RCA_{ij} - (M_{ij}/M_{it}) / (M_{wj}/M_{wt}) \tag{4}$$

其中，CA_{ij} 表示 i 国或地区第 j 种产业或产品的显示性竞争比较优势指数；M_{ij} 表示 i 国或地区第 j 种产业或产品的进口额；M_{it} 表示 i 国或地区的进口总额；M_{wj} 表示全球第 j 种产业或产品的进口额；M_{wt} 全球的进口总额。

CA 指数以零为中心线，如果 CA 指数的值为正数，说明该国或地区的服务贸易具备比较优势，且 CA 指数的值越大说明该国或地区的服务贸易国际竞争力越强；如果 CA 指数的值为负数，说明该国或地区服务贸易国际竞争力较弱。

将北京市和上海市数据代入公式（3）和公式（4），计算结果如表 2 所示。

表 2　2005~2019 年北京市与上海市显示性竞争比较优势指数

年份	北京市	上海市
2005	2.40	0.14
2006	2.34	0.13
2007	2.18	−0.03
2008	2.50	−0.15
2009	2.59	−0.18
2010	2.88	−0.28
2011	3.29	−0.20
2012	3.75	−0.04
2013	3.75	0.41
2014	3.92	0.40
2015	4.25	0.65
2016	4.22	0.65
2017	3.32	0.67
2018	3.26	0.74
2019	2.97	0.85

资料来源：笔者根据北京市商务局、上海市商务委员会、Wind 数据库的数据计算得出。

从图 8 可以看出，2005~2019 年北京市的显示性竞争比较优势指数明显高于上海市显示性竞争比较优势指数。CA 指数以零为中心线，北京市的 CA 指数在 2005~2019 年一直为正数，说明北京市的服务贸易具备比较优势，且北京市的指数在不断增长，2016 年达到 4.22，说明北京市服务贸易的国际竞争力逐步增强；而上海市的 CA 指数一度出现负数，说明在 2012 年以前上海市服务贸易国际竞争力较弱，但是自 2013 年开始上海市的 CA 指数变为正值并不断增长，但是较北京市同期仍有较大差距。这里需要说明的是：计算时发现，北京市服务贸易出口额和进口额均低于同期上海市服务贸易的出口额和进口额，北京市 2005~2019 年服务贸易出口额年均低于上海市 29.35 亿美元，而北京市货物贸易出口额仅为同期上海市货物贸易出口额的三分之一（年均约低于 1205.79 亿美元），北京市服务贸易和货物贸易出口总额也就远低于同期上海市，这就使北京市显示性比较优势指数较大；而从进口角度看，北京市服务贸易进口额年均低于同期上海市服务贸易进口额 299.75 亿美元，北京市货物贸易进口额年均高于上海市货物贸易进口额438.73亿美元，这就使北京市货物贸易和服务贸易进口总额大于同期上海市货物贸易和服务贸易进口总额，导致计算出的北京市服务贸易进口额占进口总额的比重较小，北京市服务贸易、货物贸易出口与服务贸易、货物贸易进口的因素叠加导致北京市显示性竞争比较优势指数也较大。简单而言，北京市的服务贸易逆差较小、货物贸易逆差较大，而上海市服务贸易逆差较大、货物贸易逆差较小，北京市服务业的国际竞争力高于上海市服务业的国际竞争力。这得益于北京市实施服务业扩大开放综合示范区与自由贸易试验区各项政策措施以来，北京市服务贸易逆差逐渐缩小，服务贸易结构持续优化。

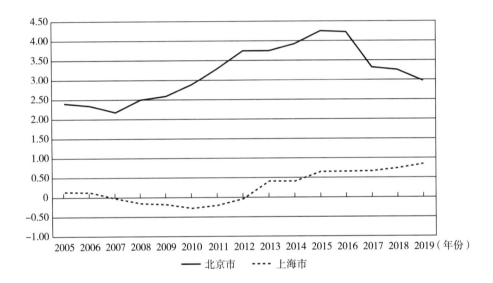

图8　2005~2019年北京市与上海市显示性竞争比较优势指数折线对比

四、北京市服务业开放度与其国际竞争力关系实证分析

本文试图分析的是服务业开放度与服务业国际竞争力之间的影响关系。因此，以服务贸易开放度（TO）、服务业外资开放度（CO）为自变量，以服务贸易显示性竞争比较优势指数（CA）为因变量，建立一个向量自回归模型

（VAR 模型）：

$$CA = C + \alpha TO + \beta CO \qquad (5)$$

（一）平稳性检验

在使用时间序列数据分析前，先要进行时间序列的平稳性检验，来观察时间序列中是否存在单位根，本文使用四种单位根检验方法对变量进行检验，得出 P 值均小于 0.05，表明拒绝原假设，时间序列中不存在单位根，数据是平稳的。

（二）协整检验

变量的平稳性检验结果表明，变量数据序列是平稳的，可以进行协整检验，本文采用极大似然法进行协整检验，通过建立向量自回归模型（VAR 模型）进行多变量协整检验，结果显示变量间存在一个协整关系。

（三）格兰杰因果检验结果

协整关系检验结果表明，服务贸易开放度（TO）、服务业外资开放度（CO）和服务贸易显示性竞争比较优势（Comparative Advantage，CA 指数）之间存在长期稳定关系，但是不能确定三个变量之间存在何种关系，因此用格兰杰检验进一步研究三者之间的因果关系。

结果表明，CO 是 CA 的格兰杰原因，CA 不是 CO 的格兰杰原因；TO 不是 CA 的格兰杰原因，CA 也不是 TO 的格兰杰原因。也就是说，北京市服务业外资开放度是服务业国际竞争力提升的格兰杰原因，服务业外资开放度越高其国际竞争力越强；但此次检验不能说明检验区间内北京市服务贸易开放度与其国际竞争力之间存在格兰杰因果关系。

五、政策建议

一是进一步扩大北京市服务业扩大开放试点范围，优化各项政策措施，着力吸引外资。北京市要进一步扩大服务业扩大开放试点的范围，以推动高质量发展为目标，疏通现有政策堵点，出台各项促进服务贸易发展和吸引外商直接投资的突破性政策，完善创新制度安排。紧跟国家政策导向，加快北京市服务业市场化改革进程，推出构建国际一流营商环境的财税、行政、司法等综合服务举措，降低服务贸易准入门槛、简化手续，提高办事审批效率。

二是着力优化结构，打造多元化服务贸易增长点。提升服务业对外开放水平，要发挥自主创新的能力，升级开放新引擎，打造多元化服务贸易增长点。保持现代新兴服务业发展良好势头，进一步增强北京市服务贸易产业的国际竞争力，继续优化服务贸易进出口结构，立足"十四五"规划中首都城市战略定位，深入实施"人文北京、科技北京、绿色北京"战略，促进金融、电信、计算机和信息服务、知识产权使用等服务行业的对外开放，推动多种形式的文化、娱乐产业对外合作与交流，开拓新领域，打造一批具有优势的服务业出口企业。更广泛地吸引外商直接投资，鼓励设立外商企业，提高利用外资的水平，寻求和研究利用外资的新形式。

三是深化区域合作，以自贸区建设为平台，发挥京津冀区域协同作用。依托北京市的自由贸易试验区，打造以科技创新、服务开放、数字经济为特征的自由贸易试验区，深化北京、天津、河北三省市之间的合作与交流，构建京津冀协同发展的高水平开放平台，共同推进服务业重点行业领域长效改革机制，形成地方制度创新联动效应，打开服务业对外开放的新局面。

第三篇

金融监管与金融稳定篇

Financial Supervision and Financial Stability

新冠疫情暴发以来系统重要性银行监管的国际经验及对我国的启示

刘玉苓*

2008 年国际金融危机后，国际社会首次提出加强系统重要性银行监管，减少因"大而不能倒"产生的道德风险以及系统性风险。2020 年新冠疫情暴发以来，国际组织和主要经济体高度重视系统重要性银行的业务连续性和对实体经济的信贷支持，从延迟或放松流动性和资本监管要求、提升系统重要性银行自身抗风险能力等方面采取了一系列做法，对我国开展系统重要性银行监管具有一定的借鉴意义。

一、新冠疫情暴发以来国际组织和主要经济体对系统重要性银行的监管实践

（一）推迟或暂时放松对系统重要性银行的监管要求，增强银行信贷对实体经济的支持力度

新冠疫情暴发后，中央银行行长和监管当局负责人小组①、巴塞尔银行监管委员会及全球主要经济体监管机构，从推迟实施系统重要性银行相关监管要求、放松流动性及资本监管等方面，提高银行应对金融冲击、为居民和企业提供信贷以支持实体经济的能力。一是推迟相关监管标准实施要求时限，中央银行行长和监管当局负责人小组决定将《巴塞尔协议Ⅲ》的正式实施时间推迟至 2023 年 1 月。二是放宽流动性监管要求。荷兰、墨西哥等

---

* 刘玉苓：中国人民银行营业管理部副主任。
① 中央银行行长和监管当局负责人小组为巴塞尔银行监管委员会的上设监督机构。

国家推迟实施净稳定资金比率（Net Stable Funding Ratio，NSFR）的监管要求；欧洲央行、俄罗斯等允许辖内银行暂时低于原有的流动性覆盖率（Liquidity Covered Ratio，LCR）监管标准要求。三是放松附加资本监管要求。英国、德国等决定取消先前宣布的逆周期资本缓冲（Countercyclical Capital Buffer，CCyB）实施计划；中国香港、瑞典等释放已经激活的CCyB，调降幅度在 0.25~2.5 个百分点。印度、新加坡等下调了资本留存缓冲（Capital Conservation Buffer，CCB）或允许商业银行动用 CCB。美联储实施补充杠杆率（Supplementary Leverage Ratio，SLR）豁免政策[①]并调整总损失吸收能力（Total Loss Absorbing Capacity，TLAC）中合格留存收益要求[②]，鼓励银行继续为企业和家庭提供融资。四是调整压力测试重点及方案。欧洲银行业管理局将欧盟范围的压力测试项目延后至 2021 年，2020 年调整为开展向市场参与者提供关于银行风险敞口和资产质量的动态信息的透明度演练；美联储将新冠疫情纳入 2020 年银行压力测试模拟情景，以反映疫情冲击下经济和银行业的真实状况。

（二）强化对系统重要性银行内控管理机制的监管要求，提升其"自我输血"的能力

全球主要经济体监管机构通过约束系统重要性银行的分红派息、完善操作风险制度建设、落实新会计准则（International Financial Reporting Standard 9，IFRS9[③]）等措施，促使银行增加利润留存、提高资本充足水平，以增强商业银行的风险抵御能力，稳定日常经营。国际清算银行 2020 年 5 月调查的 14 个经济体中，有 8 个经济体要求银行在 2020 年间停止股息分配，4 个经济体对股票回购进行限制。美联储联合多部门面向大型银行发布操作风险指引，帮助银行强化内部控制，包括网络安全、自然灾害、疫情风险，强化全面风险管理体系建设。欧美 15 家全球系统重要性银行基于新会计准则，主动加大拨备计提力度，提高应对未来可能损失的能力。

---

① 即银行持有的美国国债和准备金不需计提资本。
② 即允许银行在面临压力时可逐渐减少资本分配。
③ 即国际会计准则理事会发布的《国际财务报告准则第 9 号——金融工具》。

二、对我国系统重要性银行监管的启示

目前，全球主要国家均已建立起涵盖资本、流动性、压力测试等方面的宏观审慎监管框架。新冠疫情暴发以来，监管政策的调整对确保系统重要性银行机构稳健运营发挥了积极作用。2020 年末，欧盟及英国、美国全球系统重要性银行的资本充足率分别为 14.14%、12.74%，均较 2019 年末有所提升。[①] 全球主要经济体针对系统重要性银行的监管实践，为完善我国系统重要性银行的宏观审慎监管框架提供了一定的经验。

一是针对系统重要性银行附加监管措施的实施需要相机抉择。当危机事件出现时，需要确保银行在外部冲击下有额外能力应对需要优先处理的、涉及金融稳定的紧急情况。监管机构可事先设定针对调整系统重要性银行附加监管要求的触发机制，在指标被触发时，应结合当时的宏观经济金融形势判断是否继续执行附加监管要求。

二是提升逆周期资本缓冲等宏观审慎政策工具运用的前瞻性。新冠疫情暴发前，澳大利亚、芬兰、意大利等国家设定的逆周期资本缓冲为 0，导致新冠疫情发生后监管层无法通过释放逆周期资本以提高银行的损失吸收及信贷投放能力。逆周期资本缓冲的运用，需要充分估计重大事件冲击的影响滞后性，在经济繁荣时期也保持适度的银行资本，是防止危机期间信贷紧缩的有效保障。

三是加强对系统重要性银行利润分配和股票回购等相关的政策储备和研究，指导银行强化操作风险等内部控制管理。监管机构应加强对系统重要性银行资本状况、风险变化的分析预警，危机时可酌情采取限制银行利润分配、补充监管资本、暂停股票回购等约束性措施。同时，应定期评估银行的操作风险管理能力，避免危机时刻因操作风险导致更大的损失，提高金融系统的稳定性。

四是敦促银行落实新会计准则[②]，防范监管资本套利行为。新会计准则

---

① 数据来源：国际清算银行（BIS）。

② 新会计准则的实施要求银行提高贷款损失拨备计提，导致银行利润留存减少，并最终影响银行监管资本。因此，银行面临的资本监管压力越大，越倾向于通过调整会计政策减少损失计提以虚增资本，致使数据无法反映银行真实的资产及监管资本状况。

的实施要求银行前瞻性计提损失拨备的同时，也在一定程度上对银行的短期盈利能力和监管资本造成一定压力。监管部门应着眼于长远，敦促银行按新会计准则要求计提资本并披露财务信息，提高其未来应对危机的能力。同时，应关注准则对银行监管资本的影响，防范银行的监管套利行为。

金融产品与服务标准披露的实施与监督机制研究

——基于《中国人民银行金融消费者权益保护实施办法》的相关要求

曾志诚[*]

为加快构建"有产品服务必有标准依据"的金融消费者权益保护政策环境，《中国人民银行金融消费者权益保护实施办法》（以下简称《办法》）中新增了有关金融产品与服务执行标准披露的相关要求。北京在推进要求落实的过程中发现，金融产品与服务标准披露程度整体较低，应从制定出台实施指导性文件入手，加强指导，提高金融机构认识，逐步建立健全实施与监督机制，充分发挥标准规范的引领作用，保护金融消费者权益。

一、金融产品与服务标准披露的法律背景

金融业标准化作为金融业健康发展的技术底座，是金融业治理体系和治理能力现代化的基础性制度，是支撑高标准金融市场体系建设的关键要素。完善的标准披露机制可有效防范因信息不对称带来的消费纠纷等问题，是强化金融市场主体自我约束、提高产品与服务透明度的有效手段，是促进金融消费者权益保护的重要监管工具。

《中华人民共和国标准化法》在国家法律层面确立了企业标准自我声明公开和监督制度。其第二十七条规定，"企业应当公开其执行的强制性标准、推荐性标准、团体标准或者企业标准的编号和名称，企业执行自行制定的企业标准的，还应当公开产品、服务的功能指标和产品的性能指标"。

---

  * 曾志诚：中国人民银行营业管理部副主任。

为推动银行、支付机构落实关于标准公开的要求，保障金融消费者的知情权，中国人民银行在《办法》中新增相关规定，明确银行、支付机构应当依据金融产品或者服务的特性，及时、真实、准确、全面地向金融消费者披露该金融产品或者服务所执行的强制性标准、推荐性标准、团体标准或者企业标准的编号和名称。

二、金融产品与服务标准披露实施的现状及存在的问题

通过现场和问卷相结合的方式，本文调研了北京地区48家机构（银行28家，支付机构20家）金融产品与服务标准披露的实施情况。结果显示，仅有13家机构（银行6家，支付机构7家）通过营业网点、官网公示或在用户服务协议中注明等形式对不宜流通人民币、银行营业网点服务、银行卡收单业务等部分标准进行了披露，占被调研机构总数的27%（见表1）。

表1　标准披露实施调研情况统计表　　　　单位：家,%

机构类型	银行		支付机构		合计	
	数量	占比	数量	占比	数量	占比
了解披露要求	23	82	15	75	38	79
摸排梳理标准	13	46	12	60	25	52
开展披露实施	6	21	7	35	13	27
受理投诉咨询	0	0	0	0	0	0

总体来看，机构对标准披露要求的重视程度较低，标准披露程度整体较低，标准披露实施有待进一步规范，机构落地实施存在一定困难。调研发现存在的主要问题如下：

（一）机构的重视程度较低

截至2021年底，还有近半数机构尚未开展针对标准披露的实质性工作，大多数机构坐等监管指导，未及时主动探索研究如何落实披露要求。整体上，机构对标准披露要求的重视程度较低，距离及时、真实、准确、全面披露还有较大差距。

（二）标准披露实施有待进一步规范

标准如何披露、采取什么形式披露，目前尚无实施细则，机构自行理解实施，标准披露方式和载体五花八门，易造成消费者困扰，可能无法实现预期目的。此外，一项产品或服务涉及多项标准，多项产品或服务执行一项或多项标准，以及面向商户的金融服务标准披露渠道不明确等情况，使标准披露存在一定困难。

（三）金融消费者权益保护意识有待提高

由于标准披露是《办法》中的新增要求，且消费者对金融标准的理解和关注度不足，调研显示被调研机构尚未收到过消费者与标准披露相关的咨询、投诉或建议，一定程度上反映出消费者对披露要求了解较少，权益自我保护意识不足或维权能力较弱。

三、金融产品与服务标准披露实施及监督机制有关建议

贯彻落实《办法》要求，更好保护消费者权益，监管部门、机构和消费者三个层面应共同施力，加强指导、强化监督、做好宣传，逐步实现金融产品与服务标准及时、真实、准确、全面地披露。

（一）加强指导，完善标准披露机制

一是制定出台标准披露实施指导性文件，明确标准披露原则、范围，以及适用的披露方式、载体等实施细则，指导、推动机构披露相关标准。二是建立覆盖产品服务全生命周期的标准披露机制，搭建金融产品与服务标准披露共享平台，公开标准披露实施统计情况，强化产品服务与标准规范的协同。

（二）强化监督，形成四位一体机制

调动社会各方积极性，建立多层次金融消费者投诉建议机制，加强标准披露检查评估，建立机构自治、公众监督、行业自律、政府监管"四位一体"的监督机制。一是实施机构自治，机构要提高认识，落实主体责任，主动接受公众监督、开展行业自律，公开投诉方式和处理机制。二是鼓励公众

监督，发挥社会公众监督体系的中坚力量作用，及时发现问题，以建议、投诉等方式进行监督。三是开展行业自律，发挥行业协会桥梁纽带作用，配合做好宣贯培训、自律约束、投诉受理等，为标准披露实施提供支撑。四是加强政府监管，建立健全监管协调与实施评价机制，指导、督促机构落实《办法》要求。

（三）做好宣传，主动接受社会监督

一是加强对《办法》相关要求的宣传和解读，强化消费者金融素养和权益自我保护意识，提高全社会对标准披露作用和重要性的共识。二是推进标准落地实施，加强标准宣传，机构通过营业网点、官网等渠道对标准信息进行自我声明，并做出内容真实性、准确性和完整性承诺，让消费者了解、熟悉标准及其执行情况，为消费者权益保护提供支撑。三是积极开展标准披露宣传，向消费者公布标准披露的方式、载体、具体信息等，主动接受社会监督。

网络赌博团伙利用Ⅱ类个人银行账户从事犯罪活动相关风险亟需关注

孙小娟　郭　强[*]

打击治理电信网络诈骗和跨境网络赌博是当前党中央和国务院高度关注的任务，如何有效治理"涉赌涉诈"资金链是中国人民银行履职的重要内容。近期，通过发挥中国人民银行反洗钱职能优势发现，跨境网络赌博等犯罪团伙利用个人银行账户分类管理制度在管理维度和措施有效性等方面存在的薄弱环节，大肆通过Ⅱ类个人银行账户归集和转移犯罪资金，规避银行监测和账户管控，加剧银行账户涉赌涉诈风险，严重扰乱金融和社会秩序。本文通过深入研究赌博团伙利用Ⅱ类个人银行账户转移赌资的主要手法和可疑特征，揭示当前个人银行账户分类管理制度的薄弱环节，并提出相关改进建议，从制度根本上加强落实涉赌"资金链"治理工作。

一、赌博团伙利用Ⅱ类个人银行账户转移赌资的主要手法和可疑特征

（一）赌博团伙利用Ⅱ类个人银行账户转移赌资的主要手法

通过反洗钱监测赌博资金链条发现，某跨境赌博网站犯罪团伙成员为突破个人账户资金限额、规避监管，利用大量境内Ⅱ类个人银行账户以三种形式接收和归集赌资。

一是频繁开销Ⅱ类个人银行账户，用于接收、归集和转移赌资。以两名典型团伙成员为例，在半年内，仅通过小米手机内置的"小米钱包"App就

---

[*]　孙小娟、郭强：供职于中国人民银行营业管理部反洗钱处。

申办了某银行的 59 个 Ⅱ 类个人银行账户，共归集并转移赌资 828 万元。每个 Ⅱ 类个人银行账户开立后仅 3 天即办理销户。突破了单个 Ⅱ 类个人银行账户 20 万元的交易资金限额和开卡数量限制，实现大量转移资金的目的。

二是频繁变更 Ⅰ 类、Ⅱ 类个人银行账户性质，用于归集和转移赌资。1 名典型团伙成员在某银行开立 1 个 Ⅰ 类个人银行账户和 4 个 Ⅱ 类个人银行账户后，20 天内使用手机银行共变更上述 5 个账户的性质达 42 次，利用 Ⅰ 类个人银行账户无转账限额和银行可通过电子渠道为客户办理 Ⅰ 类、Ⅱ 类个人银行账户性质变更的规定，实现大额赌资的转移和过渡，同时规避银行监测。

三是通过批量购买 Ⅱ 类个人银行账户，用于接收赌资。监测发现，赌博网站收款账户多在广西、湖南、安徽等地开立，开户人户籍地偏远、集中，呈现批量收购账户特征。不法分子利用个人银行 Ⅱ 类账户远程开户便于操控的特点，实现操控他人账户转移资金的目的。

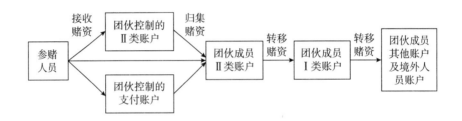

图 1　赌博团伙利用 Ⅱ 类个人银行账户接收、归集和转移赌资链条

（二）赌博团伙利用 Ⅱ 类个人银行账户转移赌资呈现出的可疑特征

通过分析赌博团伙从开户到转移资金的各个环节，总结出一些客户的可疑特征，可供银行参考用于监测分析，加强客户管理。

一是客户通过第三方互联网平台开立 Ⅱ 类个人银行账户。如上述案例所述，赌博团伙成员多利用银行通过互联网渠道推广，为客户提供无实体介质的 Ⅱ 类个人银行账户借记卡产品。

二是客户在一段时期内频繁开销 Ⅱ 类个人银行账户，单个账户存续期较短。一般账户开立几天即办理销户，并开立新的账户，销户多采用远程方式或跨地区在不同银行网点销户，试图规避银行监测。

三是客户在一段时期内频繁变更Ⅰ类、Ⅱ类个人银行账户性质。客户同时开立一个Ⅰ类个人银行账户和多个Ⅱ类个人银行账户，较短时期内频繁将Ⅰ类个人银行账户降级为Ⅱ类个人银行账户，同时交替将多个Ⅱ类个人银行账户升级为Ⅰ类个人银行账户；客户接收和转出资金时，通过当前存在的Ⅰ类个人银行账户进行操作，变相实现分散利用多个Ⅰ类个人银行账户转移大规模资金的意图。

四是客户部分Ⅱ类个人银行账户被公安机关冻结。通过银行查询赌博团伙账户状态发现，部分赌博团伙成员在其Ⅱ类个人银行账户被公安机关冻结后，仍使用名下其他Ⅱ类个人银行账户办理开销户，显示其犯罪动机强烈。

五是客户间歇性开立和使用Ⅱ类个人银行账户。例如，集中在一两个月内频繁开销户，之后停止账户操作，一段时期后，再次频繁开销账户，通过此种手法减少银行对其可疑行为的关注。

六是大量客户集中远程开立Ⅱ类个人银行账户，且存在客户被诱导开户情形。例如，大量客户集中利用某一第三方互联网平台开立Ⅱ类个人银行账户，且开户时间集中，客户开户留存的身份信息相似，户籍多集中在某些偏远地区，客户多为无固定职业者，留存手机号码相近等。通常开户时留存的电话无法接通，经联系绑定其他银行的Ⅰ类个人银行账户留存电话，发现客户系受他人组织以金钱利益诱导开户，账户非本人使用，部分客户甚至不知情自己已开立Ⅱ类个人银行账户。

七是客户多个Ⅱ类个人银行账户合计交易规模巨大。单·Ⅱ类个人银行账户单边交易规模不超过20万元限额，但客户总交易量巨大，符合涉赌涉诈等资金转移规模。

八是客户Ⅱ类个人银行账户交易符合涉赌涉诈等网络犯罪一般可疑特征。例如，账户交易呈分散转入集中转出特征，资金来源方涉及人数众多，达数百、数千人，单笔金额较小，存在一定规律，交易附言含有疑似涉赌涉诈信息，交易时间具有规律性，夜间交易频繁；资金去向方多为同名本行或他行账户，或多名客户有相同交易对手；交易IP地址集中并出现在涉赌涉诈犯罪高发地区等。

九是资金交易方式、流转速度及交易渠道异常，与归集赌博资金场景相吻合。赌博团伙通过第三方互联网平台转账功能就可频繁、快速进行小额资金划转，使用人多使用手机操作，实现躲避与柜面人员接触及防止资金被有权机关止付的目的。同时，单笔资金交易额小，大部分单笔资金交易小于

1000 元，符合赌博资金高频、小额的特征。

二、赌博团伙利用 II 类个人银行账户从事犯罪活动的特点规律及原因分析

一是不法分子利用个人银行账户分类管理制度仅以账户为单位对资金进行限制，未有以客户为维度的管理措施的不足，实现大量资金转移。根据《中国人民银行关于落实个人银行账户分类管理制度的通知》（银发〔2016〕302 号）要求，II 类个人银行账户可以办理存款、购买投资理财等金融产品、限额消费和缴费、限额向非绑定账户转出资金业务。II 类个人银行账户非绑定账户转入资金、存入现金年累计限额合计为 20 万元；消费和缴费、向非绑定账户转出资金、取出现金日累计限额合计为 1 万元，年累计限额合计为 20 万元。监测发现，不法分子可通过频繁开销本人名下 II 类个人银行账户的手段规避银行账户额度限制，实现大额赌资转移。

二是不法分子利用个人银行账户分类管理制度中未要求核实交易背景，仅通过实名制审核后便可持续使用和变更个人账户性质的规定，规避账户监管。根据《中国人民银行关于加强支付结算管理 防范电信网络新型违法犯罪有关事项的通知》（银发〔2016〕261 号）要求，"银行和支付机构应当通知涉案账户①开户人重新核实身份，如其未在 3 日内向银行或者支付机构重新核实身份的，应当对账户开户人名下其他银行账户暂停非柜面业务，支付账户暂停所有业务。银行和支付机构重新核实账户开户人身份后，可以恢复除涉案账户外的其他账户业务；账户开户人确认账户为他人冒名开立的，应当向银行和支付机构出具被冒用身份开户并同意销户的声明，银行和支付机构予以销户"。但监测发现，赌博团伙成员在涉案账户被冻结后，通过银行机构实名制审核仍可继续使用本人名下 II 类账户归集赌资，并可正常进行开销户操作。此外，在涉案账户 3 日内未重新核实身份将暂停银行账户非柜面业务的规定下，个别不法分子持有的 II 类个人银行账户的存续期仅为 3 天，规避了制度要求，实现赌资的转移。

---

① 指经设区的市级及以上公安机关认定并纳入电信网络新型违法犯罪交易风险事件管理平台"涉案账户"名单。

三是不法分子利用个人银行账户分类管理制度未对远程开户程序进行规范的不足，通过利诱开立、操控他人Ⅱ类个人银行账户进行犯罪活动。通过分析辖内银行机构上报的群体开立Ⅱ类个人银行账户风险事件发现，犯罪分子利用偏远农村地区群众金融知识匮乏的特点，以利诱等形式组织其远程操作开立Ⅱ类个人银行账户，便于犯罪分子后续的操控。据调查，群众通常不知情自己已开立并出卖了Ⅱ类个人银行账户。

三、政策建议

为有效打击治理跨境赌博"资金链"，建议进一步完善有关账户管理措施和风险防控机制。

一是加强以客户为单位的账户管控。建议以客户为单位限定Ⅱ类个人银行账户交易总金额，有效防控非法资金大规模转移；从严相关要求，将涉案账户暂停银行账户非柜面业务的限制条件由"3日内未重新核实身份"调整为"立即暂停"，并要求银行在恢复账户业务之前，重新核实开户人身份、客户交易背景的真实合法性，客户无法提供证明材料或合理说明的，不得恢复业务。

二是规范并强化Ⅱ类个人银行账户远程开户风险提示。建议明确规定银行在通过电子渠道非面对面为个人开立Ⅱ类银行账户的过程中，应针对每一位客户开展身份识别，有效提示风险，并告知客户正在开立银行账户，开户后如出租出借账户将承担相关法律责任。

三是强化关注Ⅱ类个人银行账户存在的风险，指导银行业金融机构加强客户开立Ⅱ类个人银行账户尽职调查、完善可疑交易监测模型。督促银行业金融机构切实采取措施有效落实客户身份识别相关制度规定，确保Ⅱ类个人银行账户开户和使用过程中准确、完整地获取客户身份信息和交易信息。针对通过互联网第三方平台提供的无实体介质Ⅱ类个人银行账户借记卡产品，充分考虑业务特性，合理开展客户洗钱风险评估和等级划分，采取与风险相适应的尽职调查力度和措施，并在尽职调查中有意识地发现可疑交易，必要时可以拒绝开户。指导银行业金融机构关注个人频繁开销Ⅱ类个人银行账户、变更账户性质等异常行为，结合展业情况和上述可疑特征，研究Ⅱ类个人银行账户可疑交易类型和特征，完善可疑交易监测模型，并定期回溯模型有效性。充分认识以账户维度开展资金监测在发现 Ⅱ 类个人银行账户风险方面存在的缺陷，切实加强对以客户为基本单位的可疑交易监测。

四是加强对公众个人银行账户分类和风险案例的宣传教育。银行和支付机构应大力提升自身服务水平，加大对社会公众的宣传力度，使社会公众充分了解并积极利用个人账户分类进行多样化支付和资金保护。综合运用解读文章、海报、漫画等各种宣传方式，通过电视、广播、报纸、微博、微信、微视频等各种宣传渠道，持续向社会大众宣传普及账户知识，介绍犯罪手法及应对措施、买卖账户的社会危害、个人金融信息保护和有关常识，加强居民群体的宣传教育，有针对性地开展金融知识进农村、进校园等宣传活动，积极有效推动国民对个人账户分类的认知与应用。

贵金属纪念币发行规则问题研究

胡　月　孙婧琦[*]

近年来，随着钱币市场的不断发展，我国贵金属纪念币的收藏群体大幅增加，贵金属纪念币的发行方式越来越受到广大群众的关注。特别是在普通纪念币通过网络预约机制进行兑换后，贵金属纪念币在发行方式上如何进行改进，以更好适应当前市场需求、有效满足群众收藏需要，对于更大程度上达到贵金属纪念币发行的目的、弘扬民族文化有着重要的意义。本文以2021年中国共产党成立100周年贵金属纪念币发行情况为例，根据贵金属纪念币发行期间中国人民银行营业管理部处理群众咨询投诉问题的情况，深入分析当前贵金属纪念币发行规则中存在的问题，结合群众诉求，对今后贵金属纪念币发行工作提出建议。

一、贵金属纪念币的基本情况

（一）贵金属纪念币的材质及要素

贵金属纪念币是指由中国人民银行发行，具有特定主题限量发行的人民币，材质主要为金、银、铂、钯等贵金属或其合金。按照《中华人民共和国人民币管理条例》，我国贵金属纪念币必须具备明确的主题、面额、图案、材质、式样、规格、发行数量和发行时间，币面必须标明中华人民共和国国名、年号、面额。

---

　　* 胡月、孙婧琦：供职于中国人民银行营业管理部货币金银处。

（二）贵金属纪念币规格、面额及销售价格之间的关系

经过近40年的探索，我国贵金属纪念币的规格与面值发生过多次的变化，现在以"克"为单位进行计量。当前贵金属纪念币规格与面值的关系如表1所示。

表1　贵金属纪念币各种材质的规格品种与其标注面额的标准

金币规格	对应面额	金币规格	对应面额	银币规格	对应面额
1 克	10 元	50 克	800 元	8 克	3 元
3 克	50 元	100 克	1500 元	15 克	5 元
5 克	100 元	150 克	2000 元	30 克	10 元
8 克	100 元	500 克	5000 元	150 克	50 元
10 克	150 元	1公斤	10000 元	1公斤	300 元
15 克	200 元	2公斤	20000 元		
30 克	500 元	10公斤	100000 元		

资料来源：中国金币网。

通过表1可以看出，贵金属纪念币的面额仅仅是货币符号，不代表贵金属纪念币的实际价值。经销机构的销售价格是根据贵金属纪念币的原材料价格、设计制作费用等诸多因素制定的。因此，贵金属纪念币的面额和销售价格两者并不一致，通常情况下，后者要高于前者较多。

（三）贵金属纪念币与普通纪念币的区别

一是材质不同。普通纪念币包括普通金属纪念币和纪念钞，材质是铸造普通硬币的金属和用于印制钞票的纸张；贵金属纪念币包括金币、银币和铂、钯等贵金属或其合金铸造的纪念币，材质是金、银等贵金属。二是面额代表的意义不同。普通纪念币的面额表明其法定价值；贵金属纪念币的面额是象征性的货币符号，并不表明其真实价值。三是流通性不同。普通纪念币发行后，可与其他流通人民币等值流通，而贵金属纪念币则不能。

二、当前贵金属纪念币的发行模式

（一）立项过程

一是立项原则。根据中国人民银行出台的《人民币、纪念币立项、设计、生产、发行暂行规定》，中国贵金属纪念币的立项要以弘扬民族文化，宣传社会主义、爱国主义和我国改革开放的伟大成就，促进世界和平为主导方向，兼顾经济效益和社会效益。

二是立项途径。根据《中华人民共和国人民币管理条例》，纪念币是限量发行的具有特定主题的人民币。当前贵金属纪念币的立项途径，主要由中国金币集团（原中国金币总公司，2021 年 11 月更名）通过市场调研后提出，并报中国人民银行审批。如果贵金属纪念币以重大政治、历史事件为题材或使用国家领导人肖像的，立项计划及设计图稿还须报中央及国务院有关部门审批，待审批通过后，方可制作发行。

（二）发行原则

当前贵金属纪念币的发行，主要坚持"五公开原则"，具体而言指"项目公开、发行量公开、价格公开、经销商公开、销售方式公开"。

"项目公开、发行量公开"是指贵金属纪念币在正式发行时，中国人民银行会通过权威媒体向社会发布公告，公告上表明所发行贵金属纪念币的主题、面额、材质、图案、发行数量和发行时间。

"价格公开"是指贵金属纪念币发售价格根据金银原料的成本价格、加工费、经营管理费用、项目题材、发行量、工艺技术、市场状况、历史价格情况及国际价格标准而制定。

"经销商公开"是指承担贵金属纪念币销售职能的部门是明确的，即中国金币集团，它是直属于中国人民银行专门经销贵金属纪念币的公司。自2005 年 8 月开始，中国金币集团启动了公布纪念币鉴定证书号段的"阳光工程"，即在纪念币发行时，中国金币集团通过"中国金币网"向社会公布所有经销商的名单、地址、联系电话、纪念币分配销售量的鉴定证书号码段、销售监督电话，经销商通过当地媒体或营业网点公布相关销售信息，接受社会监督。除贵金属纪念币直属经销商和一些特许零售商以外，部分金融机构也可以销售贵金属纪念币，一般包括中国工商银行、中国农业银行、中国银行、中国建设银行、交通银行、中国邮政储蓄银行、民生银行等。

"销售方式公开"是指中国金币总公司在其网站公布贵金属纪念币的销售方式，既有线下销售，也有线上销售，途径包括中国金币集团有限公司直销中心、中国金币网上商城、中国金币特许经销零售商。不同的发行渠道，丰富了收藏者购买贵金属纪念币的方式，特别是线上发行渠道的开通，打破了时间和空间的限制，实现了从传统线下有限时间销售到 24 小时不间断销售，销售范围也从特定网店扩大到了全国所有快递可达的地区。近些年，金融机构销售渠道通过网上银行、手机银行、微信公众号预约，采取抽签方式销售。

三、当前贵金属纪念币发行方式存在的问题

（一）中签难度较大

以某贵金属纪念币为例，2021 年 6 月 21 日起中国人民银行陆续发行该纪念币。金银币由中国工商银行、中国银行等 9 家银行和中国银联销售，于 6 月 21~25 日陆续完成预约、抽签，抽签规则及投诉渠道引发公众争议。该贵金属纪念币同时由 10 家金融机构承销，开展抽签预约。此次发行受社会热捧，但预约中签难，如银联云闪付平台金银币大全套预约 1.3 万人、中签 10 套，中签率仅 0.07%，金银套币、银套币、30 克银币中签率也仅为 0.6%、1.1%、4.0%。[①]

（二）抽签规则引发公众质疑

贵金属纪念币发行期间，营业管理部连续接到四起有关中国共产党成立100 周年贵金属纪念币的举报或投诉。具体诉求主要有：

一是规定冻结账户资金无"法"可依。有群众信访举报某银行北京分行冻结抽签客户账户资金为违法行为，冻结金额为贵金属纪念币实际价格，在

① 数据来源：中国人民银行营业官住部。

560 元至 8 万元不等，公众认为该行为没有相关的法律依据，且存在非法冻结、吸收存款的嫌疑。

二是限制抽签人群资格违反"三公原则"。有群众投诉举报某银行 App 抽签页面显示仅限该行"财富管理及以上级别"客户参加抽签活动，即在该行存款金额达到 100 万元以上的 VIP 客户才有机会中签；该行预约及抽签规则指出"不符合要求的客户参与预售抽签并中签的，视为持有下一顺位预约编号符合要求的预约客户中签"。公众认为该行的抽签规则，区别对待消费者，将贵金属纪念币发行划定为"有钱人的专属"，严重违反了纪念币发行"公开、公平、公正"的原则。

（三）无明确投诉渠道，阻碍公众维权

1 名外省市群众在向营业管理部投诉举报时反映，其在投诉金融机构抽签规则过程中，首先拨打了中国金币集团销售电话，后被告知需拨打金融消费权益保护咨询投诉电话 12363 咨询，拨打当地 12363 后，被告知该情况要向中国人民银行反映，最后其拨打了营业管理部的咨询电话。另有两名来自不同地区的群众在投诉时也遇到类似情况。此次贵金属纪念币的发行公告明确，中国共产党成立 100 周年金质、银质纪念币的发行工作由中国金币总公司负责，但相关投诉渠道及主管机构未予明确。

四、对贵金属纪念币发行的建议

贵金属纪念币的发行，应在认真分析现状的基础上，以"三个导向"为原则，进一步提升发行效率，扩大受众群体，发挥纪念币的宣传作用，使贵金属纪念币成为适合广大群众投资、收藏的目标对象。

（一）坚持"市场导向"，引入公众参与，丰富贵金属纪念币主题

在确定贵金属纪念币主题方面，建议引入公众参与，倾听群众呼声。中国金币集团在征求纪念币发行题材时，可在官方网站、公众号设立类似"贵金属纪念币主题征集"窗口，倾听钱币爱好者的声音，掌握不同题材纪念币在群众中的受欢迎程度，汇总各方提议和意见后，有计划有步骤地发行针对不同群体的贵金属纪念币。特别是对于未在发行计划之列且当年具有纪念意

义的事件，可根据公众的意愿及事件的重要程度，适时增加发行计划立项发售。

（二）坚持"民生导向"，做到"专款专用"，发挥贵金属纪念币社会效益

在发行特定题材的贵金属纪念币时，发行部门可提前让题材主管部门介入参与，共同商讨特定题材贵金属纪念币的发行图案、数量、材质、价格等问题，明确该系列贵金属纪念币在发行销售后，所得利润款项专项用于特定群体，款项的划拨由主管部门承担，确保收入能够"精准投放"，做到"专款专用"。例如，发行"文化遗产"系列纪念币，可与文化遗产保护部门联合，所得利润用于文化遗产的保护和修复等；发行"珍稀动物"系列纪念币，可与动物保护组织联合，盈利用于加强动物保护宣传，救治濒临灭绝的珍稀动物等。

（三）坚持"问题导向"，规范销售规则，多部门联合开展打击行动

一是制定金融机构销售规范。建议明确贵金属纪念币抽签前冻结资金、限定抽签人群是否合理，制定并出台金融机构销售贵金属纪念币的规范性政策，避免金融机构"各自为政"，造成抽签规则混乱，引发群众不满。二是明确监管责任主体，畅通群众投诉渠道。建议明确监管责任主体，防止群众投诉无门，引发负面舆情。三是联合工商、公安、广电等部门，强调媒体在发布公告中应尽到审核义务，要求其严格对待与"贵金属纪念币"有关的宣传广告的审核，禁止在广告中使用具有误导性、夸大性和模糊性的语言，对于不尽职而违规发布虚假宣传广告的媒体要采取严厉的处罚措施，追究其责任；同时要加大对不法分子的打击力度，通过全范围整治、多部门联动，采取"露头就打、打必有罚"的方式，使企图利用贵金属纪念币谋取暴利的不法分子没有生存的空间，为钱币收藏者提供一个良好、有序的投资环境。

信用信息支持小微企业融资的主要做法、问题及建议

——基于"创信融"平台的实践应用

赵　睿　杨媛媛[*]

为深入贯彻党中央、国务院"六稳""六保"工作决策部署，认真落实《加强信用信息共享应用　促进中小微企业融资实施方案》，营业管理部探索出信用信息支持小微企业融资的新模式——模型驱动的嵌入式金融服务模式，建立了"大数据+金融科技+专属产品+专项机制+配套政策"五位一体的"创信融"企业融资综合信用服务平台，着力破解小微企业融资五大难题。平台运行以来显著提升了商业银行小微企业金融服务能力，提高了小微企业融资的获贷率、首贷率、信用贷款率，降低了利率和不良率，助力"六稳""六保"工作再上新台阶。

一、主要做法

（一）推动涉企大数据共享，破解银企信息不对称

"创信融"平台积极探索区块链等技术应用，联通北京市大数据平台"金融公共数据专区"，汇聚金融、政务、市场等多个领域的 10 亿多条市场主体数据，为接入平台的商业银行提供小微企业精准画像，有效支持银行贷前、贷中、贷后的全流程风控。

---

* 　赵睿、杨媛媛：供职于中国人民银行营业管理部征信管理处。

（二）创新"联合建模+系统直连"模式，破解银行审贷效率低

"创信融"平台直连银行授信审批系统，在沙盒环境中与银行联合构建信用评价模型后，可将评价结果直接纳入银行自身风控模型，实现授信审批全流程线上化。小微企业获贷平均时长由原来的 10 个工作日大幅压缩至 12 分钟，最快更可实现"秒放贷"，融资效率显著提升。

（三）量身定制专属贷款产品，破解小微企业融资难融资贵

"创信融"平台定位于服务小微企业，推动银行服务重心下沉。16 家试点银行针对小微企业经营特点，推出"无抵押、无担保、纯信用、线上化"的贷款产品，自主支取、随借随还、按日计息，利率不超过商业银行小微贷款平均利率，有效满足大量轻资产小微企业的融资需求。根据中国人民银行营业管理部，平台获贷企业中，95% 以上的企业固定资产规模低于 1000 万元，固定资产占总资产的比重平均不足 8%。

（四）建立内部专项配套机制，破解银行不敢贷不愿贷

"创信融"平台试点银行针对专属产品特点建立配套机制：一是给予贷款额度倾斜，如对平台专属产品不设置规模上限；二是实施差异化内部资金转移定价，如 FTP 定价下降 50 个基点；三是建立差异化内部考核和专项激励机制，如设置专项加分政策和溢价奖励等；四是有效落实尽职免责制度，如对于按照业务标准化方案办理形成的风险损失，认定为客户经理无责任。

（五）"政府+市场"双轮驱动，破解银行普惠业务数字化转型难

"创信融"平台由金融管理部门主导推动，辖内商业银行参与建设，地方政府部门给予政策配套支持，如营业管理部联合中关村管委会对平台上符合条件的获贷企业提供 40% 贷款贴息，对试点银行提供年度业务规模 1% 的风险补贴，拟落地补贴金额超千万，有效推动银行创新小微企业金融服务模式，成功实现普惠业务线上化转型。

二、目前运行成效

（一）信用贷款率 100%，大部分是"信用白户"

"创信融"平台主要为金融机构提供"模型驱动的嵌入式金融服务"，商业银行依托平台，为企业提供"纯信用、线上化"的信贷产品，实现小微企业"信息"变"信用"，"信用"变"融资"。2021 年 9 月 19 日平台获贷企业中，首贷企业占比 70%，一年期以上的中长期贷款占比近 20%。

（二）小微企业占比 99%，推动服务重心下沉

"创信融"平台重点支持银行服务"长尾客户"，专属产品单笔最高授信额度不超过 500 万元，88% 的获贷企业贷款金额低于 200 万元，2021 年 9 月 19 日平台户均贷款 100 万元，且 14.4% 的获贷企业成立不到 4 年零 4 个月①。

（三）科技文化类企业占 1/3，融资成本显著下降

"创信融"平台率先在中关村国家自主创新示范区开展试点，重点为科技、文化创新企业提供金融助推。2021 年 9 月 19 日，平台获贷企业中科技文化类企业占 1/3，贷款加权平均利率约为 4.3%，比同期全国普惠小微贷款加权平均利率低 60 个基点，小微企业融资成本显著下降。

（四）获贷企业偿债能力较强，不良率为 0

据中国人民银行营业管理部调查，"创信融"平台获贷企业 2020 年的平均营业收入为 3271.4 万元，同比增长 15.8%；平均净利润率为 18.6%，盈利能力维持在较高水平；平均总资产 3061.6 万元，同比增长 50.3%，平均资产负债率为 47.6%，偿债能力较强。目前平台专属贷款产品并未发生逾期。

---

① 据中国人民银行统计，我国小微企业平均在成立 4 年零 4 个月后才第一次获得贷款。

三、典型案例

（一）推动地方法人银行普惠业务数字化转型

北京银行、北京农商银行、中关村银行作为北京本地的法人银行，具有自身的特色和优势，但在数字化转型方面远落后于国有大行，不具备线上授信条件。然而小微企业贷款具有"短、小、频、急"等特点，急需银行将授信审批流程线上化，提升融资效率。通过加入"创信融"项目，三家银行积极创新小微企业金融服务模式，成功上线了行内首款小微企业线上贷款产品。

专属产品依托"创信融"平台的模型结果，实现了前端客户身份识别、中端风控数据建模、后端预警信号监控等功能，简化了传统信贷业务线下操作流程，提升了小微企业金融服务体验。从以往的"线下审批 1 个月，贷款资料特别多"升级到如今的"线上审批 10 分钟，贷款资料无纸化"，专属产品的推出是这三家银行在探索小微企业服务新模式方面的一次有益尝试。2021 年 9 月 19 日，三家银行已发放贷款 1149 笔、11.1 亿元，效果显著。

（二）助推国有大型银行激活"睡眠"存量户

中国工商银行北京分行、中国建设银行北京分行、交通银行北京分行作为国有大行，具有存量账户多、活跃账户少的特点，超过 80% 的账户为"睡眠"账户。通过加入"创信融"项目，三家银行不仅推出了小微企业线上贷款产品，还筛选出行内优质的"睡眠"存量户进行精准营销。

三家银行依托"创信融"平台，在沙盒环境中构建评价模型，通过 10 亿多条上千维度的市场主体数据为小微企业精准画像，最终与银行存量客户进行匹配，筛选出行内优质的沉睡小微企业作为营销重点，有效帮助银行盘活存量客户。2021 年 9 月 19 日，三家银行已发放贷款 3840 笔、33.4 亿元，推动服务重心快速下沉。

（三）大力支持绿色产业企业发展，助力企业渡过新冠疫情难关

某主营与生态保护和环境治理相关的园林与公共基础绿化工作的传统小

型企业，2020 年受新冠疫情影响，地产商业绿化业务回款放缓，且由于该企业存在无抵押物、法人长期不在北京等情况，无法获得抵押担保类贷款，企业陷入融资困境。

该企业了解到"创信融"平台专属产品能够为绿色产业企业提供中长期信用贷款，抱着试试看的心态在线上提交了融资需求，最终快速获得了 70 余万元信用贷款和 2 年的授信期限，当月便全额提款。该企业作为首贷企业，对产品纯线上便捷申请、无须提供抵押物、签约提款全线上流程操作给予了充分肯定。

（四）重点支持科技、文化企业创新，助力首都"四个中心"建设

某从事卫星导航技术开发、技术服务等业务的小型科技企业，拥有多项自主知识产权，并于 2018 年通过国家高新技术企业认定。公司在经营中主要面临几个问题：一是公司主要资金由前期研发投入占用，且公司合伙人没有合适的固定资产作为抵押物申请贷款；二是财务数据不佳，申请贷款有一定难度；三是公司主要产品上市时间短，选择股权融资将会对现有股东利益产生较大影响；四是回款周期长，资金周转困难。

2021 年初，该企业了解到"创信融"平台专属产品不需要任何抵押和担保，可以给科技型企业发放信用贷款，线上操作方便快捷，便进行了申请，最终仅用十几分钟就获得了 100 万元贷款，及时补充了公司周转资金的不足。企业表示，"创信融"专属产品是急企业所急、想企业所想的好产品，充分考虑到了小微企业的用款习惯和企业特点，可以按企业用款情况自主支还，能节省不少的贷款利息，还可以通过到期续贷和提前结清贷款的方式，随时调整贷款周期，方便企业控制管理资金，为小微企业解决了后顾之忧。

四、目前存在的问题

（一）线上融资在企业征信线上授权、风险损失责任判定等环节尚无明确规定

目前银行线上融资业务发展仍存在两方面障碍：一是企业征信线上授权

环节缺少标准化流程指引，易引发授权环节的诉讼风险；二是金融监管部门现有法规未明确线上融资产品风险损失责任的判定，尤其是对取消人工干预环节的纯线上产品，如何判断银行是否充分履行尽职责任尚不明晰，可能引发业务合规风险。

（二）交易流水数据作为征信数据、政务数据的有力补充，数据共享缺失影响银行对小微企业评估的全面性

普惠金融服务对象大多是缺乏信贷记录，甚至是没有征信记录的"白户"，然而政务数据作为替代数据，与信贷领域并不强相关。调研发现，银行在应用征信数据与政务数据的同时，交易流水数据是银行授信审批不可或缺的数据。交易流水数据有助于银行完整了解企业主营业务开展情况、上下游客户信息、交易频率、结算特点等，可提升信贷产品的准入通过率和核额准确率，降低企业融资成本。但单一银行内部的企业交易流水信息有限，无法有效应用于信贷模型。

五、政策建议

（一）明确企业征信线上授权标准与规范，鼓励银行发展小微企业线上融资业务

建议采用"法人+企业"双认证方式线上核实小微企业的征信授权和贷款申请。通过对小微企业法定代表人进行线上身份核验，运用生物识别、电子营业执照、数字证书、电子签名等技术完成企业工商信息核验和认证后，核实小微企业线上申请贷款的"实名、实人、实意"，优化小微企业纯线上融资业务流程。可借鉴个人征信线上授权的成熟经验，在北京地区先行试点，稳步推进至全国其他地区，最终形成行业标准及制度规范。

（二）探索建立银行交易流水监管与应用机制，支持银行提高小微业务风控水平

银行交易流水数据不仅可以作为监督管理和风险监测的重要手段，还能

够促进普惠金融向纵深发展。目前中国银行保险监督管理委员会北京监管局已经归集整理了北京地区所有银行的交易流水，并对加工过的数据进行了一定程度的应用。建议以北京地区为试点，开展银行交易流水在央行监管和普惠金融领域的探索应用工作。

中小银行与互联网平台合作开户模式存在的问题

鲁 楠[*]

近年来，为适应互联网金融发展趋势，商业银行不断精简物理网点，通过线上输出支付、存款、贷款等金融服务，弥补其在消费场景、用户、数据上的不足。个人Ⅱ类、Ⅲ类银行结算账户（以下简称Ⅱ类、Ⅲ类户）因其开户便利、使用限制逐渐放开，成为众多银行线上获客和业务拓展的切入点。中国人民银行营业管理部对辖内中信百信银行、中关村银行与第三方互联网平台合作开户业务开展调研，北京银行、北京农商银行作为对照组。调研发现，该模式下的合作开户平台类型广泛，互联网引流效果显著，存款和信贷为主要场景，以异地客源为主，存在合作平台"无证驾驶"、账户服务连续性差、地方性银行跨区域经营、创新业务合规性不足等问题。

一、银行与互联网平台合作开户业务特征

北京银行和北京农商银行自 2015 年起开展远程开立Ⅱ类、Ⅲ类户业务，主要通过直销银行等自营渠道；中信百信银行和中关村银行自 2017 年起开展远程开立Ⅱ类、Ⅲ类户业务，因网点机构少、获客渠道窄，2018 年起开始与第三方互联网平台合作开户，在线上金融消费场景嵌入银行服务吸引客户开立银行账户。截至 2021 年 3 月初，中信百信银行与互联网平台合作开立Ⅱ类、Ⅲ类户数占其开启总量的 95%，中关村银行与互联网平台合作开立Ⅱ类、Ⅲ类户数占其开启总量的 88%。

---

[*] 鲁楠：供职于中国人民银行营业管理部支付结算处。

（一）合作开户模式参与方多于传统开启模式

传统开户模式中，仅有银行和存款人两方参与；银行与互联网平台合作开户模式下，银行与互联网平台通过 API 接口或页面跳转实现对接，平台负责服务展示、客户信息收集，银行负责开户信息审核、反馈开户结果，部分平台甚至可以代做人脸识别、身份证件核验等。例如，中关村银行与支付宝合作，支付宝用户在完成实名制认证的情况下，仅需填写绑定银行卡号、确认已有信息无误、完成人脸识别后即可成功开户。

（二）合作平台遍及金融和非金融类

中信百信银行、中关村银行自 2018 年起与互联网平台合作开户，2019年平台扩张速度达到高点，2020 年增速放缓。合作平台类型除支付宝、京东金融、度小满、云闪付等金融服务平台外，爱奇艺、亿通行、随手记等生活娱乐类平台的开户量也毫不逊色。以中信百信银行为例，截至 2020 年底非金融类平台合作开立的个人银行结算账户占所有平台开户总量的 14%。[①]

（三）业务规模呈几何式增长

中信百信银行和中关村银行Ⅱ类、Ⅲ类户开通业务起步较晚，但借助第三方互联网平台的巨大流量，其增速很快超过了较早开展此业务的北京银行和北京农商银行。2018~2020 年，中信百信银行和中关村银行Ⅱ类、Ⅲ类户开户量月均增速 82.57%、49.84%，北京银行和中关村银行月均增速 1.41%、3.75%，截至 2020 年底中信百信银行已成为北京辖内Ⅱ类、Ⅲ类户规模最大的法人银行。[②]

（四）存款和信贷为主要开户和应用场景

银行与互联网平台合作开户及资金应用场景主要包括存款、信贷、理财、支付四类，由于中关村银行合作开户场景较为单一，这里以中信百信银行为例进行说明。从开户场景来看，42.86%平台为购买存款开户，34.69%平台为申请信贷开户；从资金应用场景来看，56.96%为购买存款，24.48%为贷

---

①②　数据来源：中国人民银行营业管理部调研数据。

款发放。①

（五）异地客户占绝对比例

银行与互联网平台合作开户模式突破了地域限制，开户服务对象扩大至全国范围，Ⅱ类、Ⅲ类户开户人中异地客户占绝对比例。截至 2020 年底，中信百信银行和中关村银行Ⅱ类、Ⅲ类户的京外客户占 99%、86%，北京银行占 43%。值得注意的是，北京银行在京外设有网点，中信百信银行和中关村银行并无异地网点。

（六）开户银行存在大量不活跃Ⅱ类、Ⅲ类户

一方面，银行为了吸引开户，与互联网平台合作提供支付消费补贴或高利息存款等优惠活动，部分客户开户仅是为了"薅羊毛"；另一方面，部分银行未能明确告知账户销户渠道，存量账户难以撤销。以中信百信银行为例，超五成客户是信用付引流开户，免费额度用完或没有支付需求后就不再使用，截至 2020 年底中信百信银行开户满 6 个月、余额为 0 且未发生交易的Ⅱ类、Ⅲ类户占总量的 54.59%。②

二、互联网平台合作开户模式下的创新业务

银行以合作开户为切入口，衍生出互联网平台售卖银行存款、信用付等各类创新业务，在拓宽获客渠道、提高服务效率等方面进行了有益探索，但在发展过程中也暴露出一些风险隐患。以下为两个较为普遍的创新业务：

（一）互联网平台售卖银行存款

销售存款产品是部分银行Ⅱ类、Ⅲ类户的主要获客场景和资金应用场景，银行提供存款产品和账户开立服务，提供产品信息展示和购买入口。以中关村银行为例，合作开户场景均为销售存款，5 年期利率 4.875%，接近全国自律定价机制上限，近半数产品起存金额仅 50 元，且均可提前支取。

因存在平台未经批准违规开展代办储蓄业务、扰乱利率市场秩序、诱发

---

①② 数据来源：中国人民银行营业管理部调研数据。

存款市场恶意竞争等问题，2021 年 1 月 15 日，中国人民银行和银保监会联合发文《关于规范商业银行通过互联网开展个人存款业务的通知》，对通过第三方互联网平台开展的定期存款和定活两便存款业务予以叫停，要求存量业务到期后自然结清，各平台存款产品也已陆续下架。

（二）互联网平台信用付产品

银行与消费金融公司合作，银行负责开立 II 类、III 类户，消费金融公司提供信用付资金和消费场景，客户"提前消费、延后还款"。例如，中信百信银行与 360 信用付、度小满合作，用户开通信用付的同时开立中信百信银行的 II 类户，享受一定透支额度，可绑定微信支付、支付宝等进行线上线下消费。京东金融与上海银行、中银消费金融与微众银行等也合作推出了一系列相同模式的产品，银行借此吸引了大量客户，消费金融公司也拓展了支付场景资源。

根据监管规定①，银行可向 II 类户发放本行贷款且不受转账限额规定，II 类户不得透支，单日消费限额 1 万元。但实际中部分互联网平台的信用付资金来源是消费金融公司或第三方贷款公司，业务模式类似于银行信用卡，II 类户仅做记账，资金从消费金融公司或第三方贷款公司账户划转至收款商户账户，且信用付产品日均消费限额超过 1 万元，因此该产品是否符合监管规定仍存在争议。

三、合作开户模式存在的四点问题

（一）互联网平台"无证驾驶"，成银行前端服务延伸，双方权责归属难以界定

《中国人民银行关于进一步落实个人人民币银行存款账户实名制的通知》（银发〔2008〕191 号）中规定"开户银行营业网点不得委托非开户网点或

---

① 《中国人民银行关于落实个人银行账户分类管理制度的通知》（银发〔2016〕302 号）中规定，"II 类户非绑定账户转入资金、存入现金日累计限额合计为 1 万元"，"银行可以向 II 类户发放本银行贷款资金并通过 II 类户还款，II 类户不得透支。发放贷款和贷款资金归还，不受转账限额规定"。

其他机构代理开户"。第三方互联网平台介入账户开立及银行产品服务，成为银行网点服务的线上延伸，却没有相应的金融牌照；银行通过平台获取客户信息，或是直接采用平台采集的客户信息、身份证核验、人脸识别结果，开户审核质量难以保证，账户风险权责归属难以界定。

（二）平台引流开户服务缺少连续性，大量睡眠户占用银行管理资源，存在一定的客诉风险

中信百信银行与中关村银行历史合作平台72家，其中三成已中止合作且合作时间不满1年。可以发现，银行与互联网平台阶段性合作特征明显，且各平台间账户服务和产品相互隔离，账户仅能在单一的互联网平台或支付场景上使用、查询，中止合作后相关账户也无法再启用，账户服务缺少连续性，大量不活跃账户无法销户，浪费银行管理资源。同时，由于互联网平台引流时在主要界面中只介绍产品功能、描述使用场景，仅在签订协议中弱提示开户事项，致使客户往往在不知情的情况下被动开立Ⅱ类、Ⅲ类账户，一定程度上未能保障消费者知情权，存在客诉风险。

（三）中小银行突破地域限制，业务规模与管理能力不匹配，涉案账户由高发区域向全国蔓延

部分银行原本为区域性经营银行，利用互联网平台将存款、信贷业务拓展至全国，服务客户范围等同于全国性银行。合作开户模式下，中小银行利用高利率、高收益吸纳存款和发放贷款规模增长明显，但是其账户风险管理能力却远不能达到全国性银行标准，容易导致电信诈骗、跨境赌博等不法分子的涉案账户从高发地区向全国蔓延。

（四）创新业务合规性低，缺少针对性管理制度，借助Ⅱ类、Ⅲ类户绕开监管

得益于Ⅱ类、Ⅲ类户监管政策的放开，除商业银行外，消费金融、小额贷款等非银行金融机构也不断借道创新，通过与银行合作开立Ⅱ类、Ⅲ类户扩展自身业务，竞争各大金融消费场景，但在创新过程中暴露出一些合规风险。例如，京东金融的"白条闪付"等一系列信用付产品，业务模式类似于信用卡却仅按照Ⅱ类户标准开户，未遵循信用卡"三亲见"要求（亲见本人、亲见申请资料原件、亲见签名）；实际放款方并无信用卡业务资质，信

用付透支资金来源并不是开户银行，而是平台背后的消费金融公司或小贷公司；Ⅱ类户作为信用付载体却仅做消费记账，信用付资金从平台背后的消费金融公司或小贷公司直接划转至收款商户，规避了"Ⅱ类户不得透支，单日消费限额 1 万元"① 的监管要求。

四、政策建议

一是建议明确银行与平台权责范围。明确第三方互联网平台仅能做产品展示和信息传输，不得留存、加工、使用所传输信息，开户银行不得直接使用平台采集信息做开户审核，相关账户风险由开户银行承担。

二是建议完善平台开户的退出机制。银行应在自营平台上为合作平台开立的账户提供服务，完善Ⅱ类、Ⅲ类户线上撤销渠道；同时明确开户银行应做好互联网平台合作开立账户的后续服务与客户解释工作，畅通账户撤销渠道，避免发生因银行与平台合作终止导致账户无法使用等舆情事件。

三是建议限定区域性银行线上开户服务范围。按照开户人的登录 IP 地址确定线上开户人所在地区，区域性银行不得通过第三方互联网平台给未设银行网点地区的客户开立Ⅱ类、Ⅲ类户。

四是建议完善互联网平台金融业务规范。建议监管部门完善互联网平台金融业务相关规范，引导商业银行和非银机构规范开展互联网金融创新业务，以信用付为例，可参照信用卡业务②，明确能够开展信用付业务的第三方互联网平台范围，对信用付业务资质实行审批制，获得信用付业务资质的机构均应接入征信管理系统。

---

① 根据《中国人民银行关于落实个人银行账户分类管理制度的通知》（银发〔2016〕302 号）相关规定，银行可向Ⅱ类户发放本行贷款且不受转账限额规定，Ⅱ类户不得透支，单日消费限额 1 万元。

② 根据《商业银行信用卡业务监督管理办法》相关规定，商业银行开展信用卡业务，需要银保监会或当地银保监局批准。

银行风险账户特征分析

倪　璐[*]

面对电信网络诈骗和跨境赌博高发态势，营业管理部掐住银行账户这一关键部位，从北京市公安局 2020 年下发的近 7000 个涉及从事电信网络诈骗的风险银行账户样本入手，通过调阅银行留存的账户及客户信息，利用大数据"画像"，通过开户方式、客户特征、可疑交易特征等全方位分析账户及客户特点，并通过进一步调研[①]，发现授权代理和自助机具开户、企业实际经营地不存在、手机号码未实名核验、特定的可疑交易类型和客户主要特征属高风险源，均应引起关注，建议从建立涉赌涉诈账户高风险特征定期通报机制、适度规范授权代理和自助机具开户行为及拓宽企业联网核查系统的应用范围等方面提升商业银行账户风险防控水平。

一、企业风险账户特征分析

本文从开户时间、账户性质、开户方式、企业及法人主要特征等维度为 1071 个企业风险账户"画像"（见表 1），分析了各个维度下企业风险账户所占比例，并根据《中国人民银行关于加强支付结算管理　防范电信网络新型违法犯罪有关事项的通知》（银发〔2016〕261 号）中附件 1 的可疑交易特征，统计了企业风险账户各类可疑交易占比（见表 2），发现企业风险账户有以下几点值得引起关注：

---

　*　倪璐：供职于中国人民银行营业管理部支付结算处。

　①　调研对象为中国民生银行北京分行、厦门国际银行北京分行、广发银行北京分行、中国银行北京分行、中国农业银行北京分行、北京银行、北京农商银行、中国建设银行北京分行 8 家银行。

— 152 —

（一）法人授权他人代理开户行为属高风险源

企业风险账户的开户方式中，法人亲自办理、授权代理、代理公司代办开户占比分别为 42.39%、48.83%、8.78%，对于授权代理和代理公司代办开户，法人在开户流程中并不露面，银行普遍采取的事后电话核实方式并不能发现账户实名不实人问题，应引起关注。厦门国际银行北京分行和中国邮政储蓄银行北京分行反映，对于此类代理开户行为，商业银行核实法人开户意愿目前普遍的做法是后期通过电话核实，若商业银行对于企业账户未上门审查且仅通过电话核实法人开户意愿，就无法准确判断企业是否真实从事生产经营活动，存在被犯罪分子利用开立涉案账户的较大可能性。

（二）经核实后六成公司实际经营地址不存在值得关注

商业银行经过对风险账户的后期调查发现，公司开户时填写的经营地址实际不存在的风险账户数量占比为 60.69%。目前支付结算与反洗钱的相关制度未规定开立企业账户必须履行上门尽职调查手续，对于实际经营地址不存在的空壳公司在开户前难以察觉。在当前全国优化营商环境的大背景下，工商登记管理部门简政放权，并未上门实地核查企业是否真实存在就为企业颁发营业执照，开办企业的时间大大缩短，同时也为不法分子提供可乘之机，部分不法分子登记注册空壳公司以开立企业账户从事涉赌涉诈资金转移活动。

（三）反洗钱方面特定可疑交易类型及公司所属行业、注册地址、法人户籍所在地属高风险源

就企业风险账户的特征来看，六成以上账户具有资金快进快出、过渡性质明显的特征，四成以上的账户具有开户后小额频繁性测试交易的特征。公司所属行业中，批发和零售业，租赁和商务服务业，科学研究、技术服务和地质勘查业这三个行业的风险账户占所有企业风险账户的占比共计 74.7%；注册地址在北京各区县中丰台区、大兴区、昌平区的比例为 60.14%；法人户籍所在地中，北京市户籍仅为 0.17%，河北省、山东省、山西省的户籍占比共计 39.67%，这些特征都属于高风险客户特征，需要商业银行加以防范。

表1　企业风险账户"画像"

画像各维度		账户占比		账户占比		账户占比		账户占比
开户时间	取消企业开户许可之前	5.70%	取消企业开户许可之后	94.30%				
账户性质	基本户	39.31%	一般户	60.69%				
开户方式	法人亲自办理	42.39%	授权代理	48.83%	代理公司代办	8.78%		
公司所属行业	批发和零售业	33.52%	租赁和商务服务业	24.56%	科学研究、技术服务和地质勘查业	16.62%		
公司注册地址	北京以外省市	19.88%	丰台区	24.12%	大兴区	20.40%	昌平区	15.62%
公司实际经营地核实结果	虚假有误	60.69%	真实存在	39.31%				
法人性别	男	81.61%	女	18.39%				
法人年龄	青年18~40岁	69.37%	中年41~65岁	30.07%	老年65岁以上	0.56%		
法人户籍所在地	北京市	0.17%	河北省	18.95%	山东省	10.92%	山西省	9.80%

注：账户占比为各统计维度下的账户占全部风险账户比例。"画像"中仅列示排名前三位的占比。

表2　企业风险账户各类型可疑交易特征占比

可疑交易特征	占比（%）
集中转入，分散转出	26.24
集中转出，分散转入	22.97
开户后休眠一段时间	12.70
开户后小额频繁性测试	40.90
资金快进快出、过渡性质明显	62.65
单笔交易金额有49999等规避特征	10.55
存在大额或小额多频取现业务	1.68

可疑交易特征	占比（%）
开户后小额频繁性测试且资金快进快出	36.23
集中转入，分散转出且资金快进快出	16.81
集中转出，分散转入且资金快进快出	21.94

　　其他可疑交易特征：①涉及大量公转私交易；②交易资金量明显与企业规模不符；③账户资金存在大量异常交易注释；④夜间交易行为异常；⑤整数资金占比多，接收不同个人账户转入整数资金；⑥客户 IP 地址多为高风险地区，与公司注册地或经营地不符；⑦峰值交易日借贷方交易时间覆盖全天 24 小时不间断

　　注：可疑交易分类参考《中国人民银行关于加强支付结算管理　防范电信网络新型违法犯罪有关事项的通知》（银发〔2016〕261 号）中附件 1 涉电信诈骗犯罪可疑特征报送指引，同一账户可能具有几项可疑交易特征。

二、个人风险账户方面

　　本文从账户性质、开户方式、开户渠道、客户主要特征等维度为 5668 个个人风险账户"画像"（见表 3），分析了各个维度下个人风险账户所占比例，并根据《中国人民银行关于加强支付结算管理　防范电信网络新型违法犯罪有关事项的通知》（银发〔2016〕261 号）中附件 1 的可疑交易特征，统计个人风险账户各类可疑交易占比（见表 4），发现个人风险账户有以下几点值得引起关注：

（一）自助机具开立个人账户占比较高，应引起关注

　　个人风险账户中，柜面办理、自助机具开户、上门开户三种开启渠道的占比分别为 44.65%、53.74%、1.61%，五成以上的个人风险账户通过自助机具开立。随着技术进步，银行营业网点办理各项业务更为智能化、便利化，商业银行对于个人开立银行账户倾向于将客户引流到自助机具办理是自助机具开启占比较高的原因之一。经进一步调研发现，各商业银行对于自助机具的管理模式及智能柜台经理的从业水平悬殊较大，自助机具开立个人账户的业务模式主要分为：①可同时开立个人账户及较大金额网银、手机银行业务，目前北京银行、中国工商银行北京分行采用此种模式；②可开立个人账户及

新发展阶段下的首都金融管理研究

办理 5 万元以下非柜面业务，本人调高限额需前往柜面办理。厦门国际银行北京分行、广发银行北京分行、中国邮政储蓄银行北京分行采用此种模式。对于风险识别和防范能力较弱的银行，若采用第一种模式，大堂智柜经理的风险意识及从业水平显得更加重要。

（二）六成个人账户未通过手机号码实名制核验值得关注

个人风险账户中，六成以上账户无法确认手机号码是否实名，主要原因在于商业银行对于手机号码实名验证暂无官方渠道，未完成手机号码实名验证的账户在被不法分子买卖后，银行及公安机关发现账户可疑时存在无法联系原始开户人的极大风险，导致难以避免或挽回造成的损失。目前银行在识别个人客户身份时基本依靠个人联网核查系统，主要识别个人的身份证号码、姓名、照片等信息的一致性，无法识别个人手机号码是否实名。而现行企业联网核查系统中对于手机号码实名制的核验功能尚不能用于开立个人账户，风控严格的银行普遍倾向于使用运营商或第三方的数据库核实，但中国民生银行北京分行反映，逐个对接三家运营商成本较高，而第三方数据库数据滞后、准确率较低且存在信息泄露风险。

（三）反洗钱方面特定可疑交易特征、个人职业和户籍所在地的高风险特征应引起关注

反洗钱可疑交易特征方面，六成以上个人账户具有资金快进快出、过渡性质明显的特征，两成以上账户具有开户后小额频繁测试性交易的特征等。客户特征中，男性占比七成以上，18~40 岁的青年占比七成以上。个人职业类型中，服务工作人员和商业工作人员的占比合计接近八成；个人户籍所在地中，河北省、黑龙江省、河南省的占比合计超过三成。同时有马来西亚、新加坡等其他国家的个人客户，商业银行应加强对此类高风险源的重点关注。

表 3　个人风险账户"画像"

画像各维度		占比		占比		占比		占比
账户性质	Ⅰ类户	95.96%	Ⅱ类户	3.63%	Ⅲ类户	0.04%		
开户方式	本人办理	95.66%	批量代发	4.34%				
开户渠道	柜面办理	44.65%	自助机具	53.74%	上门开户	1.61%		

画像各维度		占比		占比		占比		占比
手机号实名制验证结果	实名登记	39.31%	无法核实确认	60.69%				
个人性别	男	74.01%	女	25.99%				
个人年龄	青年18~40岁	76.19%	中年40~65岁	21.21%	老年65岁以上	1.40%		
个人职业	服务工作人员	49.98%	商业工作人员	29.55%	不便分类的其他劳动者	13.21%		
户籍所在地	北京各地区	15.44%	河北省	20.34%	黑龙江省	8.06%	河南省	6.92%

注：账户占比为各统计维度下的账户占全部风险账户比例。"画像"中仅列示排名前三位的占比。

表4　个人风险账户各类型可疑交易特征占比

可疑交易特征	占比（%）
大额转入、分散转出	13.88
大额转出、分散转入	12.16
开户后休眠一段时间	13.96
开户后小额频繁测试性交易	24.88
资金快进快出、过渡性质明显	64.33
单笔交易金额有49999等规避特征	4.46
存在大额或小额多频取现业务	4.38
开户后休眠一段时间后资金快进快出	11.20
小额频繁测试性交易后资金快进快出	19.72
开户后休眠一段时间后进行小额频繁测试性交易	8.63

其他可疑交易特征：①网上第三方支付宝、财付通交易频繁；②资金过渡后每日留存余额较少；③一天内多笔现存并转出，或多笔取现；④客户频繁换卡；⑤客户IP地址多为洗钱高风险地区；⑥资金流量小的个人账户交易资金突然放大，频率突然增加

注：可疑交易分类参考《中国人民银行关于加强支付结算管理　防范电信网络新型违法犯罪有关事项的通知》（银发〔2016〕261号）中附件1涉电信诈骗犯罪可疑特征报送指引，同一账户可能具有几项可疑交易特征。

三、政策建议

一是建立涉诈涉赌风险账户高风险特征定期通报机制。公安部定期向中国人民银行发送涉案账户后，由中国人民银行制作涉诈涉赌账户和客户的高风险特征并向各商业银行通报，指导商业银行据此动态调整本行风险防控侧重点、可疑交易监测系统权重指标等内容，为精准开展涉赌涉诈资金链治理工作提供动态数据支持。

二是适度规范代理开立企业账户和银行自助机具开立个人账户行为。建议中国人民银行总行从文件层面适度提及这两类开户行为，为分支行督导商业银行提供文件依据：对于法人授权公司其他人员代理开立企业账户的行为，可规范商业银行至少采取视频验证的方式核实法人开户意愿；对于自助机具开立个人账户的行为，可规范商业银行开立网银、手机银行等非柜面业务只可设置小金额的每日限额和每日笔数，提高限额需前往柜面办理；鼓励银行开展大堂智柜经理履职能力评估，据此提高商业银行智柜经理从业水平。

三是完善企业联网核查系统功能，为商业银行核实个人客户手机号码实名制提供验证渠道。对于商业银行普遍缺少手机号码实名制验证渠道的现实情况，可进一步扩大企业联网核查系统的使用范围，为开立个人账户的客户提供实名制验证渠道，或在个人联网核查系统中增设个人手机号码实名核验功能。

数字人民币对支付市场、银行格局和政府监管的影响

徐晶晶[*]

2021 年春节期间，北京市抽签发放 1000 万元数字人民币红包，本文基于数字钱包开立试用全流程，对比数字人民币与传统支付业务异同，思考数字人民币对个人消费、支付市场、银行格局和政府监管的潜在影响，提出数字人民币跨境应用标准与现金管理相同、借势推动移动支付便民示范工程和推动电子支付互联互通三项工作建议。

一、数字人民币试用体验便利

一是专属 App 兼容多应用市场。试点基于专属 App，安卓系统手机和苹果手机可分别从应用商店下载，其中苹果应用商店需使用兑换码，非链接跳转。二是钱包开立操作简便。六家试点银行[①]钱包相互独立，客户同意用户协议，回填短信验证即可开立，比线上开立个人Ⅱ类、Ⅲ类银行账户更简便。三是可通过手机银行和绑定银行卡进行钱包充值。绑定银行卡无需与钱包归属银行对应，充值日限额 1 万元。四是提现无需手续费。钱包余额转回银行账户，需先升级钱包，升级后提现无限额，无手续费（支付宝提现超 2 万元收取 0.1% 的手续费），实时到账。五是升级钱包大幅提升限额。用户提供身份证号、动态人脸识别和绑定银行卡升级钱包，限额由 1 万元提升为 50 万元，钱包增加收款和碰一碰功能等。六是线上消费商户启用关闭便利。子钱

---

* 徐晶晶：供职于中国人民银行营业管理部支付结算处。

① 试点银行包括：中国工商银行、中国农业银行、中国银行、中国建设银行、交通银行、中国邮政储蓄银行。

包内逐个启用商家，消费结算界面增加"数字人民币支付"选项。钱包内列表显示启用商户，可随时关闭。七是线下消费二维码支付。王府井试点地区几十家商户参与，应用试点专属 POS 而非普通 POS 改装，单独发放免费使用，试点结束后收回。

二、数字人民币与传统支付业务对比

（一）数字钱包与银行账户、支付账户对比

数字人民币与账户"松耦合"，即无需绑定个人银行账户。钱包核心是一对公钥私钥，确认真实性就能交易。虽然一样遵循"了解你的客户"原则，但开立钱包比银行账户和支付账户更为简便，实名制要求较低，开立钱包全程线上化。对比个人Ⅱ类、Ⅲ类银行账户和支付账户，数字钱包在实名制、限额管理和功能限制上均更为宽松（见表1）。

表 1　数字钱包与个人Ⅱ类、Ⅲ类银行账户对比

		数字钱包	升级后钱包	Ⅱ类账户	Ⅲ类账户	支付账户
主要功能		付款、转账、交党费	收款、付款、转账、交党费、碰一碰	存款、理财、限额消费缴费	限额消费和缴费、发放本行小额消费贷款	小额、快捷、便民小微支付服务
实名制	身份验证	姓名、手机号	姓名、手机号、身份证号、绑定银行卡	姓名、身份证号、手机号、绑定账户账号、绑定账户是否为Ⅰ类户或信用卡账户	姓名、身份证号、手机号、绑定账户账号	身份证件；Ⅰ类、Ⅱ类、Ⅲ类支付账户分别至少有一个、三个、五个合法安全的外部渠道验证
	意愿核实	签署用户协议、短信验证码	签署用户协议、动态人脸识别	各行自行选择核实意愿方式	各行自行选择核实意愿方式	各支付机构自行选择核实意愿方式
	资料留存	无明确要求	无明确要求	留存身份证影像	留存身份证影像	留存身份证影像

续表

		数字钱包	升级后钱包	Ⅱ类账户	Ⅲ类账户	支付账户
限额管理	余额	1 万元	50 万元	无限制	2000 元	—
	单笔	2 千元	5 万元	无限制	无限制	—
	日累计	5 万元	10 万元	1 万元	2000 元	根据交易验证方式管理限额
	年累计	5 万元	无限制	无限制	5 万元	Ⅰ类 1000 元、Ⅱ类 10 万元、Ⅲ类 20 万元
数量限制		每家试点银行 1 个	同一法人银行原则上不超过 5 个	同一法人银行原则上不超过 5 个，电子渠道只能开立一个允许非绑定账户入金的Ⅲ类户		根据客户身份对同一客户在本机构开立的所有支付账户进行关联管理
充值		通过手机银行和绑定银行卡两种方式充值，限额 1 万元	通过绑定银行卡充值，无限额	支付账户不得向Ⅱ类、Ⅲ类户入金，但允许非绑定账户入金的Ⅱ类、Ⅲ类户除外。电子渠道非面对面为个人新开立Ⅲ类户后，通过绑定账户转入资金验证的，可以接受非绑定账户小额转入资金		通过绑定的银行账户充值
转账		手机号、钱包编号	手机号、钱包编号、碰一碰	非柜面转账单日累计超过 5 万元的，应采用数字证书或者电子签名等安全可靠的支付指令验证方式。日累计超过 30 万元，银行应进行大额交易提醒，个人确认后方可转账		银行账户与支付账户转账的，应属于同一客户
提现		提现需要先进行钱包升级	无限制	向本人同名支付账户充值的，充值资金可提回Ⅱ类、Ⅲ类银行账户，但提现金额不得超过Ⅱ类、Ⅲ类银行账户向支付账户的原充值金额；可通过基于主机卡模拟（Host - based Card Emulation，HCE）、手机安全单元（Secure Element，SE）、支付标记化（Payment Tokenization）等技术的移动支付工具进行小额取现		银行账户与支付账户转账的，应属于同一客户

资料来源：笔者整理。

（二）数字人民币消费与收单对比

传统银行卡收单采用发卡行、商户、银联、收单行四方模式，数字货币只有交易双方，银行不再充当发卡、收单角色，交易信息报送中国人民银行，不经银联清算。线上消费界面增加数字人民币选项，线下消费与云闪付、微信、支付宝条码支付相似。

（三）数字人民币与跨境支付对比

传统跨境支付中，资金和信息处理基于跨境支付清算基础设施进行，同时涉及大额支付系统账户、境内代理行的人民币同业往来账户、清算行的人民币清算账户、跨境支付系统零余额账户以及境内资金托管行的资金存管账户等。各环节均有合规和流动性要求，耗时长、成本高。目前虽未开展数字人民币跨境业务，但可预见的是，境外主体开立数字钱包，对手直接变成中国人民银行，省去代理清算行、跨境支付系统，不用账户前置审批，不依赖国际资金清算系统，理论上将显著提升跨境支付效率。

三、数字人民币的潜在影响

（一）用户端：增加可离线、安全、多终端付款选项

一是由于"双离线"设计，适合应用于飞机、邮轮、地下停车场等网络信号不佳的场所；二是由于技术安全性更高，如发生盗用，相对现金，数字人民币可进行挂失；三是多终端供特定场景和人群使用。目前，中国邮政储蓄银行、工商银行、中国银行先后发布数字人民币可视卡，中国银行推出滑雪手套等多形态硬件钱包，异形钱包主要针对境外人士旅游等场景，可视卡主要针对无能力使用智能手机人群。

（二）市场端：支付入口重回银行主导

一是客户引流。六家试点银行作为指定运营机构，可提前布局数字货币应用。互联网经济时代，掌握客户流量即获得数据，有助于风控和获客，形成良性循环。近年来，支付宝、财付通等机构利用场景快速抢占支付入口，

银行退变成资金通道，在零售支付领域处于劣势。数字货币应用中，银行作为货币兑换和运营方，重新成为流量入口。二是改变收单市场格局。在深圳及苏州数字人民币测试中，商户通过数字人民币交易及资金提现全程实现"零费率"，且实时结算。有别于支付宝和微信作为渠道收取手续费，数字人民币对商户具有巨大吸引力。银行作为服务机构，将获得收单结算及商户拓展机会。

（三）银行端：或将影响银行网点布局

近年来商业银行不同程度开展数字化转型，"轻运营、轻柜台、轻周末"趋势明显，离柜率①逐年上升，但开户等业务仍需坚守柜面办理底线。数字钱包天然的开放性，使客户免除面签手续。钱包虽与账户"松耦合"，但在一定程度上相当于实现远程开户。个人Ⅱ类、Ⅲ类银行账户虽已实现远程，但限额和功能限制严格。数字钱包则更为灵活，推广后或将部分替代个人账户，削弱柜面业务需求，影响银行网点布局。

（四）政府和监管端：提升资金监管效率

一是便于专项资金监管。对易被挪用的专项资金，主要靠行业主管部门制定相关制度，辅以系统监管。资金存入专用账户，以项目时间节点按比例拨付。企业若未依规入金，或恶意转移，发生风险事件后，相关部门难以追查。数字人民币的不可篡改性，有利于监管部门实时监管，发生资金出逃的，利于追查流向，减少公众损失。专项资金监管模式具体如表2所示。

表2　专项资金监管模式

专项资金	主管部门	资金监管模式	暴雷事件
P2P	金融工作局	主子账户，P2P机构开立存管母账户，借款人和出借人子账簿记账	部分平台违规搭建资金池或发假标的借新还旧
农民工工资	人力资源和社会保障局	专用账户存管+资金监管平台	用工单位拖欠农民工工资

---

① 离柜率指客户离开柜台办理的业务量与银行总业务量的比率，2015年至2019年银行业平均离柜率从77.76%上涨到89.77%。

专项资金	主管部门	资金监管模式	暴雷事件
预售房资金	住房和城乡建设委员会	专用账户存管+资金监管平台	烂尾楼事件
长租公寓租金	住房和城乡建设委员会	无	蛋壳公寓资金链断裂
交通运输新业态（共享单车、网约车）	交通委员会	专用账户存管，行业主管部门监管	ofo小黄车无法退还客户押金
预付式消费	商务局、各行业主管部门	全市尚无统一监管模式：①石景山区预付费信用监管和服务平台：商户开立存管账户，银行冻结客户预存额度，客户消费解冻额度；②朝阳区"预存宝"：主子账户模式，行业主管部门（或下属企业）开立托管账户，各商户分设子账簿	新冠疫情期间美容美发机构、健身房倒闭，客户预存资金无法退还

资料来源：笔者整理。

二是便利企业缴费。水电煤气等公共事业缴费，主要靠企业、收费部门、银行签订三方协议，银行按期代扣。企业多头办理手续烦琐，尤其是新设小微企业。政府如与数字货币运营银行合作，政府优化管理，银行沉淀资金，客户简化手续，三方获益。

三是防范犯罪资金转移。数字货币的可追溯性，从根源上防范了违法资金转移。其一，电信诈骗分子在银行账户和支付账户之间交叉转移资金，公安追查困难；其二，贪污腐败人员通过现金收受贿赂的，纪检难以追查。数字人民币的推广或将改变现状。

四是有利于财政专项资金发放。数字货币"点对点"资金交付，地方政府拨付的专项民生资金，可定点发放到百姓的数字钱包，从根源上杜绝虚报冒领、截留挪用的可能性。

五是提升数字政务服务水平。各地大数据部门推出数字政务平台，如"北京通"等，与百姓日常应用场景结合得不够紧密。将数字人民币与政务平台结合，依托公众对新兴支付方式的热情，将提升政务数据应用效能。

四、工作建议

一是跨境应用标准与现金管理相同。数字货币应用在跨境支付场景，在考虑反洗钱、反恐融资和跨境赌博等问题，以及尊重各国货币主权的同时，也不应忽视其"现金替代"的基本属性，建议明确数字货币跨境应用与境外人士兑换人民币采用相同标准，推动跨境支付便利化。

二是借势推动移动支付便民示范工程。建议顺应公众对数字人民币的热情，推动移动支付便民示范工程，整合银联、数字货币研究所等中国人民银行系统内资源，达到事半功倍的效果。

空壳公司综合治理与风险防范思路探析

刘丽洪*

空壳公司在地下钱庄、电信诈骗、网络赌博、虚开增值税发票（骗税）、职务犯罪等违法活动中扮演着重要角色，其在金融机构开立的账户，经常被用作不法资金的结算通道。然而，目前在空壳公司注册登记、账户开立、主要人员责任追究等方面还存在不小的管理提升空间，金融机构防范空壳公司风险也面临种种难题。对此，本文阐述了空壳公司的整体现状及存在的问题，罗列了空壳公司的典型异常情形，并对空壳公司综合治理及风险防范提出了建议。

一、空壳公司整体现状及存在的问题

根据金融行动特别工作组（Financial Action Task Force on Money Laundering，FATF）发布的《隐匿受益所有权》报告，空壳公司指没有独立运营，没有重要资产，也没有业务活动或员工的公司。值得注意的是，有些空壳公司确实有正常的经营业务。

（一）空壳公司注册登记

空壳公司的注册登记通常与为正常经营业务而成立的公司没有不同。如果空壳公司设立过程符合相关法律规定，其设立行为并不违法。以北京地区为例，在线上就能完成全部公司设立操作程序，基本可以保证法定代表人和自然人股东的真实性，有效防止匿名、假名以及身份不明人员设立公司。

然而值得注意的是，一方面，公司登记（备案）申请书承诺事项未要求

---

* 刘丽洪：供职于中国人民银行营业管理部反洗钱处。

法定代表人或自然人股东承诺不得利用公司进行违法犯罪活动；另一方面，市场监管部门尚未建立管理公司登记异常行为的机制，不能有效防止黑灰产业滥用"稻草人"设立空壳公司。

（二）空壳公司账户开立

只要客户证照资料齐全，联网审核通过，经办人员身份可以确认，商业银行或支付机构就可以为客户开立账户。在黑灰产业介入空壳公司开立账户的严峻形势下，金融机构难以在较短时间内发现空壳公司开立账户。

对金融机构而言，防止空壳公司开立账户最有效的措施是上门现场尽职调查。但是，这对金融机构的时间、成本，甚至尽职调查的专业能力都是巨大的考验。同时，在实践中还存在一定问题。一是客户经理没有上门拍照，仅直接将网络公开照片上传系统，无法发现空壳公司无实际经营场所、无真实办公人员。二是金融机构通过中介机构引流客户，通过专业公司做上门现场尽职调查，更加放大了空壳公司尽职调查质量的不确定性。三是虽然法规规定金融机构可以给"不能把握"的客户开立简易程序账户以控制风险，但却较难说服黑灰产业控制的空壳公司接受这种账户。

此外，在开立账户环节，即使金融机构采取了高质量、加强型的尽职调查措施，仍有可能无法发现异常情况，一些空壳公司账户仍涉案被侦查机关冻结，金融机构面临着被问责的窘境。这种情况一方面对金融机构尽职调查工作的管理机制以及监控模型提出了较高的要求；另一方面也提出了一个现实问题，金融机构在防控空壳公司风险方面，要有履职免责边界，不能无限承担责任。

（三）空壳公司法定代表人等的责任追究

黑灰产业诱导、蒙骗不守法或不懂法的群体充当"稻草人"设立空壳公司，并开立账户，是空壳公司为不法资金提供结算通道的根源。从法律上看，在空壳公司设立到其买卖营业执照、对公账户等八件套前的这段时间内，其法定代表人、自然人股东并不构成犯罪。金融机构对已经取得营业执照，且完全配合尽职调查的空壳公司，很难有足够的理由拒绝为其开立账户。所以，加大打击黑灰产业和主观故意充当"稻草人"群体的力度，进一步追究空壳公司法定代表人、自然人股东的责任，是遏制空壳公司账户买卖最根本的途径。公开信息显示，司法部门已经在此方面采取了行动，对嫌疑人以买卖国家机关证件罪逮捕并起诉。

二、空壳公司的典型异常情形

本文从任职人员、公司特征、交易行为三个方面总结了空壳公司的部分典型特征。

一是自然人股东、董事、高管人员、经办人存在异常。例如，不配合提供个人详细信息，或提供的信息矛盾；不愿意或无法解释其商业活动或公司历史，受益所有人的身份、财产或资金来源等；是账户的经办人，但不能解释资金交易的合理性；曾被控告欺诈、逃税或严重犯罪，或正在接受调查，或为与犯罪有关人员；明显不具备担当公司法定代表人、自然人股东、经办人的知识、能力等。

二是公司经营存在异常。例如，经营模式为轻资产型，注册资本较低，非实缴资本；公司名称有生僻字，或不能清晰显示其主要经营范围；经营活动与其注册信息不符；注册地址在网络地图上无法找到；公司互联网地址未在有关部门备案，或公司邮箱地址域名非常用域名；无合理理由开立大量账户；无明显经营需求却频繁更换办公地点；无合理原因频繁更换高管及董事会成员；无缴纳税金、养老金、退休金或社会保险等记录；大量公司共用同一邮箱或联系方式；同一地址注册大量公司；无办公人员和实体营业场所；多家公司的董事、自然人股东、法定代表人为同一人或同一批人，关联公司成立日期相同或相近等。

三是交易行为存在异常。例如，成立后长期没有交易，突然间发生无法解释的大量交易；公司之间无明显的业务联系，却涉及大量资金交易；涉及多个资金交易对手，却没有合理商业理由；发生大量公转私交易，与正常经营情况不符；出现资金闭环交易；发生大量境外提现交易，或高价值商品交易；与洗钱或恐怖融资风险较高的辖区之间发生资金往来；与少量收款人发生频繁的资金交易或交易次数很少的大额资金交易；账户资金进出频繁，账户余额却接近零；处于同一受益所有人控制下的公司之间发生频繁的资金交易等。

上述典型特征会随着黑灰产业的不断进化而变化，防范空壳公司风险的各参与方，应不断评估自身的外部威胁，及时更新典型特征。

三、空壳公司综合治理及风险防范建议

对空壳公司的综合治理需多方参与和信息共享，进行"联防联控"。金融、通信、市场监管、税务等有关主管部门开立企业账户相关信息共享查询系统，提供联网核查服务，是遏制空壳公司账户买卖犯罪活动的有效途径。

（一）市场监管部门方面

公司设立时，市场监管部门在保证自然人股东、公司法定代表人实名认证、人证相符的前提下，应进一步采取以下措施，防范空壳公司风险。

一是在公司登记（备案）申请书承诺事项中，要求公司法定代表人承诺不利用设立的公司开立账户进行买卖，给法定代表人警示，也为司法部门追责提供相关证据。

二是构建公司设立异常行为管理机制，及时发现公司设立异常行为，并对存在异常行为的公司加大前端资料审核力度，尤其可探索对公司注册地址进行实质性核验。

三是向金融机构推送公司设立异常信息和公司受益所有权信息，便于金融机构针对性采取加强型尽职调查措施，降低合规成本，提高尽职调查的效率。

四是向税务部门推送公司设立异常信息，以便税务部门对新设立公司领取增值税发票的频度和数量进行管理，提高税务部门增值税发票领取管理的针对性。

（二）司法部门方面

明确法律责任，进一步加大对黑灰产业人员、主观故意充当"稻草人"、设立空壳公司后开立账户再将其买卖的人员的惩处力度，震慑犯罪分子，从源头上遏制此类违法犯罪行为的发生。

（三）支付监管部门方面

建议支付监管部门向商业银行开放查询某公司在本地区甚至全国范围内的银行账户开立数量情况的权限，以便根据某公司已经开立的账户数量，采取科学的尽职调查措施。目前,第三方支付机构的支付账户尚未向支付监管部门集中报备,建议尽快建立第三方支付机构集中报备和查询支付账户信息的管理机制。

(四) 税务部门方面

税务部门可考虑对金融机构提供公司纳税信息查询服务,如查询某公司成立以来是否纳税,是否为员工缴纳社保,是否代扣代缴员工个人所得税等情况。同时,可根据某公司被金融机构查询的次数,对该公司增值税发票领取情况、纳税情况进行针对性的管理,进一步提高打击虚开增值税发票、骗取出口退税、偷税、漏税等违法行为的精准度和效率。

(五) 金融机构方面

为防范空壳公司带来的风险,建议金融机构遵循"风险为本""成本可控"的原则"了解你的客户",在"人防"和"技防"两方面加强管理。

1. "人防"

"人防"即通过客户尽职调查管理机制,利用文书约定、人工审核与验证、观察与询问等方式,发现空壳公司开户的异常特征或行为,以便及时对空壳公司采取管理措施。例如,在开户协议中增加相关条款,详细规定客户如果涉嫌出租、出借、出售、购买账户时,双方的权利和义务;通过官方或第三方等外部验证渠道,审核资料的真实性、一致性;通过当面、视频、电话、上门等方式了解客户信息,根据开户公司的实际情况,有针对性地进行提问,核实开户真实意愿和用途等。此外,金融机构员工还应避免与黑灰产业勾结,触犯法律。

2. "技防"

"技防"即利用金融科技防范空壳公司风险,其优点是效率高、精度准,能为"人防"做出初步判断。以初次尽职调查环节为例,可根据以下步骤构建监测模型:

一是案例特征化。根据司法部门公开的案例,结合空壳公司的典型异常情形,可归纳总结出五个维度的特征:工商登记信息特征、法定代表人或自然人股东特征、地理位置或地域特征、公司间关联与交叉特征、公司负面舆情特征。

二是特征标准化。归纳出上述五个维度特征后，将五个维度特征标准化。例如，将工商登记信息特征进一步标准化：注册资本 50 万元以下，且非实缴资本；股东少于 3 个；经营范围是建材、商贸、信息、科技等；注册时间少于 3 个月等。

三是标准模型化。特征标准化后，在规则判定的基础上，为了进一步提升识别的准确性，在积累一定的正负数据样本后，运用人工智能相关技术持续优化。从数据丰富度、便捷度方面看，市场监管部门可参考本部分论述建立空壳公司监测模型，以便对空壳公司登记事项开展针对性的监督检查。

（六）社会公众方面

防范空壳公司风险，需要社会公众的积极参与。政府部门、金融机构应共同努力，通过多种媒体、渠道宣传和教育广大群众，特别是偏远地区的群众，不要出租、出借、出卖自己的身份证件等相关信息，为蝇头小利充当黑灰产业注册空壳公司的"稻草人"。

房地产行业反洗钱监管研究：
国际实践与我国对策

刘丽洪　潘依婷　王　琦　毛禾津*

本文以金融行动特别工作组（Financial Action Task Force on Money Laundering，FATF）的第四轮反洗钱和反恐怖融资互评估结果为依据，详细梳理了英国、西班牙、意大利、瑞典、马来西亚、新加坡、俄罗斯、加拿大、中国澳门对房地产行业的反洗钱监管实践，同时结合对我国房地产行业反洗钱监管现状的分析，提出在"以政府为主导、以义务主体为辅助"的反洗钱监管模式下的两种可选方案。

一、主要国家和地区的监管实践

金融行动特别工作组在其40项建议中提出了针对特定非金融行业的反洗钱监管要求，其中包含了对房地产经纪的要求。本文结合各国截至2021年6月的第四轮反洗钱和反恐怖融资互评估结果，重点梳理了英国、西班牙、意大利、瑞典、马来西亚、俄罗斯、新加坡、加拿大、中国澳门①的监管实践。

（一）监管对象

除了按照FATF的建议，要求从事房地产经纪业务的主体履行反洗钱义务外，西班牙、加拿大、英国、意大利等国还在本国法规中要求房地产开发

---

* 刘丽洪、潘依婷、王琦：供职于中国人民银行营业管理部反洗钱处。毛禾津：供职于中国人民银行营业管理部金融稳定处。

① 英国、西班牙、意大利、瑞典、俄罗斯、中国澳门的互评估结果均达到合规或大致合规水平；新加坡的互评估结果为大致合规水平；虽然加拿大的有关指标评估结果均较差，但该国在互评估结束后针对房地产行业发布了"问答"形式的反洗钱监管指引，具有一定的借鉴意义。

企业或租赁中介履行相应的反洗钱义务。其中，意大利要求不动产租赁中介在交易的月费达到 10000 欧元时履行反洗钱义务；英国要求房地产开发商在为非自己建造或购买的不动产提供房地产代理服务时履行反洗钱义务。

（二）监管方式

监管模式方面：一种是由负责注册登记的房地产行业主管部门或行业（专业）自律组织对履行房地产行业义务的机构（以下简称房地产义务机构）进行反洗钱监管，如英国、新加坡、瑞典、中国澳门。监管部门把反洗钱监管纳入对行业的日常监管中。在这种监管模式下，行业主管部门或自律组织需要对反洗钱工作有较为深入的认识。另一种是由反洗钱主管部门或金融情报部门负责对房地产义务机构的反洗钱监管，如西班牙、加拿大、意大利、马来西亚、俄罗斯。房地产义务机构的注册登记部门可能是其行业主管部门与行业专业（自律）组织（如加拿大、马来西亚），也可能是反洗钱主管部门或金融情报中心（如西班牙、俄罗斯）。在这种模式下，房地产义务机构的反洗钱主管部门通常也负责对其他多个行业进行反洗钱监管，因此更需要充分运用风险为本的监管方法，优化配置监管资源。

监管方法方面：一是将现场检查和非现场监管相结合。例如，西班牙主要采取现场检查和审查外部审计报告的方式；新加坡要求房地产经纪机构定期使用行业指引中的清单进行自我评估，监管部门会根据清单开展现场检查。二是对房地产行业整体或单一的房地产义务机构开展风险评估，根据评估结果选择监管措施和强度。例如，西班牙根据对行业和机构的风险评估结果制定年度检查计划；俄罗斯根据房地产义务机构的洗钱风险状况分配现场检查和非现场监管的比重。三是对人员的从业资格进行持续筛查。例如，瑞典和俄罗斯都会在房地产义务机构存续期间使用不断更新的数据信息筛查从业人员的犯罪记录。

（三）监管要求

各国的通行做法是在反洗钱法中直接将房地产义务机构规定为反洗钱义务主体，并要求其履行和金融机构基本一致的反洗钱义务。英国、新加坡、瑞典、加拿大还针对房地产行业发布了详细指引。

内控机制方面：英国、瑞典、中国澳门明确要求房地产义务机构定期开展洗钱风险自评估。例如，英国和中国澳门要求房地产义务机构通过定期风险评估确定相应的洗钱风险管理措施，并要求其重点关注业务和客户的风险情况、员工被贿赂的风险等具体情形；瑞典要求房地产义务机构基于产品和业务风险评估结果制定内控制度，并每年评估内控制度的有效性。

客户尽职调查方面：一是进一步明确需要开展客户尽职调查的具体场景。马来西亚、中国澳门完全或部分援用了 FATF 第十项建议的要求；英国、新加坡、瑞典、加拿大根据房地产行业特点制定了细化规定。二是针对业务特点，细化了洗钱风险较高、需要强化尽职调查的情形，如客户未亲临现场进行身份验证、使用大额现金进行交易等。三是明确客户身份和交易信息的记录要素。例如，新加坡要求房地产经纪人填写统一的客户尽职调查清单；瑞典还要求经纪人记录开展尽职调查措施的时间等。

大额和可疑交易报告方面：一是各国均要求房地产义务机构报告可疑交易，英国、瑞典、西班牙、意大利、加拿大、中国澳门还在法规或专门的指引文件中列示了针对房地产行业的可疑识别点。二是部分国家和地区还对房地产义务机构施加了其他报告义务。例如，加拿大、马来西亚要求房地产义务机构报告大额现金交易；西班牙要求房地产义务机构定期提交系统性报告；俄罗斯要求房地产义务机构报送达到特定金额的不动产交易。三是明确要求房地产义务机构开展名单筛查工作。例如，加拿大要求房地产义务机构被列入名单中要提交恐怖主义财产报告（TPR）。

二、我国房地产行业反洗钱监管现状

（一）我国房地产行业反洗钱监管框架

一是监管对象。我国在《中国人民银行办公厅关于加强特定非金融机构反洗钱监管工作的通知》（银办发〔2018〕120 号）中明确将销售房屋、为不动产买卖提供服务的房地产开发企业、房地产中介机构列为履行反洗钱义务的机构。

二是监管部门。中国人民银行是我国反洗钱行政主管部门，负责主导和会同行业主管部门研究、制定房地产行业反洗钱规章，接收房地产义务机构上报的反洗钱数据。住房和城乡建设部（以下简称住建部）是房地产行业的主管部门，负责制定房地产行业的规章制度，监督管理房地产行业的机构和人员。中国房地产估价师与房地产经纪人学会为行业自律组织，配合制定行业标准、发放风险提示。

三是监管要求。我国主要通过两个规范性文件来明确对房地产义务机构的反洗钱监管要求，即《住房城乡建设部　人民银行　银监会　关于规范购房融资和加强反洗钱工作的通知》（建房〔2017〕215号）和《中国人民银行办公厅关于加强特定非金融机构反洗钱数据报送工作的通知》（银办发〔2018〕198号）。

（二）我国房地产行业洗钱风险管理现状

与其他国家和地区相比，我国对房地产行业整体采取了较为严密的调控政策和较为严格的监管措施。虽然我国对房地产行业的反洗钱监管仍处于起步阶段，但现有的行业监管措施已能在多个方面达到FATF建议的反洗钱要求。

一是客户尽职调查方面。我国房屋买卖交易的完成通常包含房屋交易合同网签备案及不动产登记两个必要环节。在网签备案环节，房屋网签备案系统通过与多个政府部门数据信息的联网核查，自动核验交易当事人的主体资格和身份信息；在不动产登记环节，当事人本人需持有效身份证件、交易合同等到不动产登记部门现场办理，在产权转移阶段确保购房主体身份的真实性。上述两个环节已能达到交易主体身份真实性核实、涉恐名单筛查、对境外政治公众人物及高风险国家客户管控等FATF建议的反洗钱工作要求。

二是交易资金监测方面。上述规范性文件中明确要求房地产交易当事人使用自身同名银行账户支付购房款及接收购房资金退款，并要求房地产义务机构在当日现金交易达到人民币5万元以上时报送大额交易报告，以此将房地产交易资金纳入反洗钱监控。

（三）我国房地产行业反洗钱监管的主要问题

一是各监管部门之间的反洗钱监管分工尚不明确。目前中国人民银行与住建部联合开展了针对房地产行业的洗钱风险评估，联合发布了针对房地产行业的反洗钱监管规定，但尚未明确双方在日常监管中的具体职责，不利于构建长效机制，持续推动房地产行业的反洗钱工作。

二是现有的房地产行业反洗钱法规尚未细化。现有法规未能与我国房地产行业的业务特点、交易流程和风险水平有机融合，对房地产义务机构的反洗钱履职要求也过于宽泛，不利于在展业过程中有效落实。在实践中，房地产义务机构普遍缺乏对自身在经营过程中面临的洗钱风险的准确认识，不了解履行反洗钱义务的具体方法，房地产行业总体反洗钱工作成效仍处于较低水平。

三是我国房地产市场和交易数据尚未充分应用于反洗钱领域。住建部可以通过房屋交易合同网签备案系统获取较为全面的房屋交易数据；同时，还可以通过信息共享机制获取不动产登记数据及交易当事人多维度的身份信息数据。上述数据资源有利于构建房地产行业反洗钱交易的统一监测机制，但其目前尚未得到充分利用，难以充分发挥我国房地产行业的监管优势。

三、政策建议

结合我国现状和部分国家的实践经验，建议中国人民银行与住建部共同探索房地产行业"以政府为主导，以义务主体为辅助"的反洗钱工作模式，明确对各项反洗钱义务的落实要求。对此，本文提出两种方案以供参考。

（一）由住建部担任房地产行业反洗钱监管的主责部门，探索房地产行业洗钱风险管理的创新监管方法

在这种监管模式下，住建部将房地产行业的反洗钱监管融入其日常监管工作，充分实现行业监管和反洗钱监管的高效协同，有利于监管资源低成本、高效率的优化配置。

建议由中国人民银行会同住建部细化房地产买卖交易中的洗钱高风险情形，确定房地产行业可疑交易识别点，并由住建部建立并维护房地产行业可疑交易监测模型，向中国反洗钱监测分析中心上报甄别分析后发现的可疑交易，实现房地产行业综合数据在反洗钱监测分析中的有效利用。同时，建议住建部重点监督和指导房地产义务机构严格履行大额现金交易报告义务，减少现金购房的洗钱风险。

（二）由中国人民银行担任房地产行业反洗钱监管的主责部门，进一步拓宽监管权限、丰富监管资源、强化监管力度

中国人民银行具有充足的反洗钱监管经验，在规范房地产市场交易方面

具备一定的监管手段，但对房地产行业的反洗钱监管，仍然缺少重要的监管抓手，监管权限不足、监管力量薄弱，能够获取的数据相对有限，缺少反洗钱监管的重要依据。

因此，在这种监管模式下，建议进一步拓宽中国人民银行对房地产义务机构的监管权限，明确可以采取的监管和惩戒措施，强化对房地产义务机构的反洗钱监管。同时，建议住建部将房地产行业主体和交易数据等全面监管信息与中国人民银行共享，为房地产行业的反洗钱监管提供数据支撑。

大型互联网平台金融消费者权益保护研究与监管方式创新

郭情 舒昱 王京*

当前，大型互联网平台广泛涉猎了存款、信贷、基金理财代销、保险中介等金融业务，随着其在金融领域参与度的不断加深，我们应对其中的金融消费权益保护问题予以关注。营业管理部对北京地区 6 家互联网平台的调研显示，大型互联网平台凭借优势商业地位限制了消费者知情权、自主选择权等合法权益，其信息披露、个人信息保护、营销宣传、消费权益保护内控制度等方面的问题也逐渐暴露。建议构建"穿透式"监管框架、督促平台落实主体责任、完善金融领域个人信息保护法律制度、加强互联网平台反垄断监管、完善金融信用信息基础设施建设，切实保障金融消费者各项合法权益。

一、利用互联网平台优势商业地位限制消费者多项合法权益

（一）基于大数据的"精准营销"加剧信息不对称

大型互联网平台利用其掌握的海量信息和大数据、云计算等信息技术对金融消费者进行"数据画像"，通过定点投放触达目标群体。常见模式包含：用户的年龄、性别、兴趣、浏览痕迹等，在与金融业务进行连接之后，绑定银行卡数量、支付习惯、消费金额、购买金融产品的频次等都被纳入用户画像范围。面向低收入人群和面向中等收入人群的金融推荐各不相同。但是，大多数消费者在选择金融产品和服务前并不会用"大数据"来进行全面、系

---

* 郭情、舒昱、王京：供职于中国人民银行营业管理部法律事务处（金融消费权益保护处）。

统的决策，互联网平台和合作金融机构便可利用这种信息不对称在营销宣传中精确地进行资源配置，如在消费贷业务中，消费者往往承担了过高的借贷成本。

此外，在"数据画像"不精准或偏离程度较大的情况下，定点投放推送有悖"适当性原则"，该类风险也应引起关注。比如，目前互联网贷款客户大部分聚集于劳动密集型省份，极易引发信用风险。

（二）利用品牌优势弱化消费者风险敏感度

受金融业务持牌经营和金融字样前置管理的限制，各互联网公司由于未取得传统"金融牌照"，均以注册"××金融""××财富""××金服""××分期"为商标的方式，辅以与金融相关的 App 名称以及产品名称，将商标注册、更改 App 名称作为挂靠"金融"的主要手段，完成对其平台金融服务的规模化宣传。更利用代言人、冠名知名综艺节目等方式，强化社会公众对其金融从业身份的认知。

一是弱化了金融持牌的概念。各大互联网平台的用户黏性极强，用户增长规模巨大，客户甚至只关注平台并不知机构，在海量低门槛金融服务的推广下，客户对"金融风险"的敏感度大大降低。近年中国人民银行金融消费权益保护咨询投诉电话 12363 投诉量增长情况显示，消费者致电投诉"××金融"贷款业务，多因投诉至平台被告知无权处理后致电监管部门，投诉人往往无法准确说明实际放贷组织名称，也不了解其风险状况。二是以平台商誉扩大部分中小型金融机构的商誉，对产品实施竞价排名、以息费价格决定推广范围。金融产品的定价不止息费一个维度，而互联网平台则对产品实施竞价排名，消费者认为平台商誉会为产品背书，实际协议中包含了"平台免责"条款而不自知。

（三）各类金融业务在互联网平台被模糊化处理，各类花式名称层出不穷，征信查询频次较高，金融消费者教育被严重忽视

在各互联网平台中，信用贷款、消费金融、分期服务、小额贷款等金融概念多被"月付""生活金""借钱""花花金""××分期"等推广名称取代，互联网贷款的放贷组织类型复杂，消费者对不同金融机构提供的不同含义的金融产品混淆不清。金融业务概念的不清晰，模糊了消费者对风险承担责任的概念边界，在金融监管部门竭力倡导金融基础教育的当下，随意创设金融或类金融

概念，平台和消费者信息极其不对称，有违信息披露政策设立原意。

此外，为提高申请核准率，留住用户资源，一个消费者的申请往往会被推送给多方，在征信查询环节，用户一般需要同时签署2~3份查询协议，以便向不同的资方进行推荐，个人信息暴露的频次远远高于可预计范围。为创设"无感"式客户体验，各类协议阅读和签订流程被压缩，征信查询频次无形增多，消费者对于征信查询次数和上报规则的理解出现偏差，征信异议的投诉、举报呈现快速增长，不利于传导"适度消费""珍惜信用"等金融观念。

（四）通过限制合作机构相关行为侵犯消费者知情权、自主选择权等合法权益

调研显示，大型互联网平台基于流量优势，成为银行等传统金融机构的重要获客渠道。通过商业银行方面的调研发现，部分平台基于自身发展策略、商业利益等因素，通过合作协议、默认约定等方式对在其平台开立的账户的使用场景、在该平台购买的存款产品查询和办理业务的途径进行限制性规定，以及禁止合作机构对消费者进行同质产品营销宣传等，侵犯消费者自主选择权。在限制合作机构营销行为的情况下，部分合作银行只能通过动账类信息进行"隐蔽营销"，削弱消费者在营销感知方面的敏感度，消费者知情权和自主选择权难以保障。

（五）通过补贴等不公平竞争方式加剧垄断，损害消费者福利

大型互联网平台基于其良好的网络效应基础和强大的经济基础，通过"烧钱"进行直接补贴或利用其他业务盈利进行交叉补贴等不公平的竞争方式，打掉或兼并其他竞争者，形成"赢家通吃"局面，加剧垄断，由此逐步削弱消费者议价能力，长期来看损害消费者福利。

二、大型互联网平台信息披露内容和形式仍需改进

（一）关键信息披露不充分

大型互联网平台存在开展金融业务时未准确、全面向金融消费者披露金融产品或服务提供主体、贷款产品年化利率等重要信息的现象。本次调研发

现平台基本都存在披露金融实际主体不实的情况，如某平台个人信用报告查询授权书中"××金融及其合作金融机构"为被授权人，但"××金融"作为商标，不应作为被授权人，且"其合作金融机构"未明示。

（二）形式上难以保障信息披露到位

互联网平台利用使用者求快的特点，未强制要求平台使用者阅读协议内容，引导消费者签订一揽子协议，各类条款互为补充，从各方面获取消费者信息授权，进行全方位的分析，金融监管的信息披露政策在互联网平台中难以实现。

第一，从平台注册体验来看，各类协议层出不穷，消费者在签订一揽子协议后，对于与自身利益有重大关联的协议却混淆不知，强制阅读在互联网平台中几近失效。各平台处理协议签订的通用模式有两种：一是以勾选同意表示阅知相关协议，需进一步点击查看各协议；二是未做提示直接将相关协议列为附件。例如，某平台在让消费者签订个人信息保护政策时，仅表示可查看完整协议，而非要求阅读完整协议，在获取信用额度之时，勾选"查看额度"代表同意"平台相关协议"，而相关协议需进一步查看才能发现其包含隐私政策、非学生身份承诺函、电子签名授权书、个人信息使用授权书等一揽子协议。

第二，部分协议和合同文本只能在手机客户端查看，无法复制和下载保存。协议嵌套现象较多，消费者需要再次点击链接跳转到另一界面才能呈现相关内容，不利于金融消费者反复阅读、全面理解、自行留存。

第三，大型互联网平台出于各种原因，会较为频繁地修改电子合同文本内容，当发生纠纷时，消费者难以查阅签订合同时的原始文本。

三、个人信息收集多使用概括性授权条款，且未遵循"最少必要"原则

互联网平台作为各主体间个人金融信息流动的枢纽，从金融机构、金融消费者双向收集个人金融信息，其在未取得相应金融业务资质的情况下直接收集、使用、留存个人金融信息，以下问题值得关注。

（一）个人信息收集使用方面多见概括性授权条款

通过概括性授权条款收集、使用消费者个人金融信息，消费者只能做出"二选一"（即"全部接受"或者"全部不接受"）的决定，由此削弱了消费者的谈判能力。在这种情况下，消费者若不同意自己的某些信息被收集、使用，便无法在合同上进行勾选，"全部不接受"意味着无法获得相关服务，因此消费者只能全盘接受合同条款。

同时，各互联网公司之间形成业务联盟，构建流量生态。由于用户群体各有侧重，所以互联网平台能通过共享信息，完成对客户的全面分析，挖掘潜在价值。在签订隐私政策时，所有平台都包含同意对信息进行共享的条款和从合作第三方获取信息的条款，同意这些条款，是用户获得相应服务的先决条件。

（二）未遵循"最少且必要"原则，超范围获取个人信息

通过协议嵌套、文字列举和模糊用语结合等方式对个人信息进行获取，信息获取的范围可能无限扩大，消费者几乎无法跳出对各项政策的"同意"，也无法对自身信息被搜集的范围进行选择。互联网平台无限扩大"必要信息"的范围，全方位覆盖了身份信息、交易信息、资产负债信息、诉讼信息、履约信息及履约能力判断信息等，而其中消费者的购物信息、浏览和搜索信息等并非金融业务的"必要信息"。

四、金融营销宣传不规范

（一）在未取得相关金融资质的情况下开展金融营销宣传

通常情况下，互联网平台不具备办理金融业务的资质，仅具备向金融机构提供金融技术服务相关资质。根据中国人民银行等四部门《关于进一步规范金融营销宣传行为的通知》的要求，互联网平台作为信息发布平台、传播媒介时，应在依法接受金融机构委托其发布金融广告的授权下开展金融营销宣传。

（二）以互联网思维无序开展金融营销宣传

多家互联网平台在营销宣传方面重量而不重质，依托聚合平台体系，在未充分告知、提示风险的情况下诱导消费者开通信贷业务，尤其是在支付环节，将"生活费"等列为支付首选。

（三）擅自默认开通营销短信

是否接受营销宣传信息应由消费者自主选择，调研显示，多家互联网平台通过格式条款强制消费者默认接受营销活动类的商业性电子信息，虽然其App客户端内设置了所谓关闭接收营销信息的功能，但关闭程序较为复杂。通过技术手段干扰消费者营销信息退订权益，侵犯消费者自主选择权。

（四）金融价值观扭曲，诱导过度负债

尽管大型互联网平台对普惠金融发展做出一定贡献，但部分平台存在诱导消费者过度借贷的问题应得到重视。党的十九大报告强调"培育和践行社会主义核心价值观"，所有金融活动也应在社会主义核心价值观指引下进行。《中华人民共和国广告法》也规定"广告应当真实、合法，以健康的表现形式表达广告内容，符合社会主义精神文明建设和弘扬中华民族优秀传统文化的要求"。当前，部分平台向公众传递"过度消费""负债消费"等价值观，并将消费贷业务推送营销至资信脆弱人群，甚至在未对消费者进行充分评估的情况下，向实际收入低、还款能力弱的低净值群体提供借贷，可能导致消费者过度负债消费，积聚金融风险。

五、金融消费权益保护内控制度尚待完善

（一）制度建设缺乏系统性、规范性和相对独立性

与金融机构不同，互联网平台并不针对金融消费者设立特殊的保护体系，其消费者保护体系多为客服管理体系，用户体验是企业关注的重点，便捷、高效是平台金融服务的主要标签。而在此基础上，牺牲的却是消费者的自主选择权、知情权、公平交易权，甚至是人身、财产的安全权。

互联网平台消费者权益保护工作基本规范主要集中在客户投诉与服务管理方面，关于消费者权益保护工作考评、金融消费者风险等级评估、金融信息保护、信息披露、重大事件应急等《中国人民银行金融消费者权益保护实施办法》要求建立的各项制度散见于其他各项内控制度中，缺乏一定的系统性、规范性和相对独立性。

（二）人员配备与业务体量不相匹配，消费者权益保护委员会建设有待加强

大型互联网平台凭借强大的引流优势实现金融业务体量逐年攀升，但在金融消费者权益保护工作上投入的人力、物力与其业务体量不相匹配。部分平台存在一人兼任多岗，无专职从事金融消费者权益保护工作的人员，与其庞大的业务体量不相匹配，难以确保有足够的人力、物力独立开展相关工作。此外，高级管理层对金融消费者权益保护工作的参与度较低，消费者权益保护委员会对高级管理层的工作汇报及请示制度尚未实现制度化和体系化。

关于商业银行差异化经营情况的调查

周 丹 吴德军 张 萍 赵伟欣 张 岩*

一、银行同质化经营现状

（一）个体状况层面，银行的公司治理和资产负债结构趋同

一是公司治理同质化。中资商业银行股东构成相似度较高，股权相对集中，除少数银行外，均是国有参股或国有控股的格局。42 家上市银行中，央企或国企为第一大股东的银行共有 32 家。公司治理方面，中资商业银行公司治理均采用"三会一层"架构，董事会下设战略、提名与薪酬、风险、审计、关联交易等专业委员会。组织模式上，除中国农业银行、中国民生银行等设置有事业部外，大部分银行实行"总—分—支"直线职能制模式，层次多、总行集权化特征明显，行政色彩较浓。

二是资产负债结构同质化。各类商业银行均选择了传统的存贷款作为主营业务，并追求存贷款和资产规模的扩张。根据 2021 年 A 股 42 家上市银行年报，6 家大型银行①、其他 36 家银行发放贷款及垫款余额占资产总额的比例分别为 56.85% 和 54.15%，6 家大型银行、其他 36 家银行吸收存款余额占负债总额的比例分别为 80.63% 和 64.44%，存贷款仍在商业银行资产负债中

＊ 周丹、吴德军、张萍、赵伟欣、张岩：供职于中国人民银行营业管理部金融稳定处。
① 6 家大型银行指中国银行、中国农业银行、中国建设银行、中国工商银行、交通银行和中国邮政储蓄银行。

占据主体地位，且近十年来均保持年均 10% 以上的增速。此外，截至 2021 年末，我国商业银行资产总额同比增长 8.6%，其中 6 家大型银行、股份制银行、城市商业银行、农村金融机构的资产总额同比增长 7.8%、7.5%、9.7%、10.0%。[①]

（二）行为和决策层面，银行的定价行为、营销行为、投资行为、风险管理趋同

一是定价行为同质化。各类商业银行在定价模型选择和定价方式确定上趋同。目前，我国利率市场化改革已经取得了一定成效，但利率仍受到自律机制管理，只能根据银行类型在一定范围内浮动，难以产生明显的差异。

二是营销行为同质化。出于对提高盈利水平、落实国家信贷政策、拓展客户群等的考虑，各商业银行在营销对象、营销策略上的一致性较高。营销对象从早期"垒大户"、注重大型企业、国有企业，到一齐发力中小微企业、农民等小客户；营销区域从早期的发达地区、中心城市，到当前网点"下沉"、发力县域；营销手段从早期的关系营销，升级为网络营销、情感营销、联动营销。

三是投资行为同质化。商业银行在投资对象、投资收益、投资期限方面也表现出较高的一致性。受法律规定所限，商业银行自身只能开展同业投资、自用房地产投资。在受托理财业务方面，当前商业银行理财产品的资产配置结构较类似，均以标准化或非标准化债权资产为主，权益类资产投资较少，投资收益差距一般不超过 2%。

四是风险管理行为同质化。商业银行风险管理的组织架构、制度、流程，以及各类风险防控方法相似，均设立相对独立的风险管理部门，发布各类风险管理政策，建立以前台业务部门为第一道防线，风险管理、内部控制与合规职能部门为第二道防线，内部审计部门为风险管理的第三道防线的前中后台防线体系，风险管理计量工具也主要为信用风险内部评级法、市场风险内部模型法、操作风险高级计量法等，且目前均在致力于风险管理信息化、数字化。

（三）功能层面，银行提供的产品和服务趋同

一是产品体系同质化。我国各家商业银行虽树立了以客户为中心的理念，

---

① 数据来源：中国银行保险监督管理委员会。

但实践中仍以产品为中心，更多的是追求业务种类的大而全，从存贷款业务、中小企业业务到国际业务、网上银行业务、信用卡业务、理财业务、贸易融资业务、各类代理业务等。客观地说，商业银行推出的产品差异不大，在本质上是相同的，几乎所有创新性的银行产品都能无成本照搬。

二是服务区域同质化。以银行信贷业务为例，全国性商业银行地区间贷款的占比结构高度类似，经济发达的长三角、珠三角地区是各行主要的信贷投放地区。2021 年，6 家大型银行①信贷投放主要集中在环渤海、长三角、珠三角、西部、中部地区。中国工商银行、中国农业银行、中国建设银行、交通银行、中国邮政储蓄银行在长三角地区②的贷款余额占比为 18.61% ~ 27.14%，在珠三角地区③的贷款余额占比为 12.60% ~ 16.72%，在西部地区④的贷款余额占比为 11.80% ~ 21.80%，在环渤海地区⑤的贷款余额占比为 14.40% ~ 16.83%，在东北地区⑥的贷款余额占比为 3.5% ~ 5.26%，贷款投放结构趋同。

三是目标客群同质化。目前，各家银行都在加码普惠金融、绿色金融布局，争相拓展细分领域的头部中小企业以及专精特新企业，大力发展零售业务、私人银行业务。2021 年上市银行年报显示：42 家上市银行中，包括大型银行在内的 23 家银行，提出大力发展零售业务。

二、银行经营同质化弊端分析

（一）金融资源配置不均衡，不利于提升边际效益

银行经营同质化会造成有限金融资源的时空分配不均，对某些行业、项目、客户金融供给过剩，会使金融资源投入带来的边际效益低下，造成金融

---

① 6 家大型银行中，因中国银行与其他银行的地域定义不同，在此不做比较。
② 长三角地区在此特指上海、江苏（含苏州）、浙江、宁波。
③ 珠三角地区在此特指广东、深圳、福建、厦门。
④ 西部地区在此特指重庆、四川、贵州、云南、广西、陕西、甘肃、青海、宁夏、新建、内蒙古、西藏。
⑤ 环渤海地区在此特指北京、天津、河北、山东、青岛。
⑥ 东北地区在此特指辽宁、吉林、黑龙江、大连。

资源浪费；对某些行业、区域、人群金融供给不足，将制约普惠金融发展。

（二）多元金融需求难满足，不利于服务实体经济大局

银行产品同质化导致不同金融服务需求难以得到满足。伴随着国内供给侧结构性改革和创新浪潮的推进和兴起，各行业之间对于金融服务在期限、途径、种类等方面产生了较为明显的分化，但银行提供的产品基本雷同，难以满足市场主体各层次需求，不利于服务经济社会发展大局。例如，目前银行对企业一般仅提供1~2年期限的短期和中期贷款，多数企业很难获得期限超过5年的长期贷款。而从企业端看，其生产和存货去化周期差别较大，大部分制造业、批发零售业仅存货去化周期就长达700余天，中短期贷款无法覆盖其全生产周期，只能通过滚动贷款的方式维持经营，导致出现了负债端和生产端的期限错配。部分企业在贷款到期而存货尚未去化时，只能寻找短期、高利率的过桥贷款进行续贷，增加了金融消费者负担。

（三）系统性风险概率增加，不利于维护金融体系安全

对于银行体系而言，不同银行通过业务往来等网络结构形成开放的系统整体，系统中的银行互为交易对手并且在功能上相互作用，形成银行系统复杂的结构。银行经营同质化会引发大部分银行在市场中进行同方向操作、在系统内产生同向作用力，不能相互抵消，显著加大单一风险的冲击力度，增加发生系统性风险的概率。

（四）大中小银行恶性竞争，不利于金融生态健康

大型银行业务下沉、与整体实力较弱的中小银行竞争，即可获得盈利增长点，会削弱其参与国际竞争的意愿，陷入依靠体量生活的"舒适圈"。而中小银行面对大型银行业务下沉压力，生存空间进一步缩小。负债方面，大型银行对零售客户的渗透，使中小银行存款规模下降，选择通过高息揽储的方式吸引客户；资产方面，大型银行依托其低廉的资金成本，向优质贷款客户提供低价产品，迫使中小银行只能转向"次级"客户，用高利率覆盖高风险。

三、银行经营同质化的原因

（一）利润最大化目标

一是对利润的追求促使银行经营模式趋于雷同。在利率市场化进程不断加快的背景下，依靠传统存贷差模式盈利不再能够满足银行股东的盈利需求，各家银行开始向基金、影子银行和证券市场拓展，积极开展和创新中间业务，拓宽收入来源。然而，各银行在采取相同的多元化经营策略后，即使通过分散化经营都提高了收入，但若把银行业看作一个整体，会发现行业持有同一"超级资产组合"，银行系统内在同质化不断提升。

二是对利润的追求驱使银行产生相似的投资偏好和风险偏好。在经济状况较好时，银行往往会选择历史表现良好、成本效益高的资产，经营行为近似于克隆，造成了资金投向过于集中，银行间市场的相互关联性和系统脆弱性快速上升，容易导致资产价格泡沫。而在经济状况较差时，银行业容易出现集体抛售风险资产的情况，加速泡沫破灭。

（二）历史因素的影响

我国银行业发展的历史沿革也一定程度上促成了银行业经营的同质化。从中国银行业的发展历程来看，改革开放后我国银行业经历了从"大一统"的银行体制到"二元"的银行体制再到当前多种金融机构并存的发展过程。其市场结构也从五大国有商业银行高度垄断市场逐渐向五大行资产占比不断下降、竞争性有所提高的情况转变。这在一定程度上造成了目前中小型金融机构盲目追随大型金融机构的现状。而大型国有商业银行上市之后虽然在公司治理等方面有所提升，但也很难在短期内彻底摆脱原有的文化、风险管理和绩效评价体系，难以主动高效地通过金融工具、金融服务方式的创新，确立自身独特的竞争优势。因此，经营的同质性状况很难在短期内改善。

（三）政策环境的限定

一是法律环境在一定程度上驱动银行在行为上趋同。若干法律、法规在出台之初可能会解决当时金融体系中存在的问题，但是随着金融创新的不断推进，金融体系又会面临新的挑战，甚至会带来金融机构行为上的同质性。例如，《中华人民共和国商业银行法》第四十三条"商业银行在中华人民共和国境内不得从事信托投资业务和证券经营业务，不得向非自用不动产或者向非银行金融机构和企业投资，但国家另有规定的除外"的规定，商业银行投资业务被严格限制，其在有限空间内的投资策略和投资行为的趋同可能性会显著提升。

二是监管环境客观上限定了金融业务异质化发展。各家银行在相同的金融管制框架内，可能被动地选择具有一定同质性的道路。当前，我国利率市场化改革尚未完成，银行利率定价行为受到监管约束，不能完全用利率定价来匹配风险与收益，并且银行创新的金融产品进入市场前需要经过监管部门严格审批，加上同业无成本仿效，导致银行创新幅度受限、创新动力不足，银行业整体的业务结构差异不大。此外，金融监管中风险度量模型及其参数选择的趋同、监管指标的一致性、信息披露要求的趋同等也会加剧银行经营的同质性。

四、政策建议

一是进一步推动建立和完善差异化监管体系，规范不同类型商业银行差异化发展，合理分割市场空间和金融资源。监管部门实施科学的差异化监管引导是根本性扭转银行同质化经营模式的关键。进一步完善银行分类体系，通过介入性监管引导为各类银行指明经营发展的基本方向与边界，通过牌照管理、业务准入、日常监测等方式，督导各银行在既定发展方向和边界内，结合自身优势逐步明确科学合理的市场定位，在其细分市场中积极培育比较优势和绝对优势，真正步入经营差异化的发展道路，最终建立具有区分度、不同定位的现代银行体系。

二是完善相关法律制度，继续推进利率市场化改革，营造异质性的市场环境。修订完善《商业银行法》等相关法律法规，为差异化经营、差异化监管进行顶层制度设计。同时，在目前利率市场化改革基础上，进一步加强存款利率市场化建设，更好地发挥利率作为资金价格引导和调节资金配置的作用，培育银行差异化经营的内生动力。通过金融市场的自我调节，促使银行按照不同资金成本价格寻找差异化定位，改变目前贷款为业务主体、利差为利润来源的经营模式。

三是重视银行同质化经营对金融安全的影响，将之纳入系统性风险防控考量因素。要防止由于银行规避风险或转移风险导致同质性，进而造成系统性风险集聚的情况，特别是随着金融创新工具不断推出，金融交易的复杂性和关联性不断提高，更要警惕由于银行的同质性风险规避行为加剧系统性风险。建议在评估金融体系稳定性工作指标中，加入银行经营同质化因素。

关于金融安全审查制度的中美比较研究

张　岩　赵伟欣　范熙程　毛禾津*

金融是现代经济的核心，金融安全事关国家大局。习近平总书记强调，切实把维护金融安全作为治国理政的一件大事。金融安全审查是我国金融市场的"安全阀"，可以从源头把控外资参与我国金融活动的潜在风险。

一、我国金融安全审查现状

（一）立法层级较低，制度体系不完善

当前，我国金融安全审查被并入外资安全审查的相关制度中。现行规范中，国家发展和改革委员会（以下简称发展改革委）和商务部联合发布的《外商投资安全审查办法》（以下简称《审查办法》）是唯一较为全面规定外资安全审查制度的规范。除此之外，《关于外国投资者并购境内企业的规定》《国务院办公厅关于建立外国投资者并购境内企业安全审查制度的通知》《自由贸易试验区外商投资国家安全审查试行办法》对外资安全审查也有零星规定（见表1）。

表1　我国关于外资安全审查的相关规定

法规	《外商投资安全审查办法》	商务部《关于外国投资者并购境内企业的规定》	国务院办公厅《关于建立外国投资者并购境内企业安全审查制度的通知》	《自由贸易试验区外商投资国家安全审查试行办法》
层级	部门规章	部门规章	国务院规范性文件	国务院规范性文件

＊　张岩、赵伟欣、范熙程、毛禾津：供职于中国人民银行营业管理部金融稳定处。

出台时间	2020 年 12 月 19 日	2009 年 6 月 22 日	2011 年 2 月 3 日	2015 年 4 月 8 日
审查范围	国防、重要农产品、重要能源和资源、重大装备制造、重要基础设施、重要运输服务、重要文化产品与服务、重要信息技术和互联网产品与服务、重要金融服务、关键技术以及其他重要领域	参照《外商投资产业指导目录》，范围集中于农业、制造业等第一、第二产业	国防、重要农产品、重要能源和资源、重要基础设施、重要运输服务、关键技术、重大装备制造	国防、重要农产品、重要能源和资源、重要基础设施、重要运输服务、重要文化、重要信息技术产品和服务、关键技术、重大装备制造

从立法技术上考虑，其他规范在效力和内容上本应从属于《审查办法》。但表 1 显示，在立法层级上，《审查办法》仅为"部门规章"，缺少"法律"层面的效力，且其他规范的立法层级甚至高于《审查办法》；在审查内容上，《审查办法》与其他规范内容基本重合，难以发挥其外资安全审查总括性规范的作用。

（二）金融安全审查起步晚，重要性不足

在 2020 年 12 月出台的《审查办法》中，我国才首次将重要金融服务列入外资安全审查范围，现阶段对于金融安全审查的实践尚无公开案例。现有关于金融安全审查的规定分散于银行业、证券业等行业规范中，且对于外资进入金融业的限制多为负面清单和程序性限制，金融安全审查在外资安全审查制度中的重要性不足。以《外商投资证券公司管理办法》为例，该规定仅对外商投资比例、股东违规情况、提交文件清单等进行规定，缺乏从金融安全角度考量的规范。

（三）金融安全审查缺乏专业性和独立性

《审查办法》将金融安全定位为国家安全的从属分支。在审查制度上，建立由国家发展改革委、商务部牵头的安全审查工作机制，运用国家安全审查的一般性手段解决金融安全审查的专业性问题。但《审查办法》主要着眼于国家安全，对金融安全缺乏细致考量；在手段上局限于外资准入审查，未能充分利用金融行业监管力量。其他如《外商投资证券公司管理办法》等行

业监管法律文件虽笼统地提出应对金融业务进行国家安全审查，却未明确金融安全审查和国家安全审查的衔接路径。

（四）金融安全审查相对宽松

从审查趋势看，当前全球金融安全审查更加注重东道国在国家安全等方面保有适当的监管空间，而不是以保护外国投资者利益为主要目标。相比之下，由于我国金融安全审查体系不完善、融资市场不成熟，我国对外资审查的制度较为宽松，实行准入前国民待遇加负面清单的管理制度。这容易导致中外企业在境外开展金融业务受限不对等，不利于企业间的公平竞争。

二、美国金融安全审查制度

（一）立法层级较高，审查体系较为完善

美国的金融安全审查规定多经两议院通过，由对全国具有法律约束力的联邦法案确立，现已形成了对金融安全的全流程审查体系。《埃克森—弗罗里奥修正案》、《外商投资与国家安全法案》、《外国投资风险评估现代化法案》（Foreign Investment Risk Review Modernization Act，FIRRMA）已经建立了对基础设施、关键技术、敏感数据等广义金融领域的外商投资审查范围，并与《银行控股公司法》《外资银行监管强化法案》《海外账户税收合规法案》等行业安全监管规则相互配合，实现了对外商投资金融业从准入到退出的全流程审查。

（二）金融安全审查在维护国家安全上具有重要地位

美国的外资安全审查法案起步于 1917 年《敌国贸易法》，该法案主要用于限制"二战"期间德国在美投资的化工和制药行业。随着生产力不断进步，金融业成为海外投资的热门目标，美国安全审查制度的核心慢慢由传统制造业转移至金融业。根据美国外国投资委员会（The Committee on Foreign Investment in the United States，CFIUS）2016~2018 年的报告，对金融、信息、服务类交易的审核数量连续三年超过制造业，位居行业类别第一。

（三）金融安全审查具有相对独立性和专业性

美国金融安全审查的重点不同于常规外资安全审查。后者主要审查有外资来源与流向的产业是否威胁国家安全，前者更注重审查外资对金融稳定的影响。在审查主体上，美国金融安全审查依靠美国证券交易委员会（United States Securities and Exchange Commission，SEC）、美国公众公司会计监督委员会（Public Company Accounting Oversight Board，PCAOB）等金融专业部门，通常对资本、流动性、组织架构、反洗钱进行合规检查。例如，在重庆财信集团牵头收购美国芝加哥证券交易所一案中，美国外国投资委员会（The Committee on Foreign Investment in the United States，CFIUS）先于 2016 年 12 月通过了这一交易的安全审查。但在 2018 年 2 月，出于对金融交易数据安全的担忧，美国证券交易委员会以所有权结构不满足监管要求为理由否决了此次交易。

（四）金融安全审查趋于严格

出于国际形势和政策的变化，越来越多的国家趋于对金融交易进行相对严格的审查，以保护本国金融安全，外资进入的门槛显著增高。2018 年通过的 FIRRMA 法案增加了外资审查的程序和审查期限，法案首次引入了申报（Declaration）程序，要求美国外国投资委员会（The Crnmittee on Foreign Investment in the United States，CFIUS）接到申报后进行初步审查，初步审查期也由 30 日增加至 45 日。

三、政策建议

一是加快专门立法，建立金融安全审查"双保险"机制。建议在外资安全审查体系中，建立独立完整的金融安全审查制度。加快外资安全审查立法，从法律层面对外资入境的安全审查进行规制，必要时可以对金融安全审查进行专门立法。利用一行两会的专业优势，形成金融安全审查的"双保险"，设立专门对金融安全进行审查的委员会，促进金融安全审查制度和金融行业监管制度的衔接。

二是建立合理的审查程序，有效平衡金融业开放和国家安全保护。建议在落实《审查办法》过程中，秉持促进商业活动和全球化的原则，参照国际认可的安全审查标准保护国家安全，确保安全审查"手段"和"目的"的对等性。加强研究发达经济体的外资安全审查制度，设置合理的外资入境标准、审查范围、审查程序和审查时限，制定公平、对等的金融安全审查政策，避免被他国的管辖规则掣肘。

三是做好企业海外投资的审查和辅导。建议做好赴外投资企业的事前审查、事中辅导和事后监管工作，充分掌握他国外资安全的审查规则，提前了解境外投资失败风险，避免境外交易失败的损失。

金融新业态风险及监管机制研究
——以网络互助为例

廖述魁　郑　齐　郑　珩　王　晖　张　岩*

随着科技与金融的深度融合，"互联网+金融"形式的新业态层出不穷，在中国得到了快速发展。虽然其在一定程度上弥补了传统金融服务的不足，但由于制度和法律的不完备，部分金融新业态面临监管空白和无序发展的局面。以网络互助为例，网络互助平台涉众广泛，但其监管主体一直未能明确，网络互助的市场运营活动至今游离于我国监管框架之外。网络互助平台属于非持牌经营，涉众风险不容忽视，部分前置收费模式平台形成沉淀资金，存在跑路风险，如果处理不当、管理不到位还可能引发社会风险。

一、网络互助的概念界定

所谓网络互助，就是利用互联网聚集身处同质风险的群体，他们基于信任机制和契约精神以达成互助协议的方式组成互助团体并成为会员，当特定会员触发协议约定的互助事件时，其他团体会员有义务通过分摊一定互助金额来给予其经济援助，以此获得在自身处于相同情况时得到救助的权利。

网络互助具有平台经济的典型特征。平台经济有三个主要特征：依赖用户的高度参与、用户的信息精确匹配、外部性及大规模跨界。网络互助利用互联网渠道迅速聚集用户，扩张成本低，其可持续发展高度依赖新用户的不断参与；网络互助平台公司大量收集用户个人信息，利用大数据手段精准分析用户风险行为及偏好，依此不断研发与之匹配的新产品；网络互助平台的商业模式是由平台通过互助计划吸纳会员费，会员费在该公司内部形成"资

---

* 廖述魁、郑齐、郑珩、王晖、张岩：供职于中国人民银行营业管理部金融稳定处。

金池",不可避免地存在资金运用、管理等问题。

二、北京地区网络互助的调研分析

对在京四家网络互助平台进行相关调研,主要存在以下四方面特点:

一是在网络互助计划的细分上,绝大部分互助计划均指向受助人人身,尤以大病医疗互助、人身意外互助最为常见。网络互助产品聚焦于大病互助和意外互助,产品类型单一。大病保险(重疾险)和意外伤害保险都属于定额给付型险种(即发生保险责任约定的保险事故后,保险人按照规定保额给付保险金),此类险种的保险责任单一,保险事故是否符合保险责任容易被鉴定,相比于复杂的报销型医疗险容易被普通用户所理解,产品设计较为简单,运营难度较低。大病互助和意外互助计划适合目前尚处于探索阶段的网络互助平台。例如,水滴互助计划主要为健康人群大病互助计划、综合意外互助计划。

二是费用缴纳上,"事前无须预存+事后分摊"模式占据主流,"事前预存+事后分摊"模式也有一定市场。两种模式的差异在于会员加入某项互助计划是否需要预缴一定数量的金钱作为参与事后分摊的保障。传统保险模式需要用户先行缴纳一定数额的保费,再根据用户情况动用资金池中的资金理赔;网络互助计划更多采取"事前无须预存+事后分摊"的模式,会员在加入互助计划时无须缴纳任何费用,待互助公示后再进行分摊。

三是从管理费率上看,网络互助平台管理费具有比较优势。目前各互助平台管理费在8%左右,相较高于12%的保险行业管理费率有一定下降,有助于降低平台产品价格,提升获客优势。例如,水滴互助于2019年3月1日起收取管理费(百万终身抗癌互助计划除外),管理费一般按照每期划拨互助金的8%收取;百万终身抗癌互助计划(2017年上线)管理费按照30元/年收取。管理费主要用于第三方调查公司调查费用和平台运营费用。

四是在资金管理模式上,互助平台大多能够完善内部控制流程,设立独立的银行监管账户。互助平台的商业模式是由平台通过互助计划吸纳会员费,会员费在该公司内部形成"资金池"。资金池监管存在风险。随着参与网络互助人数的不断增加,相关网络互助平台沉淀的资金规模也不断扩大。水滴互助对预付费的互助款进行银行存管监督,目前统一交由平安银行在专用账户进行存管。该平台与平安银行就资金存管事项签订了存管协议，互助金也由平安银行划拨，对外强调其不存在除互助款之外的任何其他用途。轻松筹对互助资金有独立的银行监管账户。2018年9月，该平台在广发银行针对互助业务开设独立的监管账户，对互助资金进行独立监管，银行会对赔付资料进行审核。2020年9月，公司又接入平安银行电商服务，实现了公司自有资金与银行账户分离，资金专项管理。壁虎互助也设立了银行监管账户。

三、网络互助的潜在风险

一是平台管理不透明，存在资金池挪用跑路风险。调研显示，大部分互助平台在运行过程中进行"黑箱"操作，不公开运行情况、不接受外部审计，互助平台在整个互助计划中不承担任何给付义务，却能够决定给付对象和互助金的运行，权力和责任不对等。互助计划由于预先缴费和分摊结余经常形成资金池沉淀，其运用不透明，资金池挪用跑路风险始终存在。

二是会员异质化程度高，长期运行基础不稳。部分平台为发展，简化身份核验内容，易形成互助金欺诈。互联网应用下，互助平台相较传统的互助保险以及社区互助、职工互助，会员异质化程度较高，相互间认同感较差，偏离了网络互助"同质风险和保障需求"的立足点。同时，互助平台并不对会员风险差异进行区分，会员中的低风险群体长期为陌生的高风险群体承担费用，这进一步降低了成员间的认同感，最终使低风险群体参与意愿降低，甚至退出互助计划。部分平台为加快发展，仅让成员填写姓名和身份证信息，由于缺乏身份核验手段，容易形成互助金欺诈。

三是网络互助计划与保险产品不同，大部分无法刚性兑付，易引发涉众风险。从兑付刚性上看，保险产品受到《中华人民共和国保险法》及相关法律法规约束，除故意或重大过失而未履行告知义务等少数情况外，只要保险事故发生就必须按照约定数额进行赔付。而互助计划成员即使履行了告知义务，也不能保证获得赔付。从调研结果看，仅有约20%的申请最终能够给付互助金，其余申请则因各种原因未能成功。由于互助计划牵涉的人员规模巨大，易引发涉众风险。

四是法院判例认定不一致，网络互助平台与互助会员均存在法律风险。从已有的法院判例来看，北京、深圳等地的法院多数未判定网络互助计划需要承担刚性赔付，但部分法院判定网络互助平台与会员间属于保险合同关系，互助平台需要承担刚性赔付义务。例如，河北省石家庄市中级人民法院判例认为网络互助平台合同诉涉纠纷实质上属于人身保险合同纠纷，山东省临沂市中级人民法院判例也认定互助平台与互助会员为保险合同关系，网络互助平台的运营应遵守保险产品相关规定。网络互助平台与互助会员关系如果被认定为保险合同关系，而互助平台并未取得保险经营资质，将面临非法从事保险活动的法律风险。

四、政策建议

一是建议将网络互助平台纳入平台经济体系统一管理。依照北京市进一步加强监管促进平台经济规范健康发展的实施意见，多方联动、协同监管，重点对网络互助平台本身、网络互助产品加强规范引导。

二是鼓励建立社会互助组织，条件成熟时探索引导部分网络互助平台转型为相互保险公司。继续鼓励建立以社区、单位、学校等同质化群体为基础的社会互助组织，提高各地"惠民保"普及范围和覆盖人群，真正建立能够补充基本医疗保险的医疗互助体系。对有能力承担赔付支出、符合相关条件的互助平台，建议依法依规引导其转型为相互保险公司，通过互联网大数据应用和区块链技术降低传统保险业务中存在的调查成本高企、管理费用过高问题。

三是完善运营机制，探索可持续发展路径。积极探索可持续的经营发展模式，通过数字技术规范创新和规模化发展方式，形成平台规模效应，降低"逆向选择效应"和老龄化风险，维持互助平台社群平均年龄动态平衡，有效控制经营风险。

四是规范网络互助宣传行为，切实加强消费者权益保护。网络互助行业拥有较强的涉众属性，应强化宣传规范，科学引导民众对网络互助行业的认识，督导网络互助平台明确告知用户网络互助的责任和风险。明确网络互助平台和消费者的法律关系，进一步规范合同文本，引导网络互助平台履行风险提示责任，并加强舆情监测预警，制定应急风险预案，切实保障消费者合法权益。

第四篇

外汇管理篇

Foreign Exchange Management

提升企业汇率风险管理水平研究[①]

项银涛　卜国军　侯晓霞[*]

随着人民币汇率形成机制改革的不断深入，汇率双向波动逐渐成为常态。在人民币汇率市场化进程中，企业汇率风险管理水平不断提高，但也存在企业风险管理意识相对淡薄、风险管理比较被动、汇率风险管理不到位导致"汇率浮动恐惧症"等情况，企业汇率风险管理意识及水平仍有待提升。本文基于 2021 年对北京 120 余家企业开展的外汇衍生品业务季度调查结果及实地走访情况，深入剖析各类企业在汇率风险管理及衍生品业务办理方面遇到的问题和困难，从提升银行标准化服务水平及加强企业培训等方面提出具体建议，探索切实提高企业汇率风险管理能力的有效方案。

一、企业汇率避险行为研究

为了解企业汇率避险业务开展情况，2021 年以来，北京外汇管理部按季度对北京地区 120 余家发生过外汇衍生品业务的企业进行了问卷调查，结果显示：

（一）企业汇率风险敞口以进出口净敞口为主，小微企业和民企汇率风险管理制度建设尚待加强

在 2020 年企业汇率风险敞口构成上，进出口净敞口占 76.3%，服务贸易净敞口（如承包工程）、外债、境外直接投资、其他敞口分别占 10.5%、6.6%、4.0%、2.6%。汇率风险管理制度建设方面，72.7% 的企业已建立健

---

① 全文数据均来源于中国人民银行营业管理部调研数据及自有数据。

* 项银涛、卜国军、侯晓霞：供职于中国人民银行营业管理部国际收支处。

全的汇率风险管理制度；18.8%的企业未建立完整的应对方案，在汇率波动加剧时才重视；8.5%的企业未建立完整的应对方案，企业负责人决定是否做套期保值（以下简称套保）。

（二）七成企业采取确定的保值策略

2021年三季度，在套保比例选择上，48.7%的企业采取"固定保值"策略，即按一定百分比对风险敞口保值；有22.2%的企业采取"动态保值"策略，设置一定的套保比例浮动区间。另外，29.1%的企业套保策略不确定，套保比例因本企业对汇率走势的主观预判而变。

（三）超过五成企业以银行授信方式办理衍生品业务

2021年三季度，以银行授信（无担保）、银行授信（集团公司担保）、保证金方式办理外汇衍生品业务的企业分别占46.2%、32.5%、21.3%。

（四）超过九成企业认为2020年基本实现保值，六成企业采取"既要又要"双重管理目标

认为2020年外汇衍生品基本实现保值和未达到预期目标的企业分别占90.9%、9.1%。六成企业采取"既要又要"双重管理目标，既想要套期保值规避风险，又想要在衍生工具方向上盈利。

（五）财务成本较高、看不清市场方向是企业开展外汇衍生品套保面临的主要问题

2021年三季度，企业开展外汇衍生品套保面临的问题包括：财务成本较高（47%），看不清市场方向（42.7%），因市场波动导致公司外汇保值业务出现亏损（35%），银行合规管理趋严、手续烦琐（25.6%），银行提供的外汇套保工具品种较少（10.3%）、期限较短（3.4%）。

二、引导企业汇率风险中性实践

随着人民币汇率形成机制改革不断深入，人民币汇率双向波动逐渐成为常态。为精准普及汇率风险中性理念，不断提升企业汇率风险管理能力，北

京外汇管理部在全国首创推出外汇衍生品银企对接公共服务平台（以下简称外汇衍生品服务平台），平台包含银企对接、外汇衍生品知识和问卷调查三个功能模块，通过"线上扫码，线下服务"方式，推动实现"企业获得服务更便捷"、"银行拓展业务更精准"和"政府服务实体经济更有效"的三方共赢目标，更好地服务于首都经济高质量发展和对外开放新格局。

（一）明确服务标准化，精准对接中小微企业避险需求

针对中小微企业汇率风险管理服务中存在的"痛点"，依托外汇衍生品服务平台搭建银企对接功能模块，明确了银行"标准服务、限时响应、精准对接"的工作要求，通过需求牵引供给，督导银行精准服务中小企业合理避险需求。

（二）构建风险中性教育普及工作体系，精准普及汇率避险知识

面对企业多样化的避险需求，依托平台创设政策和案例浏览模块，积极打造"实时、可视、标准、贴身"的汇率风险中性教育普及工作体系。企业和银行客户经理通过扫码进入外汇衍生品服务平台后，可实时了解外汇衍生品政策、主要产品和交易案例。组建专业化银行讲师队伍，实现风险中性产品宣讲标准化。通过后台跟踪，引导银行从普适宣传转变为贴身业务辅导，协助企业搭建汇率风险内部管理机制、准确测算风险敞口、正确叙做保值交易。

（三）引导银行下沉服务重心，打通银行服务"最后一公里"

为解决政策落实"最后一公里"问题，积极引导银行加强"总分支"多级联动，持续强化外汇服务。引导银行完善考核激励机制，提高基层网点外汇衍生品业务考核权重，增加基层专业人员配置，加大人员培训力度，切实提升基层人员汇率管理专业能力。

外汇衍生品服务平台在 2021 年 5 月 18 日正式推广上线，截至 2021 年 10 月 20 日，平台线上浏览达 2.8 万次，平台接入银行共走访企业 1300 余家。2021 年 1~9 月，北京地区外汇衍生品签约金额同比增长 24%，地区外汇套保率同比提高 2.7 个百分点。截至 2021 年 9 月，北京地区外汇衍生品业务存量企业较 2020 年末增加了 400 余户，有力支持了北京涉外经济的健康发展。

三、需关注的问题

（一）银行执行层面，展业不足值得关注

现场核查发现，部分银行衍生品业务操作制度中规定的审查手段主要为客户授信管理，对授信额度内开展的衍生品业务无其他特别审查要求，也未充分审查衍生品交易动机背景的真实性与合法性，导致客户存在在无基础资产的情况下进行衍生品交易的可能，易滋长市场投机行为，不利于引导境内市场主体进行风险中性管理。

（二）企业层面，汇率风险中性意识仍待加强

一是企业对外汇套保成本整体较为敏感。企业外汇套保需要承担相应财务成本，如掉期点、期权费和保证金等，企业对外汇套保成本整体较为敏感。

二是仅少数企业能执行相对规范的套期会计处理准则。目前，我国外汇套保会计准则主要是《企业会计准则第 22 号——金融工具确认和计量》和《企业会计准则第 24 号——套期会计》。其中，套期会计能更好地反映套期保值对企业财务状况的影响，分为公允价值套期、现金流量套期和境外经营净投资套期三类（见表1）。但套期会计运用条件比较严格，会计处理相对烦琐，多数企业不熟悉，仅少数大型企业按套期会计记账核算。具体业务实践中，各企业记账方式各不相同，如将公允价值变动损益计入汇兑损益，到期前仅表外登记，到期交割日或平盘时将远期合约汇率与交割当天即期汇差计入财务费用，都最终影响到当期利润。

表1　衍生金融工具的主要会计处理方法

会计方法	浮动盈亏处理	对利润的影响
公允价值会计方法《企业会计准则第 22 号——金融工具确认和计量》	计入公允价值变动损益	影响

会计方法		浮动盈亏处理	对利润的影响
套期会计方法《企业会计准则第 24 号——套期会计》	公允价值套期	计入套期损益	影响
	现金流量套期	有效套期部分，计入其他综合收益（属于所有者权益科目）无效套期部分，计入公允价值变动损益	仅无效套期部分影响损益
	境外经营净投资套期		

资料来源：根据《企业会计准则第 22 号——金融工具确认和计量》和《企业会计准则第 24 号——套期会计》整理。

三是部分企业外汇风险管理不健全。有外汇风险敞口的企业或未明确内部汇率风险管理部门，导致主动汇率避险管理功能缺失；或过于看重外汇套保业务对利润的影响，给财务管理人员具体业务实践带来困难，担心套保交割时"亏"了。

四是业绩评估采取"既要又要"双重管理目标。据对 165 家参与外汇套保企业的调研显示，六成企业在评估外汇套保是否有效时，仍采用"将远期锁汇汇率与到期日即期汇率做比较"，既想要套期保值规避风险，又想要在衍生工具方向上盈利。这种"既要又要"的双重管理目标，导致企业财务部门产生"多做多错、不做不错"的自我保护意识。

五是政策执行层面对风险中性认识不到位。部分企业内部审计视外汇套保为高风险业务，习惯用远期履约报价与即期报价比较，要求企业解释差异较大原因，导致企业自主收缩外汇套保规模。同时，部分国有企业管理层不了解外汇套保功能，严格管理外汇套保需求，导致有套保需求的一线企业没有自主权。

四、政策建议

（一）建立并完善汇率风险教育体系，提高企业汇率风险管理能力

一是完善总分局联动、政银企联动的企业汇率风险宣传教育体系，对大型企业，开展实地入户宣传，送教上门，专人负责精准对接；对中小型企业，

通过线上平台、线下宣讲会等方式，做好面对面辅导。二是要从政策宣传上升到业务辅导。要求银行提升展业能力，对有需求的企业，主动协助企业搭建汇率风险内部管理机制，指导和帮助企业准确测算汇率风险敞口、正确叙做保值交易。

（二）建议银行加强对客户衍生产品基础交易背景的尽职审查，引导境内客户形成中性的风险管理意识

建议银行做好境内投资者教育工作，要求境内市场主体立足主业，参与衍生品业务必须以套期保值为目的，同时在开展业务时不以信用风险评估代替合规风险审查，主动作为，充分了解客户的交易目的与性质，并加强对基础交易背景的跟进调查。

（三）建议企业建立健全的汇率风险管理机制、依据实需原则开展外汇衍生品交易，并秉承风险中性理念

企业应搭建相应的套期保值管理机制，树立风险中性理念，加强相关业务人员业务培训，努力增加自身抗风险能力。企业要有专业的管理部门或团队，做好外汇衍生品业务事前决策、事中监测、事后监测。

金融机构跨境融资宏观审慎政策调整效果研究

李浩举 *

建立健全宏观审慎框架下的跨境融资和资本流动管理体系，是稳慎推进资本项目可兑换、完善双支柱调控政策、实行逆周期调节、防范资本无序跨境流动风险的重要内容。2020 年 12 月，在我国经济率先复苏、中美利差持续走扩、人民币面临升值压力、金融机构外债增速较快的情况下，中国人民银行、外汇管理局结合宏观经济和国际收支形势，将金融机构的跨境融资宏观审慎调节参数由 1.25 下调至 1，并且调整纳入跨境融资风险加权余额计算的项目。本文以此政策调整研究了跨境融资宏观审慎政策对金融机构的影响，对银行进行的调查显示：政策调整后，银行跨境融资风险加权余额上限占用率普遍提高，外资银行跨境融资风险加权余额普遍超上限，对银行流动性管理、客户服务能力、衍生品交易等业务产生影响，但是也在一定程度上实现了扭转人民币单边升值压力、防范外债风险持续累积的逆周期调节目标。

一、跨境融资宏观审慎框架

跨境债权债务是波动性较强、顺周期特征较显著、短期特性较强的跨境资本之一，对外汇市场和金融体系的安全影响较大。改革开放以来，我国一直较为警惕外债风险，对各部门外债均实行严格的规模限制。然而，随着我国对外开放程度的不断提高，原有指标管理方式逐渐暴露出一些弊端，既难以满足境内机构日益增长的跨境融资需求，也难以满足监管需要。

探索建立跨境融资宏观审慎管理框架。为建立适应形势发展需要的外债

---

* 李浩举：供职于中国人民银行营业管理部资本项目管理处。

管理新模式，2014 年起，中国人民银行、外汇管理局开展试点，探索构建跨境融资宏观审慎管理框架，力求赋予市场主体更多灵活性。2016 年以来，全国实施全口径跨境融资宏观审慎管理，建立了以宏观审慎约束机制和逆周期调节机制为核心的管理模式，金融机构和企业均可在约束内自主开展本外币跨境融资。一是通过调整杠杆率和宏观审慎调节参数控制微观主体跨境融资规模，进而实现宏观审慎与微观审慎、总量调控与结构调控的有机结合；二是通过对微观主体跨境融资按照期限、币种、类别进行风险加权，赋予短期融资、外币融资更大的风险权重，促使微观主体合理摆布债务结构；三是通过对宏观审慎调节参数、跨境融资杠杆率、期限风险折算因子、类别风险折算因子和汇率风险因子等管理指标的适时调整，调节境内机构实际可借债规模，从而对经济体跨境融资总规模进行调控。通过各类因子和系数的调节，在经济上行、跨境资本净流入压力较大时，调减融资上限，调增加权余额，减少实际可借债额；在经济下行、跨境资本净流出压力较大时，调增融资上限，调减加权余额，增加实际可借债额，发挥逆周期调节作用。

二、政策调整背景

国际收支大幅顺差。随着我国率先从新冠疫情冲击中恢复，叠加海外货物需求增加，我国货物贸易顺差加大、服务贸易逆差收缩，2020 年二、三季度经常账户顺差分别达到 1102 亿美元、922 亿美元，为 2008 年以来最高水平。资本和金融账户方面，直接投资和证券投资在 2020 年二、三季度均呈顺差，其中三季度境外对我国的证券投资净流入（负债净增加）达到历史最高水平 796 亿美元，显示出境外投资者对中国市场和配置人民币资产的巨大信心。①

人民币升值压力加大。2020 年人民币汇率一波三折。2020 年下半年，受中国经济率先复苏、宏观基本面较强、美元加速贬值、中美利差持续走扩的影响，人民币升值压力加大（见图1）。

金融部门外债增速较高。2020 年末，我国全口径外债余额 2.4 万亿美元，较 2019 年末增长 16%。其中，金融部门（主要是银行）外债余额 1.09

---

① 数据来源：国家外汇管理局。

万亿美元，较 2019 年末增长 19%。金融部门外债中，2020 年较 2019 年货币与存款项目增速达 23%。

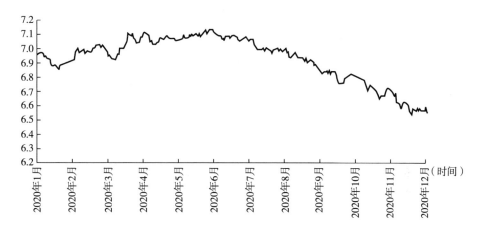

图 1 2020 年人民币兑美元汇率

资料来源：国家外汇管理局官网。

　　跨境融资宏观审慎政策在 2017~2019 年实施的三年中，一直未对各类因子进行调节。2020 年 3 月，在新冠疫情暴发的背景下，中国人民银行、外汇管理局将全口径跨境融资宏观审慎调节参数从 1 上调至 1.25，以支持实体经济。2020 年 12 月，中国人民银行、外汇局将金融机构的跨境融资宏观审慎调节参数由 1.25 下调至 1，并且调整纳入跨境融资风险加权余额计算的项目，以遏制金融机构外债的迅速增长，引发市场广泛关注。

三、政策调整效果

（一）银行跨境融资风险加权余额上限占用率普遍提高，外资银行普遍超上限

　　在跨境融资风险加权余额上限降低和纳入跨境融资风险加权余额计算项目增多的共同影响下，以 2020 年 11 月末跨境融资余额测算，中资银行的跨境融资风险加权余额上限占用率（跨境融资风险加权余额/跨境融资风险加

权余额上限，以下简称占用率）由 20% 以下变为 30%~90%。外资银行占用率普遍大于 100%，甚至达到 200% 以上。

（二）境内银行服务海外客户能力受到影响

某股份制银行表示，境外主体外币存款纳入风险加权余额计算将使银行为中资企业境外公司提供外币资金服务的能力受到较大影响，可能会导致该部分外币存款回流至境外金融机构，银行获客能力下降。某外资银行表示，外资银行跨境结算便利，境外机构和境外个人多选择外资银行开立外币 NRA 账户（境外机构境内外汇账户）存放外币存款，银行无法拒绝客户存款，此部分被动负债规模难以把控。作为境外银行的清算服务行，该行保有部分境外同业存放资金，此部分账户余额也无法主动控制。为境外机构开立的远期信用证，客户在信用证到期前需要在 NRA 账户中存入外币存款满足到期支付的需求。银行在跨境融资额度不足时，可能不得不拒绝境外客户资金入账的请求，从而对境外客户造成一定程度的困扰，影响境外客户的结算习惯和资金安排，也不利于银行信用风险管理，导致银行无法按时完成远期信用证到期结算，影响银行声誉。

（三）银行流动性管理压力加大

某大型国有银行表示，近年来，该行借鉴国际先进同业跨国银行资金管理经验，在总部设立统一资金池，设置基于市场基准的、统一的内部资金转移价格，调剂海外机构资金余缺，实现海外机构资金集约化管理，提高资金使用效益，防范集团市场风险。其中，境外分行盈余资金可上存至总部资金池，计入总部境外联行及附属机构往来科目，境外联行及附属机构往来业务纳入加权余额计算将影响资金池归集海外分行资金。该行拟下调总行海外资金池价格、控制联行往来以确保风险加权余额不超上限。某外资银行表示，此次调整可能会影响到其流动性管理框架。2017 年跨境融资宏观审慎管理规则出台后，该行基于全口径跨境融资宏观审慎管理体系建立了相应的流动性管理框架、资产负债体系、战略发展方向，此次跨境融资宏观审慎调节参数和豁免项的调整对该行的跨境融资能力产生重大限制。为满足限额管理要求，需调整境内境外融资比例，但是大规模调整在短期内完成难度较高。一旦境内融资出现不稳定因素，就可能陷入资金紧张无法满足正常业务需求或者融资成本被迫暴涨的流动性困境。外资银行通常通过向母行拆入资金平衡流动性，拆入流程简单且具有价格优势，相较而言，近年境内银行对外资银行的授信额度限制较大，获取境内银行授信额度申请流程复杂、时间较长、拆入成本高，境内拆入外币难度较高，短期内调整融资结构具有一定困难。

（四）外资银行可能无法开展衍生品交易，影响境内银行结构化产品

某外资银行表示，按照《中国人民银行关于全口径跨境融资宏观审慎管理有关事宜的通知》（银发〔2017〕9号）的要求，在跨境融资风险加权余额调整到上限内之前，不得办理包括跨境融资展期在内的新的跨境融资业务，该行因跨境融资风险余额超限而无法与境外交易对手开展新的衍生品交易[①]，衍生品交易业务将陷入停滞。特别是对于一些结构化的衍生品，境内市场往往无法提供平盘，境内银行均选择与境外机构开展衍生品交易。如果外资银行因跨境融资风险加权余额超上限无法提供平盘交易，会对中资银行的结构化产品带来影响，且大部分中资银行基于语言习惯、交易时差、境外资源等因素，短期内直接与境外对手方交易的难度较大。

（五）市场主体跨境业务决策趋于审慎

部分市场主体紧跟政策意图，改变人民币汇率单边升值的预期。此次政策调整有助于市场主体更为审慎地开展跨境融资、跨境担保等业务。银行表示，当前涉外主体跨境融资意愿较强，本次政策调整有利于银行端稳定杠杆率，避免出现流动性风险。

四、相关建议

（一）做好预期引导，强化政策实施效果

进一步加强金融机构跨境融资宏观审慎参数下调政策的宣传及解读，引导银行主动调整资产负债和产品结构，树立风险中性理念，发挥政策引导市

[①]　按照银发〔2017〕9号文规定，本外币跨境融资包括表外融资（或有负债），金融机构因衍生产品或参与国际金融市场交易形成的或有负债计入跨境融资风险加权余额。

场行为和预期，助力逆周期调节及防风险的作用。

（二）合理设置过渡期，引导超上限银行跨境融资业务平稳转型

给予超出跨境融资风险加权余额上限的金融机构适度的政策过渡期，促进银行跨境融资结构稳妥调整。

（三）强化监测分析，探索对不同主体参数和豁免项目进行分类调整

强化对人民币汇率走势、跨境资金流动趋势、银行外债规模及经营情况的监测，建议适时考虑根据金融机构类型及规模①，分类适用宏观审慎调节参数及豁免项目，在强化逆周期调整政策效果的同时，保障金融机构稳健经营。

---

① 外资银行一级资本普遍较小，以北京地区法人银行为例，北京地区中资银行 2019 年末一级资本平均值为外资银行的 209 倍，同时外资银行业务虽严重依赖母行，但是在与一级资本关联的跨境融资风险加权余额上限的控制下，从绝对值上来说，外资银行境外主体存放在金融机构的外币存款、境外同业外币存放、外币拆借、联ाय 及附属机构外币往来均值较中资行小数倍，外资银行四项外债均值约占中资行均值的 4%。但是外资银行一级资本小，加之外债集中于此次取消豁免的四项，因此跨境融资风险加权余额普遍超出上限。

境外机构借道境内支付机构开展
预付卡充值业务研究

张艺严　李　峥*

近期，外汇检查部门调查发现部分境外机构通过与境内持牌支付机构合作，由境内持牌支付机构充当跨境支付通道，向境内主体提供境外预付卡①充值服务。该模式下，境外机构涉嫌非法在境内经营支付业务，境内持牌支付机构为其提供跨境支付服务涉嫌未经批准擅自经营外汇业务，致使大量外汇资金在缺少交易背景的情况下购付汇出境，相关风险值得关注。

一、基本情况

2020 年，外汇检查部门根据日常检查线索，发现香港 EP 公司向境内提供预付卡充值服务，以及互联网上存在介绍利用万事达全球付虚拟信用卡快速入金老虎证券的内容。经查，外汇检查部门发现 A 支付机构为 EP 公司预付卡充值提供跨境收单和跨境支付服务，同时也为香港 EA 公司预付卡充值提供跨境收单和跨境支付服务。上述两家境外公司均为 A 支付机构签约境外商户，A 支付机构预付卡充值业务存在资金在交易背景未发生的情况下即可实现出境的风险。

根据提供材料显示，EP 公司成立于 1999 年，2016 年获得香港金融管理局储值支付（Stored Value Facilities，SVF）牌照，2012 年成为万事达卡国际组织成员机构，2018 年成为银联国际成员机构。

---

* 张艺严、李峥：供职于中国人民银行营业管理部外汇检查处。

① 《非金融机构支付服务管理办法》第二条规定，预付卡是指以营利为目的发行的、在发行机构之外购买商品或服务的预付价值，包括采取磁条、芯片等技术以卡片、密码等形式发行的预付卡。

EA 公司是香港一家以区块链技术为核心的金融科技公司，致力于为全球商家提供低成本的跨境金融解决方案，在境外得到多家银行以及 VISA 的支持与合作，建立了覆盖全球 130 多个国家和地区的支付网络。

（一）业务模式

境内客户首先在 EP 公司和 EA 公司的境外网站上开立虚拟银行卡账号（即预付卡），然后境内客户在该网站上发出资金充值指令，境外网站即时生成未载明实际交易背景信息的充值订单发送给 A 支付机构，此时 A 支付机构并未获取境内客户的交易背景；A 支付机构收到订单后根据境内客户授权立即通过其支付接口将境内客户人民币资金划转至 A 支付机构人民币备付金账户，并将资金划转情况反馈给 EP 公司和 EA 公司，EP 公司和 EA 公司在境外网站上向境内客户展示充值外币余额，完成一笔充值业务。客户虚拟卡中的外币资金可在 EP 公司和 EA 公司合作的万事达、VISA 所有终端机上使用，用于购买境外的商品和服务，亦可留存在虚拟卡账户内。

A 支付机构在收到境内客户人民币资金的第二天进行购汇，并以境内客户为购汇主体，以经常项目下货物贸易、留学教育、机票住宿、旅游、软件服务等消费为名（批准范围内）向合作的 Z 银行申请购汇，并在达到约定的最低结算金额后付汇至 EP 公司和 EA 公司的境外账户，此时 A 支付机构仍未获取境内客户的交易背景信息，国际收支却申报为空运客运、留学及教育相关旅行、就医及健康相关旅行、公务及商务旅行、其他私人旅行、未纳入海关统计的网络购物、计算机服务等。

（二）业务规模

2017 年 7 月至 2020 年 8 月，A 支付机构为境外商户 EP 公司和 EA 公司虚拟卡充值业务提供跨境收单及跨境购付汇服务，共发生购汇折 59987008.28 美元，折 407273931.85 元人民币。

此外经研判发现，2017 年 7 月至 2021 年 6 月，EA 公司收到 B 支付机构以未纳入海关统计的网络购物、其他私人旅行、货物或服务交易佣金及相关服务的名义付款 2121 笔，金额合计 36760355.93 美元，此部分交易背景有待核实。2019 年 4 月至 2021 年 6 月，EP 公司收到 C 支付机构以其他私人旅行的名义支付的 226 笔跨境人民币资金，金额合计 225815628 元人民币，折 32839329.31 美元。

二、存在问题及风险

（一）境外机构涉嫌非法经营支付业务

根据《非金融机构支付服务管理办法》第三条"未经中国人民银行批准，任何非金融机构和个人不得从事或变相从事支付业务"的规定，境外 EP 公司和 EA 公司未经中国人民银行批准，借道境内持牌支付机构向境内客户提供以外币计价的预付卡充值服务，是典型的跨境"无照驾驶"行为，涉嫌非法在境内经营支付业务，相关行为有待进一步规范。

（二）突破行政许可范围，跨境支付业务存在监管盲点

A 支付机构与 EP 公司和 EA 公司合作，将客户人民币资金在未发生实际交易情形下通过跨境支付方式充值至境外虚拟卡上，未在其跨境支付行政许可范围内展业，突破了跨境支付业务真实交易背景的监管原则，形成监管盲点。同时，该公司开展此项业务缺少基本的风险管控机制，没有掌握充值资金的最终去向、交易背景信息，违背了展业三原则（了解客户原则、了解业务原则、尽职尽责原则），违反了外汇管理部门对跨境外汇支付业务管理的要求。

（三）支付机构涉嫌未经批准擅自经营外汇业务

A 支付机构获批的外汇业务范围限于货物贸易、航空机票、酒店、住宿、留学教育、旅游服务、国际运输、软件服务、通信服务，不包括预付卡充值。根据《支付机构跨境外汇支付业务试点指导意见》①（汇发〔2015〕7 号，已于 2019 年 4 月 29 日废止）第八条和《支付机构外汇业务管理办法》（汇发

---

① 跨境外汇支付业务应当具有真实合法的货物贸易、服务贸易交易背景。支付机构不得为以下交易活动提供跨境外汇支付业务：不符合国家进出口管理规定的货物、服务贸易；不具有市场普遍认可对价的商品交易，以及定价机制不清晰、存在风险隐患的无形商品交易；可能危害国家、社会安全，损害社会公共利益的项目或经营活动；法律法规及人民银行、外汇局规章制度明确禁止的项目。

〔2019〕13 号）第三条①的规定，A 支付机构涉嫌未经批准擅自经营外汇业务。

（四）支付机构仍未掌握真实性审核实质

支付机构在开展预付卡充值业务中的交易背景审核全部依托于境外机构，在完全不掌握交易背景的情况下便办理购付汇，购付汇的资金流和交易背景的信息流出现严重的不匹配，缺失了关键的交易背景信息。支付机构在事后也未能掌握充值资金的实际交易背景，资金出境后出现无法监测控制的局面，预付卡充值业务中的真实性审核流于形式。

（五）部分个人充值资金总额显著异常

经数据分析，EP 公司的部分充值交易存在显著异常，部分个人的充值资金总额极大，充值总额超过 100 万元人民币的人数达到 49 人，上述金额合计 1.09 亿元人民币，占全部充值金额的四分之一。其中，充值最多的个人共计充值 727.53 万元人民币，2018 年 7 月至 2020 年 8 月两年时间内充值上万笔。上述情况明显同正常的跨境购物存在区别。

（六）国际收支涉嫌存在错报情况

A 支付机构及其合作银行在不掌握充值后真实交易背景的情况下，直接使用空运客运、留学及教育相关旅行、就医及健康相关旅行、公务及商务旅行、其他私人旅行、未纳入海关统计的网络购物等交易内容进行申报，未能遵循基本的国际收支申报原则，存在错报的嫌疑。

三、政策建议

（一）尽快建立完备的跨境预付充值业务监管体系

外汇监管部门应当兼顾市场需求和风险防范，强化顶层设计，尽快建立

---

① 支付机构依据该办法办理贸易外汇收支企业名录登记（以下简称名录登记）后方可开展外汇业务。支付机构应遵循"了解客户""了解业务""尽职审查"原则，在登记的业务范围内开展经营活动。

完善的跨境预付充值业务监管体系，从真实性和合法性出发制定相应的业务规范和审核要求，严格把握支付机构办理预付充值业务的标准，避免境内外机构未经批准便开展跨境预付充值业务，强化对业务的日常监管水平。

（二）支付机构需尽快解决资金流和信息流不匹配困境

支付机构预付卡充值业务中购付汇资金流和交易背景信息流无法验证的情况在其他业务场景如跨境电商收款中同样存在，关键核心信息依赖境外机构审核提供。支付机构应采取"断直连"措施，切断与境外经营支付业务机构的直连模式，直接由支付机构对业务的资金流和信息流进行采集验证，保证每一笔业务的资金流和信息流一致。

（三）强化反洗钱监管理念在支付机构的应用

支付机构应当在严格执行《支付机构外汇业务管理办法》的基础上参照《银行跨境业务反洗钱和反恐怖融资工作指引（试行）》（银发〔2021〕16号）要求，强化反洗钱监管理念在跨境支付业务上的应用。支付机构应有效识别客户申请办理跨境业务的交易背景、交易性质、交易环节和交易目的等，审查交易的合规性、真实性、合理性及其与跨境收支的一致性，应当确保支付指令的完整性、一致性、可跟踪稽核和不可篡改。

（四）不断提升支付机构真实性合法性审核能力

外汇管理部门要强化风险意识，封堵资金违规出境通道，严厉打击举着创新旗号的外汇违规行为，强化支付机构跨境外汇支付业务的监管。尽快出台支付机构不同业务场景下的展业规范，明确操作规程和审核内容，提升展业可操作性和便利性。同时对于违法违规办理外汇业务的机构应予以严惩，震慑违法违规主体，全面封堵资金违规出境通道。

（五）严厉打击境外机构违规境内展业行为

外汇管理部门要不断深化同其他监管部门的合作，凝聚监管合力化解跨境金融活动"无照驾驶"风险。外汇管理部门应深化同支付结算监管部门的监管合作，对于境外机构未经批准在境内经营支付业务的行为予以严惩，严控跨境支付风险。

（六）不断提升个人外汇合规意识

外汇管理部门在严厉打击资金违规出境渠道的同时，也应当加强对个人外汇政策的宣传推广，提升个人合规使用外汇的意识，引导境内居民通过正规渠道兑换外汇出境，避免因不熟悉外汇政策、贪图方便而违反外汇相关规定，造成非必要的财产损失。

维好协议的法律地位与外汇管理问题探讨

陈 涛 杨长喜 汪 典 张 婧 马艺铭 穆 毓*

2020 年 10 月，时和全球投资基金 SPC——时和价值投资基金（以下简称时和基金）根据内地与香港互认民商事判决的规定，成功取得其认购债券的维好协议出具方上海华信国际集团有限公司（以下简称华信集团）的破产债权。但该案在港沪两地均未进行实体审理，预计不会产生一般判例作用。维好协议在中资企业发行离岸债时被广泛使用，其是否具有担保属性需依据具体增信条款判定，但这种增信方式可能带来跨境资金流动风险，管理上不能简单套用跨境担保监管模式。建议将维好协议履约纳入外债登记范围，并完善风险监测预警机制。

一、时和基金取得华信集团破产债权案始末

（一）案件经过

2017 年 10 月 23 日，哲源国际有限公司（以下简称哲源国际）发行了本金为 2991 万欧元的债券，时和基金成为债券的登记持有人。同日，哲源国际境内关联实体华信集团出具"维好协议"，承诺将维持哲源国际合并净值及足够的流动性。华信集团在协议中表明，该承诺并非担保，但如果华信集团未能履行义务应承担相应法律责任。

2018 年 7 月 24 日，哲源国际发生债券违约，因其系 SPV 公司，无资产

---

* 陈涛、杨长喜、马艺铭、穆毓：供职于中国人民银行中关村中心支行。汪典：供职于中国人民银行营业管理部法律事务处（金融消费权益保护处）。张婧：供职于中国人民银行营业管理部内审处。

可供执行，时和基金向香港特别行政区高等法院起诉维好方华信集团。华信集团未出席应诉，香港高等法院仅对协议订立过程进行程序性审查即做出缺席判决，支持原告的诉讼请求，判决华信集团承担 2900 万欧元的债务。

判决生效后，华信集团既未上诉，也未履行判决。2019 年 5 月，时和基金向上海金融法院申请认可和执行香港判决。审理过程中，华信集团提出答辩意见：维好协议内容本质为担保，该担保行为未依照规定经外汇管理局的审批，违反我国关于"内保外贷"的禁止性规定；执行香港判决将违反内地社会公共利益。

2020 年 10 月 30 日，上海金融法院做出（2019）沪 74 认港 1 号民事裁定，根据两地法院相互认可和执行民商事判决的相关规定，认可和执行香港判决。但裁定书强调，一是本案只做程序性问题审理，维好协议在境内有效与否的实体法问题不属于本案审查范围；二是被告人提出的执行香港判决将违反内地社会公共利益的答辩意见，法院不予支持。判决做出后，双方均未上诉。

（二）案件意义

本案具有一定特殊性，虽然从结果上确认了维好协议的担保效力，但审理过程中，香港和上海两地的法院均未对协议的担保属性进行实体审查。对于香港地区的法院，该判决预计不会被作为确认维好协议的一般判例而在今后的审判中引用；之于内地法院而言，该案的意义仅在于《最高人民法院关于内地与香港特别行政区法院相互认可和执行当事人协议管辖的民商事案件判决的安排》在内地得到良好执行，程序意义较实体意义更重要。

二、维好协议基本情况

（一）维好协议模式在中资企业境外发债时被广泛使用

维好协议是英文 KeepWell Deed 的直译，一般是指维好方向债券托管人等市场主体声明会维持发行人运营良好或承诺提供流动性支持，从而为发行人如期偿付债券本息提供增信支持的三方协议。由于未明确是否构成跨境担保，维好协议无需办理内保外贷登记，因此中资企业境外发债时广泛运用这一模式。

Wind 数据库显示，截至 2021 年 12 月 1 日，以维好协议架构发行的中资离岸债债券存量共 129 只，金额共 683.15 亿美元，数量和金额占有增信手段债券的比例分别为 12.98% 和 16.73%。其中 22 只债券、约 131.47 亿美元将于半年内陆续到期，如发生维好履约，将形成较大规模的跨境资金流动敞口。

（二）维好协议是否构成担保取决于具体协议条文

无论在债券发行地（一般为中国香港或英美）还是维好方所在地（中国境内）法律中，维好协议是否构成担保都应取决于具体协议条文。英美法以司法判例为主要的法律渊源，司法实践中，通常将维好协议视作安慰函（Comfort Letter）的一种类型。过往案例表明，安慰函是否构成担保，核心在于函中是否包含明确指出安慰函不构成担保条款或不具备法律执行力的免责条款。例如，在 Hong Kong and Shanghai Banking Corporation（HSBC）诉 Jurong Engineering Limited 案中，境外法院未支持维好方代债务人履行偿付义务的请求，因为维好方在安慰函中表明仅承担"道德义务"而非"合同责任"，明确指出不提供任何形式的"担保协议"。

在中国境内的法律中，非标准保证条款的协议、承诺是否构成保证担保，仍取决于合同条文的具体约定。维好协议如具有"承担贷款人的责任与义务""差额补足"等本质上与保证实质意义高度一致的表述，则具有担保属性。例如，在最高人民法院审理的"中国银行（香港）有限公司和台山市电力合同纠纷案"中，最高人民法院认为，承诺函中虽然无明确的保证责任，但台山市政府已承诺在贷款行要求时全部承担借款人的有关责任和义务，符合保证关系的实质，判定保证关系成立。《中华人民共和国民法典》（简称民法典）实施后，《最高人民法院关于适用〈中华人民共和国民法典〉有关担保制度的解释》第三十六条进一步明确，第三人提供差额补足、流动性支持等类似承诺文件作为增信措施，具有提供担保的意思表示的，应视为保证。综上，在中国境内的法律中，承诺"承担贷款人的责任与义务""差额补足""提供流动性支持"的维好协议，应当被视为担保，而做出其他承诺的维好协议仍有赖于个案判断。

（三）维好协议未经登记不影响合同效力

在民法典施行前后，被视为担保的维好协议，均不因未到外汇管理局办理登记而无效。境外发债的维好协议产生纠纷的，如果债券的发行日、到期日均在民法典施行之前，其引发的民事纠纷原则上应适用《中华人民共和国担保法》及其司法解释的相关规定。在《中华人民共和国担保法》下，有观点认为，未经外汇管理局登记对外担保的，担保合同无效，理由是《最高人民法院关于适用〈中华人民共和国担保法〉若干问题的解释》第六条中规定，未经有关主管部门批准或登记对外担保的，担保合同无效。但实际上，《跨境担保外汇管理规定》第二十九条已明确，跨境担保的登记或备案等手续不构成担保合同的生效要件。即外汇管理局登记备案手续不应是效力性规定，而是管理性规定，违反该管理规定将受行政处罚，而与担保合同的效力无关。

境外发债的维好协议产生纠纷的，如该债券系在民法典施行后发行，或虽在民法典施行前发行但持续至民法典施行后才到期的，一般应适用民法典及其解释的相关规定。而在民法典及《最高人民法院关于适用〈中华人民共和国民法典〉有关担保制度的解释》中，均未继续将未经批准或登记对外担保及其类似情况规定为无效担保。综上所述，无论适用《中华人民共和国担保法》还是民法典的相关规定，维好协议未经登记的，均不影响合同效力。

三、以维好协议方式为境外发债增信的外汇监管问题研究

（一）维好协议处于监管空白存在跨境资金监管漏洞和债券市场波动风险

以维好协议为境外发债增信的方式被中资企业广泛采用，目前存量较大，且每年新增规模较多。如继续将维好协议置于监管空白地带，易发生跨境资金监管漏洞。如维好方依维好协议履约，大规模的跨境资金流动可能会超出外汇管理局的可控范围，进而引发系列连锁反应，形成跨境资金流动风险。

将维好协议纳入跨境担保监管范畴，有助于加强对维好协议的金融监管和风险控制。一是有利于对维好协议境外发债的资金用途进行约束，便于加强交易背景、债务主体资格、资金用途等方面的合规性审核和监督使用资金。二是利用资本项目信息系统与业务编号进行关联，采集相关数据，如发生违规行为能及时预警和处理。三是有利于监管维好协议境外发债的履约可能性，

一方面审核偿债资金来源、担保履约可能性，另一方面若发现履约或"资不抵债"风险，尽到提醒义务并尽早做好金融风险防范及处置准备。四是便于外汇管理局对跨境担保管理方式进行适时调整，可以根据国际收支状况、宏观经济周期等使用逆周期管理手段调控。

（二）维好协议的特殊性决定对其不能简单套用内保外贷管理模式

首先，一概将维好协议套用内保外贷的规定进行管理，有悖于企业选择维好协议时的主观意图，给企业实际经营和资金运转带来不便。就企业初衷而言，贷款人、借款人和维好人间签署合同是市场行为，三者各自承担风险：债券持有人或贷款人愿意接受增信力度较跨境担保弱的维好协议是其自身基于对借款人和维好方的判断决定的，维好方也可给自身留有一定的选择空间，是否履约取决于自身意愿。

其次，由于维好协议不一定构成保证担保，套用内保外贷规定存在较大的法律界定风险和管理难度。若要把维好协议纳入跨境担保管理，需要当事人充分梳理合同法律关系，分析合同中是否存在维好方履行债务或承担责任的具有法律约束力的保证实质承诺。而且境外债券维好协议往往适用境外法律，在法律界定和法律执行上可能会和境内法出现冲突，这对维好方、债务人和债权人的法律水平、合同条款设计，以及外汇管理局管理人员的法律水平提出了较高要求，在监管实施上存在较大的界定风险和管理难度。

最后，实际是否依维好协议履约、履约规模全部由企业自决，若以维好协议增信的总金额进行登记，可能会使外汇管理数据失真，失去外汇登记的本来意义。一概要求企业在签订维好协议时办理登记，还可能使市场误解为监管机构背书维好协议。

四、政策建议

（一）建议将依维好协议履约纳入对外债权登记范围

以维好协议形式为境外发债增信的，鉴于维好协议有别于跨境担保的特殊性，建议以实际履约资金而不是维好协议增信的金额为监管对象，在实际发生维好履约时要求企业至外汇管理局办理对外债权登记，而无需在签订维好协议时即办理登记。

（二）进一步完善履约风险和跨境资金流动风险监测预警机制

一是建立境内外本外币债券违约风险联动监测机制。将包括维好协议债券在内的境外发债、融资与境内债券市场结合监管，境内外、本外币债券统一纳入监测机制，进一步完善跨境资金流动风险监测预警，提高有效性和准确性。

二是建立多维度的余额风险预判机制。建议加强与其他监管部门沟通协作，将微观监管与宏观监管相结合，建立跨境担保余额风险预判机制。以企业跨境资金流动情况等外汇系统数据为基础，结合股市状况、财报状况等，联合其他部门建立企业经营状况评估与预警机制，在企业经营状况不佳时对其可能发生的违约行为尽早发现、及时处置。

完善跨境交易真实性管理问题研究

毛钢锤　王　洋　徐式媛　周斐斐　黄玲畅*

跨境交易真实性管理是我国外汇管理改革的重要方面，在有效维护我国外汇市场稳定和国家经济金融安全等方面，真实性管理发挥了十分重要的作用。随着我国发展格局的变化，国际收支结构也随之发生深刻变化，内外部多重因素影响下的跨境贸易呈现诸多新趋势，真实性管理方式需要向"越合规越自主、越诚信越便利"良性循环的管理方式转变。从制度设计、体系建设、评估导向等方面改善跨境交易真实性管理，打破传统、建立新型真实性管理模式，是外汇管理正确把握"双循环"新发展格局含义和要求，深化放管服改革、服务高质量发展的重要切入点。

一、完善跨境交易真实性管理的必要性

加强和改善真实性管理是外汇部门落实统筹发展和安全的具体举措。党的十九大以来，为适应全面开放新格局，外汇管理部门进一步统筹平衡促进贸易投资自由化、便利化与防范跨境资金流动风险的关系，着力构建完善跨境资本流动"宏观审慎+微观监管"两位一体的管理框架，以应对外汇市场面临的高强度冲击。在这其中，真实性审核是微观监管着眼于行为监管、依法规范外汇市场行为、严厉打击跨境套利和违法违规行为的关键点，同时也为宏观审慎政策作用的充分发挥和顺畅传导提供了有序的市场环境和重要的市场基础。因此，在开放进程中着力提升贸易投资自由化、便利化，在发展过程中有效防范跨境资金流动风险，从政策层面加强和改善真实性审核是外汇部门落实统筹发展和安全的具体举措。

---

* 毛钢锤、王洋、徐式媛、周斐斐、黄玲畅：供职于中国人民银行营业管理部外汇综合业务处。

加快真实性管理方式转变是外汇领域深化放管服改革的关键环节。一方面，这是主动适应贸易新业态发展的需要。在互联网技术发展迅猛的当今时代，跨境电子商务在对外贸易交易过程中的地位日益凸显。贸易新业态模式下的交易，支付模式呈现单笔小额高频的特征，对支付速度和频率要求较高，在侧重单证审核、表面真实的传统真实性管理要求下，外汇管理部门的监管有效性面临较大挑战。另一方面，这也是主动回应市场主体关切、增强市场主体获得感的需要。

二、我国跨境交易真实性管理的问题和难点

（一）银行跨境交易真实性管理的主要问题

近年来，外汇管理坚决贯彻党中央、国务院有关推动贸易自由化、便利化和推进贸易创新发展的决策部署，大力推进各项便利化改革，有效节约了银行、企业和个人的跨境交易结算时间和财务成本，支持了涉外经济的高质量发展。跨境交易真实性管理基本体现了依托银行展业三原则的思路，也取得了帮助市场主体提升跨境交易体验感的积极效果。但受制于多方面因素，跨境交易真实性管理较多依赖单证表面真实性审核，影响了便利化政策的落地效果和市场主体的便利化体验。

1. 便利化政策的传导及落地效果有待加强

便利化政策从发布、执行到施惠于实体经济，需要准确、高效的政策传导并通过银行确保政策有效落地。从目前情况看，便利化政策落实的总体效果较好，但也存在一定的问题。一是政策传导效果存在差异。便利化政策传导和落地效果在跨国公司、大型企业及传统的外贸企业中一般是比较理想的，对于相对处于政策传导末端的中小企业和个人，往往需要较长的政策适应期。二是同一便利化政策在不同银行间的执行效果差异化。不同银行因理念不同和合规尺度把握问题，造成审核标准不同而增加银企沟通成本，影响了便利化政策的落地效果。三是不同银行科技手段及系统建设差异化。外汇管理部门的贸易收支电子单证审核政策非常便利，但是部分银行电子化发展水平较低，难以有效防范企业在不同银行间使用同一单证重复办理收付汇的风险，且电子审单需要充分的前期投入及技术铺垫，给便利化政策落地带来困难。

2. 市场主体的便利化体验还有进一步提升的空间

市场主体对外汇管理部门在支持实体经济发展、便利市场主体方面出台的诸多便利化政策的整体评价是积极并高度认可的，但在执行层面还存在一定的问题，即市场主体对便利化政策的体验和获得感还有进一步提升的空间。一是"互联网+政务服务"减少了企业的"脚底成本"，但一些审核单证较多的业务仍较难实现网上办理。二是针对中小企业的便利化政策存在供给不足的现象，一些银行网点针对中小企业的便利化服务和政策解释略显不足。三是银行根据"三反"（反洗钱、反恐怖融资、反逃税）监管要求开展尽职调查过程中，需对企业进行身份识别、追加单据审核，这是银行必须承担的责任和义务，只是还未体现在外汇政策法规层面，容易被一些市场主体不理解，客观上弱化了便利化政策的体验。

3. 银行展业趋于保守审慎，展业质量有待提高

展业三原则是体现监管部门"实质审查"要求的主要举措，但由于缺乏配套规则，从实际效果上看银行展业更多地趋于保守审慎。这虽然影响了便利化政策的实施效果，但也存在银行要降低合规成本的合理性。目前，展业规范缺乏细化的指引和配套制度，银行面临外汇展业原则执行难、落地难，展业质量不高等困境。同时，便利化政策要求银行在大力减少单证审核的同时，从"形式审查"转向"实质审查"。银行面临既要简化单证审核推进便利化，又要开展实质审查确保交易真实的较难选择，往往难以妥善平衡防风险和便利化的关系。

（二）跨境交易外汇监管面临的难点

1. 偏重事后追责，"全流程"监管机制不足

我国外汇管理已构建货物贸易、资本项下的事中监管体系，但尚未在政策法规层面形成有效的法律支撑，现行的制度设计仍以事后追责的制度为主。一方面，非现场核查中发现的问题仍要移交检查部门，通过立案、取证等环节实现对违规行为的认定和处罚，影响了时效性。另一方面，对于金融机构内控是否健全、展业措施是否细化落实、"三反"义务是否履行等问题，监管部门大多通过约谈等方式进行有限度的预警管理。因此，现行外汇管理制度难以为全流程监管提供有效的法律支撑。

2. 本外币跨境交易分立监管状态影响监管的协同性

一是本外币跨境流动管理处于分立监管状态，在相关政策措施方面缺乏必要的协同。协同本外币政策在宏观上可以大幅提升便利化政策的有效性，在微观执行层面可以有效避免监管套利。目前类似本外币一体化资金池试点的本外币协同政策尚处于试水期。二是跨境人民币违规行为处罚缺乏相应的法规支持，仅能采取约谈银行业务负责人、通报批评、责令整改等行政监管措施对业务进行规范，监管效果有限，制约了监管的有效性及权威性。

三、完善跨境交易真实性管理的方向

目前，发达经济体在真实性管理领域的通行做法是不依靠单证审核，而是由银行机构履行展业原则和承担"三反"责任，围绕防范和打击洗钱、恐怖融资、毒品犯罪等危害国家安全和金融市场稳定的犯罪行为开展真实性管理。监管部门制定原则性规定，对银行的内控制度实行监督，惩罚严重过失。

在借鉴国际经验的基础上，结合我国外汇管理实践，可确立"原则+规则"相互配套、本外币跨境交易一体化监管的原则，完善事前事中事后的"全流程"监管机制，将非现场监测和现场检查并重，加强本外币一体化跨境资金流动监测分析，从以下方面完善跨境交易真实性管理。

（一）银行跨境交易真实性管理的完善方向

1. 把握展业原则实质，完善展业工作流程

银行在真实性审核中，应进一步把握展业原则的实质，构建完备的工作流程。对跨境交易业务采用全流程管理，从各环节、多维度开展展业审查。加强尽职调查，对跨境业务背景的商业合理性与逻辑合理性进行判断，深层次了解资金来源和去向的合理性，将真正落实展业原则代替简单的审核单证表面真实性。

2. 强化银行内控，提升合规能力

银行应以防范风险为前提完善内控制度，建立内部分工明晰、职责明确的保障制度，并加强对分支机构的政策传导和业务指导；在常规标准上加入动态调整机制，适时引入针对市场新业态、新模式的行业研究分析等数据信

息，综合判断主体在投融资资金使用上的真实性程度；完善问责机制，建立内控制度监督检查常态化机制，将监管部门的规定和自身内控要求，有效落实到业务中；建立高水平的合规团队，加强内控合规力量的配置。

3. 借鉴"三反"原理，助力真实性审核

参考反洗钱监管中客户身份识别要求，建立外汇业务客户身份背景评估机制。通过客户身份背景评估机制，全面评判违规概率和风险等级，有选择、有重点地提供外汇服务；对信息不足以支撑判断的业务，可通过追加相关材料的方式进行审慎审查；借鉴反洗钱报告机制，对异常线索进行检查评估，及时报告可疑交易和确认违规问题。

4. 完善展业自律，强化银行分级管理

完善行业自律机制，从行业自律维度确保真实性审核在执行上的规范和统一。强化银行分级管理，提高对守法金融机构考核分类等级的划分，以发挥正向激励作用。同时，搭建同业交流平台，建立先进经验和高风险业务披露共享机制。

（二）跨境交易外汇监管的完善方向

1. 优化银行外汇考核评价体系，细化展业原则

优化银行外汇合规与审慎经营评估体系，明确展业原则落实情况的考核方式和评价标准。细化展业原则，明确外汇管理局和金融机构在监管和落实展业原则中的权利和责任。对金融机构履行"尽职审查"予以适当指引，保障金融机构根据自身管理方式和业务特点采取不同方式对跨境交易的真实性进行审核。

2. 运用科技赋能，提高监管科技化水平

借鉴跨境金融区块链服务平台的经验，将外汇监管规则嵌入到跨境融资平台或银行跨境业务管理平台中，跟踪掌控资金流向，避免监管滞后，实现及时有效的外汇监管。同时，构建异常跨境资金流动筛选监管模型。利用大数据、人工智能技术，拓展外汇管理过程中的数据源，对关键风险点进行系统监控，优化客户识别和开户管理，进行交易风险预警，弥补人工控险中的低效和缺失环节。

3. 加强监管合作，搭建数据共享平台

加强监管合作，联合内外部数据，多维度监测分析交易的真实性。探索

搭建公共信息平台，如征信、海关、税务、市场监督、社会保障等部门，全面录入市场主体自身及关联方的各类信息，通过信息共享全方位分析跨境交易的真实性。建立跨境异常资金交易信息披露机制，在监管机构之间共享。推进分级管理信用体系建设，对于守信和失信市场主体建立严格的奖惩机制，通过成熟的社会信用体系对市场主体的震慑，维护良好的信用秩序和外汇管理秩序。

采用协议控制模式引入外商投资的监管问题研究

邱晓瑞 吕 晶*

境内企业为满足融资需求、规避行业准入要求，在境内搭建协议控制架构利用境外特殊目的公司主体融资，该部分外资对我国部分行业发展具有正面影响，但变相突破了法律规定与产业政策，监管部门对于协议控制模式态度模糊。该模式一直处于灰色地带，影响国家监管的权威性，滋生隐性违法行为，增加跨境资金流动风险，且不能从根本上化解境内企业融资难题，亟需完善对相关业务的监管。本文对北京辖区内10家采用协议控制模式引入外资的企业进行调研，梳理该模式的发展现状及存在的问题，提出相应的建议。

一、采用协议控制模式引入外商投资的基本情况

（一）业务架构

采用协议控制模式引入外商投资的架构如图1所示。

图1显示了一种最简单的协议控制模式的组成架构：创始股东在境外设立特殊目的公司（Special Purpose Vehicle，SPV），SPV在境内设立外商投资企业（Wholly Owned Foreign Enterprise，WOFE），WOFE通过与境内经营实体（Operating Company，OPCO）签订股权质押协议、股权优先购买权协议、管理咨询或技术服务协议及借款协议一系列合同来控制境内企业的经营活动，取得OPCO的利润。实践中，由于税收优惠等因素，境外SPV通常设立在开曼群岛、英属维尔京群岛；创始股东多为境内居民，形成返程投资结构，境

---

* 邱晓瑞、吕晶：供职于中国人民银行营业管理部外汇检查处。

内企业控制权大多仍属于境内个人。

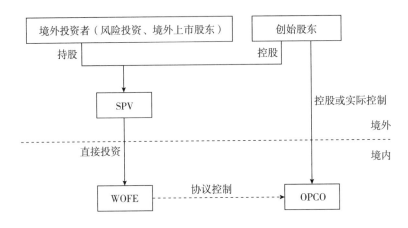

图1 采用协议控制模式引入外商投资架构

资料来源：笔者自绘。

（二）产生原因

协议控制模式中的 OPCO 多为互联网、传媒、医疗、教育等对外资准入有不同程度限制的行业，且处于初创期、成长期，营业收入尚不足以覆盖日常经营支出，具有较大的融资需求，选择该模式既能利用境外 SPV 较便利地融资，又规避了国内的监管限制。

一是满足境内企业的融资需求。一方面，企业境内上市或者赴境外直接上市要经过中国证券监督管理委员会（以下简称证监会）审批，且对企业净资产、利润、筹资额有一定的要求，银行信贷或借入外债同样受制于净资产规模等财务指标，国内风险投资对该类投资金额大、回报周期长的产业关注度不足，境内企业难以直接筹集充足的资金；另一方面，境外成熟资本市场具有资金充足、流动性好、估值重未来预期、再融资限制少等有利因素，上市门槛相对宽松、程序相对便捷，境外 SPV 主体融资环境较好。

二是规避外资准入的法律与产业限制。第一，对于发展和改革委员会及商务部共同制定的外商投资负面清单中的禁止类与限制类产业，外资企业无法或难以获得经营牌照。鉴于相关规定对外商"投资"或"持股"进行限制，不存在直接股权关系的协议控制模式成为很多境内企业引入外资的方式。

第二，部分行业设定了准入主体资质，为满足审批部门要求，境内采用协议控制模式。第三，部分产业政策倾向于内资企业。部分政府重大科研专项申报虽未明确要求法人资格的具体属性，但往往倾向于内资企业，采用协议控制模式代替外商直接投资有利于市场拓展。

（三）涉及的跨境业务

协议控制模式引入外商投资，往往伴随着资金的跨境流动与境内划转，主要涉及以下三个环节：

首先，境外 SPV 融资汇回境内。境外 SPV 境外融资资金主要是以资本金注资或外债借入的形式汇入境内 WOFE。其中，根据企业借入外债模式，可借外债额度受净资产或投注差等因素限制。

其次，境内 WOFE 向 OPCO 划转资金。大多选择协议控制模式的企业是为规避外商投资负面清单的要求，境内经营实体所在行业为禁止类或限制类领域，因此 WOFE 难以通过再投资的方式将资金直接投向 OPCO，通常以关联公司贷款、签订服务合同等形式将资金划转至 OPCO 使用。

最后，协议控制架构拆除资金汇出。目前拆除协议控制架构的通行做法是，境内 OPCO 收购 WOFE 的全部股份，实现外商投资企业外转，境外 SPV 收到股权转让对价后，回购并注销境外投资者的股份，可能导致短期跨境资金的异常波动。

二、国内外关于采用协议控制模式引入外商投资的监管现状

（一）国内对协议控制模式的监管仍然存在空白

我国法律法规始终没有界定协议控制模式的含义，也没有设置监管程序。目前，国内只有《国家外汇管理局关于境内居民通过特殊目的公司境外投融资及返程投资外汇管理有关问题的通知》（汇发〔2014〕37 号）、《商务部实施外国投资者并购境内企业安全审查制度的规定》（商务部公告 2011 年第 53 号发布）两个部门规章明确提到"协议控制"，分别用于解释境外特殊目的公司返程投资登记、涉及安全审查行业的跨境并购涉及的情形，均不是针对

协议控制的具体规范。此外，国内对协议控制模式的相关政策也一直处于变动之中，2020 年实施的《中华人民共和国外商投资法》删除了旧法关于协议控制模式的内容，仅留下兜底条款，为今后的监管留有解释空间。

（二）软性监管方式加大该模式合规性的不确定性

实践中，从新浪网首创协议控制模式成功在美国上市以来，该模式被广泛运用于禁止或限制外资企业境外融资的领域。监管部门一直持默许态度，但也曾通过各种审查或窗口指导等方式对一些协议控制架构进行管理，如工业和信息化部在谷歌和亚马逊试图通过协议控制模式进入中国市场时进行监管，商务部附条件批准了沃尔玛公司收购纽海控股股权，中国人民银行要求支付宝在申领支付业务许可证前转为内资身份等。在没有法律法规明确定性的前提下，监管部门的软性监管方式增加了该模式合规性的不确定性。

（三）境外特殊目的公司设立及运营监管宽松

SPV 注册地的监管部门是架构中境外 SPV 的设立及运营的监管主体，为吸引国际投资者，这些注册地政府对企业给予了非常宽松的法律环境和各种税收优惠政策，注册门槛较低，不要求强制性披露公司股东资料、股权比例等信息，实质监管效力十分有限。

（四）协议控制模式境外上市监管趋严

采用协议控制模式的中国境内企业的境外上市地主要是美国和中国香港。美国主要以信息披露为管理手段，没有专门针对协议控制模式的规范。但目前美国证券交易监督委员会（以下简称美国证监会）针对采用协议控制模式上市的公司的申请审核也越发严格，2021 年 8 月 17 日美国证监会主席在推特上表示，停止处理中国境内企业采用协议控制模式在美国注册上市，并提高了对拟上市企业的披露要求；中国香港联合交易所有限公司发布并多次修订针对协议控制模式的《香港交易所上市决策》，原则上允许企业采用协议控制模式上市，但当法律对受限行业解禁时，必须取消结构性合约安排。虽然香港联合交易所有限公司对协议控制模式并没有持否定态度，但对协议控制模式的审核比较谨慎。

三、采用协议控制模式引入外商投资存在的问题

（一）未建立统一监管框架，不利于构建良好的企业营商环境

各监管部门对外商投资中的境内协议控制模式，在各自领域具有较强的自由裁量权，实践中多采用软性监管方式，缺少法律规章的支持，监管标准不透明，业务指引不清晰，甚至可能造成各部门监管冲突，企业对外部法律环境难以形成稳定预期。

（二）具有规避监管属性与隐蔽性，可能导致违法行为发生

该模式产生的主要原因是规避监管，尽管部分企业采用该模式引入外资仅是为了获取境外资金，并未产生危害国家利益的严重后果，但企业情形多样，交易背景复杂，不排除影响国家安全、经济运行的情况。协议控制主要是境内企业间的一系列协议关系，具有隐蔽性，监管部门难以及时发现并阻止危害国家利益的违法行为。

（三）资金跨境情况难以掌握，增加短期跨境资本流动风险

无论是搭建还是拆除协议控制架构，都会涉及大额资金的跨境流动，目前尚无对其资金流动的监测手段与管理措施，资金的大出大进，可能会影响我国金融市场的稳定。

（四）境外资金的境内使用存在障碍，企业融资难题仍未解决

企业采用协议控制模式进行境外融资的最终目的是将资金调回境内用于OPCO经营发展，实践中，境外融资资金一般可以以资本金或外债名义直接划转至WOFE，但WOFE和OPCO的资金境内划转渠道不顺畅。例如，以WOFE和OPCO签订服务合同名义划转，会增加企业的税务负担；以关联公司贷款名义划转，存在关联关系认定难等问题，合规性有待商榷；资本金结汇每月20万美元的备用金额度少，不能从根源上解决OPCO资金需求。此外，在境外融资趋紧的情况下，企业采用该模式融资的目标也更加难以实现。

四、政策建议

(一) 探索跨部门联合监管, 构建全方位监管体系

建议商务部、证监会、外汇管理局等各部门统一对协议控制的监管口径, 充分发挥各自专业优势, 坚持实质重于形式, 在本部门的监管范畴内, 充分考虑采用协议控制模式的情形, 将其纳入监管, 明确相关政策, 提高监管成效。

(二) 建立健全业务备案机制, 完善日常统计监督

建议监管部门以反规避为监管重点, 要求与境内搭建协议控制架构的外商投资企业对其协议控制行为进行报备, 防止相关交易脱离境内监控无序发展。

(三) 加强跨境资金流动监测, 强化银行真实性审核的责任

建议外汇管理局加强对采用协议控制模式的企业跨境资金流动情况的预判, 必要时采取相应措施防止跨境资金异常波动风险; 同时, 强化银行对跨境交易中涉及的股权转移定价合理性、利润分配真实性的审核力度。

(四) 疏通境外融资资金境内使用渠道, 兼顾改善境内融资环境

建议在符合上游审批部门合规性要求的前提下, 外汇管理局规范资本金、外债结汇用于关联公司借款的条件与方式, 疏通企业境外融资资金使用渠道; 同时, 相关主管部门进一步健全我国多层次资本市场, 满足缺乏业绩但具有发展前景的企业的融资需求。

QDII 业务通道化现象偏离政策初衷值得关注

吕 晶[*]

北京外汇管理部在对 QDII（Qualified Domestic Institutional Investor）业务检查过程中发现 QDII 业务项下存在多种通道化现象，业务发展偏离政策初衷，引发的资金跨境风险与对监管提出的挑战值得关注。本文选取检查发现的典型案例，简要分析异常情况中存在的合规风险与监管难点问题，并提出政策建议。

一、典型案例

（一）非法资金通过信托 QDII 渠道出境，未经批准实现境外投资突破境外投资监管

案例中境内委托人未经监管部门核准或备案，通过信托公司 QDII 产品资质和额度对外直接投资，投资的主动权掌握在委托人手中，境外标的所有权在委托人名下，信托公司只负责托管、结算等事务性工作。

2019 年 3 月 22 日，境内 BW 公司作为单一委托人与境内 Z 信托公司签订单一资金信托 QDII 产品合同。合同约定，Z 信托公司根据 BW 公司的投资指令将信托资金投资境外 DK 公司定向增发的 H 股股票，不用作其他用途。同时明确，该信托为事务管理类信托，由委托人自主决定信托设立、信托财产运用对象、信托财产管理运用处分方式等事宜。2019 年 4 月，Z 信托公司根据 BW 公司投资指令，将境内人民币托管账户中的全部信托资金换汇，最终

---

* 吕晶：供职于中国人民银行营业管理部外汇检查处。

汇至 DK 公司的募集账户中，完成了对 DK 公司股票的认购，认购的 DK 公司股权登记在 BW 公司名下。案例中 BW 公司借 Z 信托公司 QDII 业务实现资金出境并完成自身对外直接投资，而 BW 公司境外投资行为未在发展和改革委员会（以下简称发展改革委）备案通过。

（二）基石投资者借道 QDII 参与港股投资，QDII 涉嫌转让额度用于境外直接投资

鉴于境外直接投资程序所需时间较长，且基石投资一般不以长期持有境外标的为目的，案例中境内客户通过证券公司 QDII 业务完成基石投资资金跨境，产品未聘请投资顾问，投资标的和交易时机的选择实际由客户操控。

2019 年 10 月 25 日，境内 YB 公司董事会决议以基石投资者身份参与认购境外 SMBS 公司 H 股 IPO，签署基石投资协议，并于同日对外披露。2019 年 10 月 31 日，YB 公司与境内 J 证券公司签订 QDII 单一资产管理计划合同，投资于 SMBS 公司 H 股 IPO。合同明确，管理人卖出计划持有股票或行使计划所持股票的表决权前，应征求委托人的意见，委托人未明确同意前，管理人不得卖出股票或投票。YB 公司将初始委托资金汇至境内托管账户后购汇汇出到境外托管账户，最终用于购入 SMBS 公司股票，并通过 QDII 产品境内托管银行持有 SMBS 公司股票。在 YB 公司年报中，YB 公司将其对 SMBS 公司的投资列入证券投资中的其他非流动金融资产。在锁定期结束后，QDII 产品卖出股票，YB 公司就退出了基石投资。案例中 QDII 产品合同中虽未明确投资指令由委托人 YB 公司做出，但 YB 公司投资方案在 QDII 产品成立之前形成，表明投资指令实际由 YB 公司决定。境外标的虽未登记在产品名下，但 J 证券公司作为管理人在所持股票的表决权等投资决策方面均不具备完全的主动性，J 证券公司在一定程度上涉嫌向 YB 公司转让 QDII 投资额度。

（三）证券公司利用自身 QDII 额度满足内部资金跨境调拨需求，未能将额度用于境内投资者境外资产配置

证券公司收益互换业务是其与客户签订的一种场外衍生品协议，证券公司收取客户一定比例保证金，并根据协议约定，在未来某一期限内，针对挂钩标的的收益与双方商定的固定利率进行现金流交换，即客户向证券公司支付固定收益，证券公司向客户支付挂钩标的的浮动收益，协议到期后双方差额结算。自 2014 年证监会开展证券公司跨境业务资格试点工作以来，截至

2021 年 6 月 24 日共有 10 家证券公司获批跨境业务资格，可以直接从事跨境收益互换业务，由于跨境收益互换业务项下境内外账户与资金跨境等问题尚未明确，证券公司跨境收益互换一般不会发生资金跨境，境内外结算方式通常包括两种：一是境内外公司挂账，二是境内证券公司使用历史存续的离岸或境外账户资金与境外交易对手结算，结算资金均不直接跨境。案例中的证券公司通过将本公司 QDII 产品引入交易链条实现资金跨境结算。

期初，境内客户 A 与境内证券公司 B 签订收益互换协议，客户 A 向证券公司 B 支付保证金，证券公司 B 基于上述协议与本公司 QDII 产品签订要素基本相同但方向相反的收益互换协议对冲风险，QDII 产品进而采用同样的模式与证券公司境外子公司 D 签订收益互换协议。证券公司 B 指定其境内投资子公司 C 出资购买 QDII 产品，QDII 资金以支付与境外子公司 D 签订的收益互换协议的保证金名义汇出。

协议到期后，境外子公司 D 向 QDII 产品支付差额收益，QDII 产品向境内证券公司 B 支付差额收益，境内投资子公司 C 的 QDII 产品投资收益为上述两个差额收益的利差，该利差实际为证券公司获得的资金通道服务费。证券公司 B 最后向境内客户 A 支付差额收益、返还保证金完成交割。

二、存在的问题

（一）突破或规避监管行为难以监测，不利于对跨境业务的管理

目前，监管部门仅能监测 QDII 项下资金汇出是否超过核准额度及 QDII 产品投资标的种类，上述案例中具体的操作情况只有通过现场检查才能发现。各种境外直接投资与其他非证券投资目的资金均混杂其中以 QDII 名义出境，监管部门非现场难以及时了解 QDII 额度的真实使用情况，QDII 资质与额度配置及管理效率降低，也不能全面把控境外直接投资风险，甚至造成非法资金外流引发资金跨境风险。

（二）妨碍 QDII 业务健康发展，扰乱金融市场秩序

如果上述案例中的通道业务成为行业主流，境内机构的主动管理能力无法增强，投资人才与团队锻炼不足，不能真正满足境内居民境外资产配置需

求，将不利于 QDII 整体业务的可持续发展。其中，涉嫌转让或转卖投资额度的通道业务还可能引起额度倒卖行为，扰乱外汇市场良性秩序。

（三）QDII 通道行为监管定义缺乏，行政管理难度大

目前，监管部门对于 QDII 通道业务的内涵与外延尚无正式书面定义，对于相关行为也缺乏相应的惩戒与预防措施。其中，关于向其他机构转让或转卖投资额度类通道，外汇局《合格境内机构投资者境外证券投资外汇管理规定》虽予以明确禁止，但仍未对"转让或转卖投资额度"行为做出解释和界定。定性依据与责任义务不足，导致检查中发现的上述异常情况的行政处罚等管理手段的实施无据可依。

三、政策建议

（一）疏堵结合规范跨境投资渠道，防范资金跨境风险

建议外汇管理局与发展改革委等相关监管部门厘清 ODI、QDII 等跨境投资渠道界限，在数据共享与联合执法等方面形成监管合力，杜绝突破与规避监管的情况。同时，建议外汇管理局与证监会、银保监会等相关业务主管部门对于跨境收益互换业务等未明确运作方式、借道 QDII 但合理的资金跨境需求，明确投资额度、账户管理、汇兑结算、数据报送等方面的管理要求，疏通其合规渠道并纳入监管范围内，实现对资金跨境业务的全面有效监管。研究对私募股权基金、FOF 基金等境内主体的 QDII 资质与额度的核准条件，放宽 QDII 主体。对于目前原则上可申请 QDII 资格的境内机构，扩大额度，对有真实投资需求与相应风险承受能力的机构允许其用自营或代客资金投资境外标的，满足境外资产配置需求，加快市场开放，提高市场效率。

（二）督促 QDII 机构主动管理，提升管理水平与市场竞争力

建议外汇管理局等 QDII 业务相关监管部门引导 QDII 机构逐渐改变担任事务性管理人现状，建设高素质的投研与服务团队，提升全球资产配置能力，尽可能研发主动管理型产品，构建多元盈利模式，提升资产管理行业的竞争力，推动业务领域变革。

（三）明确通道业务的界定，增强监管部门业务管理效果

建议外汇管理局协同证监会、银保监会等相关监管部门尽快界定 QDII 通道业务范围，细化判断标准与处理措施，促使 QDII 机构展业兼顾经济效益与法律成本。在此基础上，加强对 QDII 资金使用状况的检查，并及时根据检查情况调整 QDII 机构准入资质、投资额度，向管理能力更高、额度使用更合规的机构倾斜，对查实的违规行为及时处罚，及时披露违规案例，增强警示震慑作用。

经常项目外汇便利化政策落实面临的问题及建议

叶 欢 朱 力*

近年来，为积极落实国务院常务会议精神，提升外汇管理服务实体经济能力和水平，国家外汇管理局先后发布多项促进跨境贸易外汇收支便利化的政策，便利市场主体合规办理外汇业务，提升服务实体经济的能力和水平。在深入推进政策落地落细的进程中，北京外汇管理部对辖内银行和覆盖医药、高新技术、法律、咨询等行业的 20 余家企业开展专题调研，深入了解便利化政策落地和外汇结算业务方面存在的难点问题，并从制度设计、体系建设、自律监管等层面提出持续优化管理手段的政策建议。

一、贸易外汇收支便利化政策在京落地情况

在国家外汇管理局的政策支持和大力指导下，北京外汇管理部以改革创新为重要抓手，全力推进多项跨境贸易外汇收支便利化措施在京落地见效，赋予银行在业务审核中更大的自主权，推动实现高效、安全、低成本的跨境交易结算，并结合地区外向型经济发展特点，聚焦重点领域集中发力，纵深推进符合地区特色的便利化举措落实落细，切实为市场主体降成本、增便利，银企反响积极。

一是结合地区贸易特点积极推进贸易外汇收支便利化试点，推出优化贸易外汇收支单证审核、简化对外付汇进口报关单核验等便利化措施，有效提升了资金结算效率。二是全力推进承包工程企业境外资金集中管理，有效盘活境外沉淀资金，节省企业资金成本。三是研究探索实物资产跨境转让场内

---

* 叶欢、朱力：供职于中国人民银行营业管理部经常项目管理处。

结算模式，允许北京产权交易所实物资产跨境交易场内外汇结算和外汇原币划转，切实提高外汇资金周转效率，降低交易双方资金成本。

二、目前外汇结算便利化方面存在的问题

（一）企业外汇结算便利性与其合规管理水平、信息电子化程度和贸易方式复杂度等密切相关

1. 企业结算便利程度部分取决于其内部管理规范度和电子化管理水平

内控管理规范、财务人员专业、业务单据电子化的企业，在银行展业审核方面的配合度高，外汇结算效率相对较高；合规管理不完善、财务人员不专业、业务与财务系统未实现电子关联的企业，尤以中小企业居多，难以一次性完整提供自证交易真实性和合理性的材料，影响银行结算审核和操作效率。

2. 企业在新合作银行或新业态贸易中的外汇结算效率相对偏低

银行遵循展业原则办理业务，对于新增客户，在对客户识别程度尚未深入的情况下，一般要求企业提供较多的交易单证，以全面评估交易真实性和业务风险。近年来，企业常规性外汇业务办理效率显著提升，但随着各类跨境线上服务等贸易新业态的增长，跨境结算单证审核的复杂性、多样性日显突出，基于展业、反洗钱等合规操作及穿透式审核要求，企业需提供除合同、发票外的更多业务凭证。

（二）银行展业标准不统一、尺度把握难度大，影响企业的金融服务体验

1. 银行展业标准不一，导致企业便利化感受存差异

据企业反映，同一业务在不同银行间的展业要求不同，同一银行对不同客户的审核标准不同，同一银行不同业务人员对同一业务的理解与把握也不尽相同。银行在展业过程中对标准的执行尺度不一，"展业不充分"易疏忽真实性审查而造成违规，"过度展业"则会增加企业业务办理的复杂度和额外的交易成本，从而影响企业金融服务体验。

2. 银行展业能力不足，企业易误解外汇政策的便利性

外汇业务专业性强，但根据相关监管部门要求，银行执行营业机构委派会计、基层营业机构负责人和机构柜员轮岗的制度，在一定程度上影响了人员稳定和能力培养，易出现业务"不敢做、不愿做、不会做"的情况。另外，由于"尽职免责"规则尚不明晰，为避免被追责，银行强化高风险业务单证审核，尽职审查中倾向于从严风控，易引起企业对外汇政策便利性的质疑。

3. 银行向各行业专业领域延伸的尽职调查难度大

现行外汇管理政策，赋予了银行在外汇业务审核中更大的自主权，不再规定单证审核种类。按照实质大于形式的原则，银行在单证合规基础的穿透式审核方面，亟待提升专业能力、扩展知识储备。

（三）信息交互机制和电子化系统功能不完善，影响便利化政策落地

1. 银行对跨境交易的评估监测缺失可信公共交互信息支撑

目前，银行了解客户信息需查询企业公示系统、税务、工商等多个网站，因缺乏快速获得全量多维度官方数据的平台，影响了客户风险判断及展业效率。尤其服务贸易往往涉及国内多项政策、法规和他国政策，银行展业工作难度较大，尽管目前有部分平台具有客户信息查询功能，但数据滞后且为非官方渠道。

2. 技术手段不足、系统功能不完善影响便利化政策实效

电子单证审核需有充分的前期投入及技术铺垫。银行在开发电子单证系统时面临诸多挑战，如网银系统与业务系统分离，可能导致处理链条长且交换过程存在单据传递丢失风险；硬件、软件更新迭代存在时滞，电子单证系统完善进度较慢；在网络和信息安全形势愈趋复杂的环境下，网络运维、技术管理及信息安全等风险应对机制亟需健全。

（四）其他监管要求等客观因素，导致部分结算业务受限

其他监管措施弱化便利化政策执行效果

2019 年以来，简化单证审核和优化业务流程的多项外汇管理便利化措施

密集出台，但银行根据其他监管要求，在开展尽职调查过程中，通过追加单据审核等方式对风险较高企业的业务或交易真实性、合理性进行审查，一定程度弱化了企业对便利化政策的体验。

三、政策建议

（一）优化展业审核机制，合理界定银行尽职展业边界

1. 提升政策清晰度，明确各方责任义务

细化展业原则，出台展业指引和规范，提高银行展业的有效性、稳定性和可操作性，优化对银行展业原则落实情况的考核方式和评价标准；完善并常态化沟通对接机制，定期发布政策解读和案例分析，清晰传导监管意图，指导银行准确理解和掌握政策，守住监管底线的同时保有操作灵活度，真正从风险管控的角度落实展业原则。

2. 探索激励和惩戒机制，提高对程序性违规的容忍度

探索有效的激励和惩戒机制，在未发现银行存在明显违反法律法规、自律规范与内控制度的情况下，对于履行客户识别和交易尽职调查的银行，不以结果为导向进行处罚；对于程序性违规，侧重于警告、约谈警示，鼓励银行敢于担责，消除"多做多错、不做不错"的顾虑。

（二）发挥银行自律组织作用，提升尽职展业能力

1. 持续推进银行业自律，强化行业约束机制

鼓励银行加强行业自律机制研究，制定行业公约和运作规程，规范基于展业原则的尽责审核，借助同业约束增强自律意识和内生动力；激励银行积极探索个性化和复杂化业务，推动"愿办、敢办、会办"；健全动态约束机制，对守法银行正向激励，对失信银行提示监督，以提升其自律意识。

2. 提升银行穿透审查能力，实现跨境交易全流程监测

引导银行实现从表面真实性审核向实质性审核的过渡，从客户身份识别、经营状况分析、关联方调查、前期后续业务的合理性与逻辑合理性审查、调查材料留存等各环节多维度进行展业，实行企业风险分类动态调整机制。

（三）完善银企电子化信息系统建设，提升结算效率

1. 鼓励企业加强内部信息化管理

企业应通过财务管理系统和业务系统的直联，实现逐笔交易单证信息追溯，支持事前统筹授权、事中监控执行、事后分析优化，并在订单执行中进行自动化提示，满足事中事后监管要求，降低运营成本。

2. 推动银行完善电子单证审核系统建设

在跨境业务中，银行应加快实现电子化采集交易信息，自动生成交易指令和申报数据，电子化单据传递、处理、报送和储存；统一网银系统和业务系统，完善影像处理和单证重复校验功能，健全网络运维和信息安全的风险应对机制，以节约业务办理时间、规避单据传递丢失风险、提升金融服务效率。

（四）强化跨部门共治共享监管合力，提高服务效能

1. 探索实践跨部门协同监管机制

进一步完善海关、税务、商务、市场监管、人民银行、外汇管理、银保监会等跨部门的协调合作机制，强化信息交流互换、管理服务联动和风险监管协同；聚焦异常可疑线索，多方合力提升对境外数据的获取能力，互助精准识别风险交易，提升联合监管效力。

2. 推动建立公共管理数据共享机制

探索推进集合海关、商务、市场监管、税务等领域的公共管理信息，多维度和全流程展示市场主体数据，助力银行快速了解交易主体全貌和真实交易目的，提升尽职调查的深度和效率，实现风险识别判定和事前事中预警。

（五）完善社会信用体系建设，培育企业合规经营意识

1. 建立跨境交易主体信用评级机制

健全以信用为基础的新型监管机制，依托企业信贷、纳税、合同履约、产品质量等信用记录，综合考量行业类别、对外贸易贡献度、违法违规失信行为等，对跨境交易主体进行评估评级，为信用优良企业提供政策支持和优质服务，将违法违规企业法人纳入失信人名单管理。

2. 加大对违法违规企业的联合惩戒

完善健全市场主体分类分级处罚机制，对于主观故意提交虚假单证、虚构交易背景的企业主体，采取罚款或停止业务等处罚，加大企业及其法人的违法违规成本；同时，依法如实披露负面信息并动态调整监管风险等级，充分发挥联合处置和联合惩戒的最大效用。

第五篇

综合管理篇

Integrated Management

加强基层人民银行内审工作的几点思考

洪　波 *

2021年6月，中央审计委员会办公室、审计署印发《"十四五"国家审计工作发展规划》（以下简称《规划》），这是中央审计委员会成立后发布的第一个审计工作发展规划。《规划》明确提出"加强对内部审计工作的指导和监督"，这是坚持党中央对审计工作集中统一领导的细化、实化和制度化举措。我们必须以此为指导，不断改进人民银行基层机构内审工作，深化内审工作创新，注重围绕基层人民银行履职重心开展工作，着力提高内审监督能力现代化水平，更好地发挥内审在强化内部控制、防范重大风险、提升服务水平方面的重要作用。

一、深化内审顶层机制，强化党对内审工作的领导

2018年新修订的《审计署关于内部审计工作的规定》第六条规定，内部审计"应当在本单位党组织、主要负责人的直接领导下开展内部审计工作，向其负责并报告工作"。强化党对内审工作的领导，是在新形势下提高内审工作的独立性、权威性的保障，是更好地发挥内审监督作用的根本保证。人民银行基层内审部门需要着眼于更高的政治站位，不断完善党委书记主管、纪委书记协管、党委会研究决定的内审工作顶层领导机制，审计年度计划、审计发现问题、审计整改情况等均应按规定提交党委会研究，有效提高内审权威性，保证党委会通过的内审建议得到贯彻落实，切实提升内审监督实效。

---

* 洪波：中国人民银行营业管理部纪委书记。

二、深化风险管理理念，精准定位审计事项

审计项目立项是深化内审工作及进行审计质量控制的重要环节。基层人民银行内审部门在安排年度审计项目计划前，应坚持"全面审计，突出重点"的原则，加强前瞻性研究，可以从政策管理层、执行层和实施层三个层面分别开展风险调查，以风险评估为基础，结合历年审计发现的情况，按"治已病"和"防未病"相结合的目标确立相应的审计风险点。要突出对重大决策、重点领域、重大项目和大额资金管理的审计监督，将高风险事项确定为专项审计项目，中低风险点纳入常规审计项目。同时，注重将审计工作重心转移到审计管理上，以经济责任审计规划为基础，依托全生命周期标准化管理理念，对各项经济活动和业务过程进行审计管理。

三、优化审计管理模式，提升审计质量

审计质量是审计工作的生命线。构建审计质量控制体系，提高审计质量是一项系统工程。一是在项目管理上，要积极探索融合式、嵌入式审计组织方式，打破审计类别、形式等传统限制，推行"经济责任审计+多项专项审计"模式，优化组合审计资源，提升审计效率。二是在监督内容上，力求对重点领域精准发力，如对重点经济业务活动事前、事中、事后审计监督，突出审计监督的持续性，不断拓展内审监督的内涵与外延，发挥审计独特作用。

四、借助非现场审计分析，丰富审计手段

不断推动内部审计思维观念进步和技术手段革新。一是建立全量审计思维模式。综合运用外购审计软件和自主开发的辅助审计软件对数据进行更全面的收集和处理，彻底摆脱传统审计对抽样分析的依赖性。二是不断加深联网审计技术应用。通过对财务和业务等类别电子数据的关联分析，实现系统、全面、跨部门的综合分析，不断拓宽审计覆盖面，提升审计工作的广度和深

度。三是面对突如其来的新冠疫情，部分地区推进内部审计工作时，客观上面临着不得不通过非接触、非现场方式进行的问题。

五、加强审计质量控制，促进审计过程监督

加强审计项目规范化管理，逐层落实对审计项目质量管控的责任。一是制定全面、规范的审计过程管理文件，明确审计的监督职责及权限，与被审计部门共同推进审计项目规范化管理。二是按照质量标准组织实施审计项目，确保审前准备、现场实施、审计报告、成果运用、后续审计等阶段各项工作流程完整、规范。有条件的基层人民银行可探讨建立审计过程跟踪评估系统，加强审计全过程管理。三是在审计过程中充分落实"三个区分开来"，综合分析判断，提高审计发现问题的客观性和准确性，将审计的监督、评价和建议职责合力并用。

六、发展大监督格局，强化内审成果转化运用

坚持标本兼治，坚决有力推进内审发现的问题的整改，做好成果转化运用的后半篇文章。一是继续完善信息共享、结果共用、重要事项共同实施、问题整改问责共同落实等工作机制，加强与纪检监察、巡视巡察、组织人事等大监督力量的协作配合，多方位、多渠道推动审计整改落实。二是建立审计发现的问题通报和风险提示制度。对审计中发现的具有普遍性、倾向性、苗头性的问题进行全面梳理和综合分析，进行通报和风险提示，督促被审计部门对照检查，举一反三，推动堵塞制度漏洞。三是建立问题销号制度。设立问题整改台账，逐条登记审计发现的问题并定期跟踪整改落实情况，对整改不到位的问题，及时提出处理意见，并作为后续审计的重点跟踪检查内容。对于整改工作推进不力的单位，按规定移交纪检等部门。

银行函证制度的发展及在中央银行的优化运用

王军只　张　帆　刘子逸　王晓菲[*]

　　注册会计师对金融机构财务报表进行审计，向中央银行函证被审计金融机构相关业务，对于提升审计工作质量，维护金融市场秩序，防范金融机构和中央银行操作风险和声誉风险至关重要。本文梳理了银行函证制度的发展脉络及主要内容，分析了商业银行与中央银行之间的业务特点，结合函证程序的最新发展和中央银行的具体实际，提出借鉴银行函证模式优化中央银行业务函证制度、规范函证程序、推进函证信息化建设等政策建议。

一、我国银行函证制度的发展

　　函证作为注册会计师独立审计的核心程序之一，在我国经历了不断完善和发展的过程。1999 年，财政部和人民银行联合发布《关于做好企业的银行存款、借款及往来款项函证工作的通知》，制定了询证函基本格式，具体规定函证程序。2006 年，财政部发布包括《中国注册会计师审计准则第 1312 号——函证》《中国注册会计师审计准则第 1612 号——银行间函证程序》在内的中国审计准则，全面、系统规范函证程序，实现与国际审计准则的接轨。针对函证程序在具体实施过程中出现的问题，中国注册会计师协会于 2010 年对《中国注册会计师审计准则第 1312 号——函证》进行修订，并于 2013 年发布《中国注册会计师审计准则问题解答第 2 号——函证》。2016 年，财政部、中国银行业监督管理委员会联合下发了《关于进一步规范银行函证及回函工作的通知》，进一步规范银行函证及回函工作，确保审计工作质量，维

---

　　* 王军只、张帆、刘子逸、王晓菲：供职于中国人民银行营业管理部会计财务处。

护金融市场秩序。

2020年8月，针对原询证函格式无法覆盖金融机构新的业务发展、回函质效不高等函证程序中出现的新情况、新问题，财政部、银保监会再次联合印发《关于进一步规范银行函证及回函工作的通知》，重新修订、细化银行函证程序。银行函证及回函工作的规范对于优化中央银行业务函证及回函工作具有重要的借鉴意义。

二、中央银行业务及函证的特点

（一）中央银行货币政策调控工具丰富，函证资金规模较大

中央银行不断创新货币政策工具，实施金融宏观调控。通过调整金融机构存款准备金率等主动负债业务，调控金融机构存放中央银行的法定存款准备金和超额存款准备金，进而调节金融体系的长期流动性；开展公开市场和常备借贷便利（Standing Lending Facility，SLF）、中期借贷便利（Medium-term Lending Facility，MLF）操作，保持银行体系流动性合理充裕；发挥再贷款、再贴现、特殊目的工具（Special Purpose Vehicle，SPV）等结构性货币政策工具的作用，引导金融机构加大对小微、民营企业和高端制造业的信贷支持；建立常态化发行人民币央行票据的机制，以永续债为突破口助力银行补充资本，缓解银行信用面临的资本约束。中央银行业务的交易对手主要是商业银行等银行业金融机构，资金规模较大，并体现在商业银行财务报表上。2019年，注册会计师向中国人民银行北京辖内分支机构函证金融机构资金12.18万亿元人民币、873.20亿美元、34.41亿元港币。[①]

（二）中央银行会计核算采取集中处理模式，函证业务分散受理

我国中央银行按照总行—省—市—县四级设置机构，并分级进行会计核算。总行主要负责政策制定，分支行在总行的领导和授权下开展工作，作为独立的会计主体承担辖区内中央银行业务的具体操作职责。中央银行会计核算数据集中系统（Accounting Data Centralized System，ACS）实现全国各层级

---

① 数据来源：中国人民银行营业管理部。

会计核算信息纵向集中和各部门会计业务数据横向整合，服务于央行履职和资金最终结算的中央银行会计核算业务和账务系统。ACS 采用"小前台、大后台"模式，设立业务处理中心集中处理全国会计核算业务。ACS 内部采用"纵向分层、横向分区"的星形网络结构，采用"业务分散受理，集中并发处理，流程授权监控，后台实时记账"的业务处理方式，形成了较为完整的全国"一本账"。目前，注册会计师采取分散的方式向被审计金融机构开户的中央银行函证金融机构各类账户的交易情况。

（三）中央银行业务具有行政性和市场性特点，函证程序安全性要求高

我国中央银行在国务院领导下履行相关职责，属国家行政机关。中国人民银行依法履行职责，遵循市场化、法治化原则，疏通货币政策传导，引导金融支持实体经济发展。中国人民银行与金融机构开展业务既有法定要求，如存款类金融机构向中国人民银行交存法定存款准备金，又有市场化运作，如中国人民银行与金融机构开展公开市场操作，中央银行通过监测金融市场的运行情况，对金融市场实施宏观调控，促进金融体系稳健发展。中央银行在国家金融体系中具有特殊地位，其货币政策操作影响到整个金融体系的稳定运行，《中华人民共和国中国人民银行法》要求中国人民银行工作人员依法保守国家秘密，并有责任为与履行其职责有关的金融机构及当事人保守秘密，防止数据或信息泄露影响宏观调控预期和金融市场稳定。中国人民银行对注册会计师函证采取了严格的流程控制，确保函证的真实性和可靠性，慎防数据信息泄密。

三、银行函证制度在中央银行运用的相关建议

（一）借鉴银行函证模式优化中央银行业务函证制度

建立健全中央银行业务函证制度是确保中央银行业务函证顺利开展，提升注册会计师金融机构审计工作质量，维护金融市场秩序，防范中央银行和金融机构操作风险和声誉风险的重要基础。借鉴银行函证模式，中央银行业务函证制度包括注册会计师函证和中央银行回函两方面内容。在注册会计师

函证方面，规定注册会计师按照相关审计准则充分履行职责，充分考虑商业银行与中央银行之间的业务特点，通过实施函证程序获取充分、适当、可靠的审计证据；在中央银行回函方面，规定中央银行加强内部控制，切实防范风险、承担社会责任、提升服务意识，高度重视并做好回函工作。

（二）制定标准化的中央银行业务函证模板

中央银行具有金融机构的特性，但又有鲜明的自身业务特点，在围绕金融机构与中央银行之间的业务种类，借鉴商业银行询证函格式，设计函证项目，建立标准化的中央银行业务询证函。在资产业务方面，中央银行与金融机构之间的业务主要包括再贷款、再贴现、逆回购、借贷便利、特殊目的工具等金融工具业务；负债业务包括存款准备金、财政存款、正回购、中央银行票据（以下简称央票）等；其他业务包括货币互存、货币互换以及表外业务等（见表1）。注册会计师应根据审计目标，考虑金融机构内部控制、审计风险等因素，根据金融机构类别和业务发展，设计体现中央银行业务内容的询证函，最大程度发挥函证程序的作用，获得高质量的审计证据。

表1　中央银行业务函证项目主要内容

一、向中央银行借款										
项目	借款人名称	借款账号	币种	余额	借款日期	到期日期	利率	抵（质）押品		备注
								种类	余额	
1. 再贷款										
2. 常备借贷便利										
3. 中期借贷便利										
4. 定向中期借贷便利										
5. 特殊目的工具										

二、存放中央银行款项							
项目	账户名称	存款账号	币种	利率	账户余额	起始日期	终止日期	备注
1. 一般存款准备金							
（1）法定存款准备金							
（2）超额存款准备金							
2. 财政存款							

三、公开市场业务										
项目	证券名称	期号	币种	票面金额	利率	发行日期	到期日期	买入日期	返售日期	交易金额
1. 买入返售证券										
2. 卖出回购证券										

四、再贴现										
项目	汇票种类	汇票号码	承兑人名称	币种	票面金额	出票日	到期日	贴现日	贴现利率	贴现净额
1. 再贴现										

五、央票									
项目	持有人名称	期号	币种	票面金额	利率	发行日期	到期日期	发行方式	交易金额
1. 再贴现									

六、其他项目

资料来源：笔者自行整理。

（三）确保中央银行业务函证的安全性

中央银行的职能决定了中央银行业务不是单纯的市场行为和商业行为，货币政策工具的交易对手虽然主要为金融机构，但其运用和操作影响着金融市场的调控预期和金融体系稳定运行。中央银行函证相关业务，尤其是市场较为敏感且暂时不宜公开的业务发生泄露将对调控造成负面影响，因此中央银行业务函证的安全性非常重要。为确保询证函的真实性，无论采取邮寄询证函还是跟函的方式，被审计金融机构均应加盖可校验的预留印鉴或金融机构与中央银行约定办理函证业务时需要加盖的签章；中央银行应当规范银行询证函回函用章的管理制度，加强回函用章管理，明确回函用章。注册会计师应当对询证函及回函中所列信息严格保密，仅用于相关业务目的，并按照相关审计准则的规定妥善处理审计证据，编制审计工作底稿。

（四）规范中央银行业务函证的填制要求

注册会计师向中央银行函证金融机构相关业务时，如果函证内容填写不规范、不完整、不明确甚至填写出现差错，将直接影响中央银行回函以及通过函证获取审计证据的效果。注册会计师要通过被审计金融机构确定中央银行函证对象，充分了解商业银行与中央银行之间的业务，准确表述向中央银行函证的被审计金融机构的审计事项；避免函证中央银行业务内容超出中央银行职责范围，造成无效函证；规范函证用语及符号，尤其是对无关事项和空置不填事项的表述。

（五）推进中央银行业务函证信息化建设

随着信息技术发展，可以将信息化技术应用于注册会计师函证等审计程序，促进函证的集约性、安全性、可靠性，提高审计质量和效率。建立电子函证中心，制定函证工作流程，明确函证相关各方的职责、权利和义务。注册会计师编制询证函，经被审计金融机构确认后通过函证中心平台发送至中央银行，中央银行收到注册会计师函证请求后，对函证内容进行核查，然后直接在平台上进行回函。电子函证中心在注册会计师、被审计金融机构和中央银行之间搭建信息传输平台，解决了纸质函证传递方式低效等问题，使函证程序更加规范化和标准化。

如何提升内部审计数字化水平

唐　柳[*]

2019 年 3 月，普华永道发布了《2019 年内部审计行业状况研究》[①] 报告，本次调研对象包括 2000 家大型跨国组织的高管，通过查看 5 个重要的适用维度来分析内部审计职能的数字化适应度，将组织的内部审计受访者区分为有力者、活跃者和起步者，并根据有力者的数字化经验得出提升内部审计职能数字化水平的方式方法。本文对该报告进行了摘编，并针对中国人民银行内部审计数字化工作提出相关建议，以供参考。

一、前言

跨国组织正在迅速推广数字化举措，这些数字化举措是因为有更多的数据、自动化、复杂的网络攻击以及不断发展的客户期望的出现而产生的。当下，技术风险和技术控制已经被提上日程，大多数风险也已经可以进行科技化的审计。

数字化的举措的确改变了风险状况，但是在这个信息丰富的时代，用于决策和承担风险的数据并不充足。普华永道第 22 期对全球首席执行官（Chief Executive Officer，CEO）的调查发现，领导者根据其公司的风险敞口[②]做出长期决策所需的数据质量水平与 10 年前的水平完全相同，只有 22% 的首席执行官（Chief Executive Officer，CEO）认为此类数据足够全面。

---

[*] 唐柳：供职于中国人民银行营业管理部内审处。

[①] PwC. Elevating internal audit's role：The digitally fit function ［EB/OL］. ［2019 - 03 - 27］. https：//www.pwc.com/us/en/services/risk - assurance/library/assets/pwc - 2019 - state - of - the - internal - audit.pdf.

[②] 风险敞口：未加保护的风险，即因债务人违约行为导致的可能承受风险的信贷余额。

2019 年，普华永道对 2000 位高管进行的关于全球风险、内部审计及其合规性的调查表明：随着组织进行数字化转型，数字化程度更高的内部审计职能将更高效地帮助其利益相关者做出更好的决策，并有效地承担和应对风险。

二、内部审计数字化适应度

内部审计数字化适应度的定义有两个方面：一是具备向利益相关者提供战略建议的技能和能力，同时具备技能和能力来应对组织数字化转型带来的风险；二是改善审计职能部门自身的流程和服务，使组织运转中能够以数据驱动并且具备数字化能力，这样内部审计职能可以与组织的风险战略保持一致，从而以组织的数字化转型所需的速度来预测和响应风险事件。

数字化举措的风险很高，组织既有机会收获好处，也有可能面对来自新技术的威胁和风险。内部审计职能部门的数字化适应度必须与其组织机构相匹配，否则防线之间的差距将扩大，出现更多的风险切入点。

三、如何提升内部审计职能数字化水平

普华永道的调查通过查看五个重要的适用维度来分析内部审计职能的数字化适应度，分别是愿景和路线图、工作方式、运营、服务模式、利益相关方参与度。该调查发现，数字化适应度较高的内部审计受访者占内部审计受访者总数的 19%，被称为有力者，有力者涉及高度管制和管制较少的行业，不同地理区域行业和不同组织规模行业的组合；内部审计职能的数字化适应度稍差的受访者被称为活跃者，占受访者的 27%，他们正在采取许多必要举措以提高数字化适应度；剩余的内部审计职能受访者（54%）被称为起步者，他们正在或计划进行一些普华永道所评估的数字化项目，然而这些项目只是临时性的，并且尚处于数字化的初期阶段。

普华永道通过调查确定了有力者认可的六种提升内部审计数字化水平的方式，以帮助他们的利益相关者在整个数字化转型过程中更加高效地应对和承担风险。

第一种方式是支持组织的数字化规划。如果内部审计部门对组织的数字化转型战略不了解，则无法帮助组织进行数字化发展。因此，有力者积极制定数字化战略并使内部审计职能与组织数字化进程同步。另外，首席执行官（CEO）和董事会的支持也可帮助内部审计部门与组织保持数字化进程一致并提高内部审计职能的数字化适应度。

第二种和第三种提高数字化适应度的方式是积极推进关键数字化举措，与利益相关者协作，以提供统一的风险视图。与利益相关者的积极合作有助于内部审计职能在适当的时间通过数字化举措为利益相关者提供应对风险的观点。此外，随着风险领域变得具有更多的不确定性，所有风险职能部门都应在工作中尽量利用一致的风险信息为利益相关者和董事会提供统一的风险视图。

普华永道着重介绍了剩下的三种方式，即提高现有员工的技能并引入新的人才、找到新兴技术的合适用途，以及使组织能够及时应对风险，这三种方式相结合可以使内部审计部门在提升内部审计数字化适应度方面更灵活地应用六种方式。

（一）提升技能并引入新型人才

随着组织变得越来越数字化，内部审计的数字化敏锐度和技能的基准线水平必须提高。以下是有力者提升所需技能的方法：

1. 建设领域广阔的人才库

并非所有审计人员都需要成为机器人流程自动化（Robotic Process Automation，RPA）专家或数据科学家，但审计人员需要了解数据源以评估数据质量，评估算法是否按计划执行，并明确可以从数据中获得何种有用信息。

2. 丰富审计新兴技术的技能储备

对于有力者而言，虽然没有足够的人员解决组织对新兴技术的使用问题，但是与同行相比，有力者更愿意去对新兴技术进行审计，尤其是在云技术、业务流程自动化和物联网等领域。有力者认为他们未来将能够熟练地审计各种各样的新兴技术，甚至包括现在其组织未使用的技术。目前有49%的有力者正在审计或掌握审计人工智能（Artificial Intelligence，AI）技术的技能。相比之下，只有13%的起步者代表的行业正在做与有力者一样的新兴技术审计。

3. 投资于内审团队所需的技术

为了提高内部审计人员的数字化水平，有力者会与他们的组织共同研究数字化举措，与风险和合规部门合作进行培训投资，并制定技能提升审计计划。内部审计需要更高精尖的数字化专家。因此，有力者正在寻找具有数字化能力和相近技能的现有员工，使其成为数字化专家。在有力者的小组中，具有商业敏锐度和数据技能的审计人员正在学习与数据相关的内容。

（二）找到新兴技术的合适用途

有力者正在思考技术如何能帮助他们以更好的方式进行工作，比如采用数字化分析工具，这些分析工具主要用于审计计划及其执行情况。以下是有力者提出的新兴技术合适的用途：

1. 明确内审主要角色是顾问还是保证提供者

随着新技术在组织中的普及，审计人员既充当顾问又充当了保证提供者。对于诸如增强现实（Augmented Reality，AR）和虚拟现实（Virtual Reality，VR）以及3D打印之类的技术，有力者经常将自己视为风险顾问，帮助组织了解该技术及其相关数据带来的风险，或者为该技术咨询业务提供保证。

2. 在内部审计工作中使用新兴技术

许多内部审计部门都在努力寻找适合自己工作的新兴技术。超过一半的内部审计受访者不确定或不打算在未来两年内使用人工智能（AI），这几乎和不打算使用机器人流程自动化或不知道如何使用机器人流程自动化的内部审计受访者一样多。但是这些人中不包括有力者：有力者中，目前有37%的人使用机器人流程自动化开展工作，另有45%的人计划在两年内使用机器人流程自动化开展审计工作。

（三）使组织能够及时应对风险

年度审计计划和风险评估的审计方式已经过时，组织需要更频繁和更流畅地进行审计。现如今大多数内部审计职能部门都能够比以往更加频繁地重新审视风险评估和审计计划。

有力者帮助其组织及时应对风险的主要方式就是通过新方法使用数据。更短的审计周期可使内部审计更灵活，也能更及时地反馈相应成果，这就需要更有效地对数据加以利用。有力者正在对数据、分析和技术进行投资，以使数据具有不同的关联性。通过这种方式，有力者更紧密地与组织的战略风险联系在一起，并在管理和风险防控方面与其他防控措施配合得更加紧密。

这种紧密性使内部审计更加关注重要工作，特别是与数字化举措相关的工作。比如，风险和合规性平台、分析工具和数据湖等①会产生积极作用，因为它们可以提供最新的、通用的和准确的数据。

四、对人民银行内部审计数字化工作的启示

（一）具备内审工作数字化驱动理念

近年来，中国人民银行加强科技支撑，深入开展"数字央行"建设，因此内部审计工作规划也应具备数字化驱动理念。一是具备接受数字化审计的意识。人民银行从上到下各方要明晰数字化风控是内部审计发展的必然趋势。二是提升数字化审计能力。内部审计人员需要主动掌握数据分析技能，如Python 分析、SQL 分析等。除了专业的计算机专业相关人才，在风险建模及业务整改过程中，内部审计人员应具备指标数据的简单分析能力，使整个项目组的运作效率提高。三是人民银行系统的相关部门要从认知上接受数字化驱动的内部审计模式。数字化内部审计表面上是内部审计层面的变革，但往往牵一发动全身，难免会遭到相关部门员工的抵触，因此应从认知上转变员工对数字化的看法，提升其在行动上的配合度。

（二）构建数字化审计平台

金融业信息化既是金融业务运营的大动脉，也是现代金融服务创新的主要源泉。近年来，中国人民银行全系统各业务条线信息系统不断更新完善，相关数据处理的深度和广度也随之扩展，业务数据具有多样性、大容量、时效性高等特点。内部审计工作也出现了电子数据海量化、部分传统审计模式被取代、审计作业难度加大等问题。因此，人民银行可以构建包括审计门户、审计管理域、审计作业域、审计基础数据域、审计风险预警域等"1+N"数字化审计平台，加强多业务系统之间的数据互联和集成，实现远程的数据采

---

① 数据湖指原始数据保存区。

集、审计取证、分析评价，多方面提高审计资源效率，降低审计成本。

（三）加强数字化基础设施建设

越来越多的内部审计部门都认识到基于数字化驱动的工作方式的优势，但许多内部审计部门都不能立即进行数字化运作，数字化基础设施建设的不完善是主要原因。因此，从中国人民银行的角度看：一是要强化数字化基础设施建设，打通不同系统间的数据共享渠道，推进大数据表的建设，为大数据审计构建坚实的数据基础；二是在数据即资源的时代，应完善大数据表权限的管理，防止因数据泄露造成不良影响；三是内部审计人员应具备数据保密意识，在数据权限的开设、数据表的传发等方面均应建立相关操作规定，为数据安全设立最后一道防线。

政府采购需求标准化建设研究

李 伟[*]

2021 年 5 月 10 日，财政部网站发布关于印发《政府采购需求管理办法》的通知。根据办法要求，政府采购货物、工程和服务项目的需求管理适用本办法，该办法自 2021 年 7 月 1 日起施行。据悉，该办法是为落实《深化政府采购制度改革方案》，加强政府采购需求管理而制定的。需求调查分析是采购工作的起点和关键点，直接决定着采购的方向和实际效果。但在实践中普遍存在着采购需求管理不到位的现象，采购需求不足或过度，极易导致中标或中选供应商提供的产品不符合或超过采购单位的实际需要，对后续工作开展造成不良影响。随着《政府采购需求管理办法》的出台，加强采购需求管理，推进采购需求标准化建设将成为下一步工作的重点。本文拟就推进采购需求管理标准化建设的原因、意义、设想进行深入的阐述。

一、为什么要推进采购需求标准化建设

采购需求是集中采购管理的关键环节，最能体现采购人意愿，在一定程度上影响着后续采购工作的方向和效果。采购需求多样、种类复杂，专业性较强，但各单位普遍缺乏相关专业的管理人才，而以内部评审为主的采购项目，其结果易受需求和事权部门导向性意见影响，市场竞争性不足。特别是对一些采购范围复杂、价格弹性大、行业情况不透明的项目，采购人很难精准把握采购需求的关键点，很容易产生采购需求不足或需求过度的情况。因此，往往要在采购筹备阶段强化需求管理，通过邀请招标代理机构等第三方机构提前介入的方式，参与需求研讨，在编制项目预算、研究采购方式及风

---

* 李伟：供职于中国人民银行营业管理部会计财务处。

险防控措施等方面给予采购人合理化意见和建议，突出需求管理的专业性和可行性，避免产生采购需求不足或需求过度的情况。

一是对于采购项目中所需要的设备、材料，由需求部门与事权部门进行市场调研，明确设备、材料的品牌型号、功能参数、价格等，并形成初步的需求书和市场调研报告。采购实施部门召集事权部门和需求部门进行会商，听取关于市场调研情况的报告，对投资大、专业性强的项目邀请法律事务部门、招标代理机构或其他专业机构一并参加，补充行业动态和市场信息，共同测算项目资金、研究采购方式及风险防控措施等，找准需求定位，突出需求管理的专业性和可行性，做到采购知己知彼。

二是针对采购项目的不同类别，分析采购需求侧重点。工程类侧重单位资质、业绩比较、施工能力与组织、节能减排、行业口碑；货物类侧重性能分析、参数指标、技术的成熟度；服务类侧重项目负责人的业绩、行业经验、公司背景资源等。不同的侧重点对应不同的采购需求、不同的采购方式和不同的评审办法。前期工作的扎实铺垫，为后续采购工作顺利开展奠定了基础。

尽管通过上述两种方法加强采购需求管理取得了一定的成效，但是采购需求不足或需求过度的情况仍时有发生。究其原因，一是在于信息不对称。就采购单位及其邀请的第三方机构而言，两者对采购标的及其所属行业的了解、掌握的信息资源总是不及供应商，在实践中往往需要借助供应商提出基本需求，然后在此基础上进行修改加工。这些借助供应商形成的需求容易带有倾向性。为避免这种倾向性，只能通过向更多的供应商征求意见，添加技术项或降低特定指标要求[①]，从而难免会产生采购需求不足或过度的情况。二是缺乏专业性人才。由于面对的采购项目多种多样、复杂程度不一，所以无论是采购单位还是其邀请的第三方机构所储备的专业人才都不足以覆盖所有的采购项目，从而难免会产生采购需求不足或过度的情况。因此，推进采购需求标准化建设就将成为一个可行的选择。一旦建立起采购需求标准化体系，将能有效解决信息不对称和专业性人才不足的问题。因为，即便是对于一个初出茅庐的采购新手，统一明确的采购需求标准也能使其掌握的信息资源得到大幅提升，信息不对称的劣势将得到有效改善；同时他也能根据采购需求标准对不同的采购项目制定适宜的采购需求，这就解决了缺乏采购专业

[①]　闫立刚．采购人需求编制的主体责任应在法规层面明确［N］．政府采购信息报，2020-12-14（004）．

性人才的问题。

二、推进采购需求标准化建设的意义

（一）推进采购需求标准化建设是落实采购单位主体责任的有效举措

毫无疑问，制定采购需求是采购单位的主体责任。《政府采购需求管理办法》第五条明确规定："采购人对采购需求管理负有主体责任，按照本办法的规定开展采购需求管理各项工作，对采购需求和采购实施计划的合法性、合规性、合理性负责。主管预算单位负责指导本部门采购需求管理工作。"而制定适宜的采购需求，则需要采购单位对采购标的及其所属行业具有充分的了解，并具备很强的专业性知识，这对具体采购人员而言，是一个很难达到的目标。如前所述，由于缺乏统一明确的采购需求标准，即便是引入供应商或第三方机构参加编制采购需求，采购需求仍有可能出现不足或过度的情况。因此，推进采购需求标准化建设是采购单位编制适宜的采购需求、做好采购工作的重要抓手，是落实采购单位主体责任的有效举措，也是贯彻落实《深化政府采购制度改革方案》的重要体现。

（二）推进采购需求标准化建设是加强绩效管理的必然要求

当前，随着内外部环境的变化，财政预算资金大幅度压减，过紧日子已成为常态，因此，加强绩效管理，把有限的财政资金花在刀刃上将成为必然的选择。采购需求不足易导致供应商低价中标或中选，后续再追加资金的情况，使资金和时间成本增加，影响采购单位开展工作；采购需求过度，易导致采购单位购买性能过剩的产品或服务，从而浪费财政资金，并产生廉政风险。因此，必须根据采购项目的技术复杂程度，在项目需求环节围绕其使用功能和定位从绩效角度充分论证，从源头把控项目科学性，既防止需求不足，也防止过度需求，造成资金浪费。但在缺乏统一明确的采购需求标准的情况下，预算绩效管理人员同采购人员一样，因为信息不对称和专业性不足，实质上很难对采购需求环节做好绩效管理。因此，推进采购需求标准化建设是采购单位加强绩效管理的必然要求，也是提高资金使用效益的必然选择。

（三）推进采购需求标准化建设是防范廉政风险的有效手段

如前所述，采购需求不足或过度均会导致资金浪费，这也是"低价中标，后续再追加资金，实际决（结）算价远超预算价"等现象出现的原因，究其根本就是缺乏统一明确的采购需求标准。应避免采购单位编制采购需求时缺乏标准的支撑和规范，否则会导致采购单位在交易过程中处于弱势地位。更要避免有采购单位具体经办人员借编制采购需求内外勾结，进行权力寻租或利益交换，从而造成廉政风险。实践中，常常会出现围绕某特定供应商或特定产品设置倾向性或针对性的采购需求指标的行为，评审指标也同采购需求指标一样，带有倾向性或针对性。由于相关的监督管理人员也同样存在信息不对称和专业性不足的问题，所以难以形成对采购具体经办人员有效的内控机制。如果形成统一明确的采购需求标准，预算审核人员、预算绩效管理人员等监督管理人员也就同样解决了信息不对称和专业性不足的问题，将有助于形成有效的内控机制。因此，从这个意义上来说，推进采购需求标准化建设是形成有效的廉政风险内控机制、防范廉政风险的有效手段。

三、推进采购需求标准化建设的设想

一是建议由财政部牵头组织开展采购需求标准化专项调研，以发展改革委、国家机关事务管理局（以下简称国管局）等部委制定的办公用房建设和维修标准，公务用车、办公设备和办公家具配置标准等资产配置标准为基础，结合现阶段市场竞争、技术进步程度和价格变动等实际情况，遵循先易后难、通俗易懂的原则，按照"先通用产品再特殊产品"的顺序，探索建立门类齐全的采购需求标准体系，对各类采购产品如办公设备和办公家具的价格上限、最低使用年限、性能、规格、材质、工艺等做出明确规定。同时，鼓励行业主管部门研究制定本行业特需产品的采购需求标准，如中国人民银行可制定发行机具、叉车、运钞车、护卫车等特需产品的采购需求标准，作为国家标准的有益补充。

二是引入行业协会、招标代理公司、律师事务所等第三方机构参与建设采购需求标准体系。建设各门类产品或服务的采购需求标准体系，不仅涉及国内甚至国际的不同行业，而且有可能影响到日后国内国际的产业发展，各方面工作千头万绪，可谓涉及面广、专业性强，仅仅依靠财政部等部委是不可能实现的。只有借助外脑，调动各方积极因素群策群力，方能解决信息不对称和专业性人才不足的问题，从而有效推进我国采购需求标准化体系建设。

三是借助"互联网+采购"的大数据分析技术，实现采购需求指标的数量化、可衡量、可比较，建立一个量化的、客观的采购需求标准化体系。由于缺乏统一明确的采购需求标准，大量采购项目的采购需求仍存在需求不完整、指标未合理量化、对需求尺度掌握不统一等问题，采购文件中很多需求指标还是概略性的文字描述，缺乏量化标准，难以衡量和比较，导致评标（审）主观化，较易引发质疑投诉和廉政风险[①]。近年来，中国人民银行分支机构纷纷与天猫、京东等互联网采购平台合作，大力推行政务云、京东慧采等"互联网+采购"模式，取得了显著的成效。通过"互联网+采购"，采购单位积累了大量的数据，对于分析用户行为偏好，确定采购量大的产品的关键属性、配置指标，测算各配置参考价具有重大意义，有助于采购需求指标的数量化、客观化，进而实现大数据"互联网+采购"需求标准化的智能化建设。

---

① 闫立刚. 采购人需求编制的主体责任应在法规层面明确 [N]. 政府采购信息报，2020-12-14（004）.

LEI 在我国支付领域应用分析

陈　涛　李文姣[*]

一、LEI 简述

2008 年，美国爆发金融危机，并迅速席卷全球，给世界各国经济带来严重影响。这次国际金融危机暴露出金融监管的系列共性短板与不足，进一步形成了构建全球统一的金融监管框架、提高全球范围内系统性金融风险识别能力的广泛共识。人们发现，在传统金融交易特别是跨境交易中较难实现快速准确识别交易对手方的真实法人实体，导致金融监管识别在相关领域难以发挥应有作用。

为补齐金融监管这一短板，全球法人识别编码（Legal Entity Identifier，LEI）应运而生。LEI 是按照国际标准化组织 ISO17442 标准，为全球法人分配的由数字和字母组成的 20 位唯一识别编码。这一编码包括法人机构的官方名称、法定地址等基本信息，以及法人机构的所有权结构等信息，实现了编码信息与法人机构关键信息的互联。LEI 编码旨在通过编码的唯一性和全球性，实现对全球所有参与金融交易的法人机构的信息进行统一管理，以提高全球范围内系统性金融风险识别能力和金融市场主体信息透明度，为实施穿透式监管提供坚强支撑。具体到我国，LEI 编码由前缀码（4 位，具体值为3003）、预留位（2 位）、机构特定部分（12 位，由各本地系统分配）和校验位（2 位）四部分组成。

在二十国集团（G20）的支持下，金融稳定理事会于 2013 年 1 月推动开

---

* 陈涛：供职于中国人民银行营业管理部人事处。李文姣：供职于中国人民银行营业管理部清算中心。

展全球法人识别编码体系（Global Legal Entity Identifier System）建设，主要包含监管委员会（Regulatory Oversight Committee，ROC）、全球法人识别编码基金会（Global Legal Entity Identifier Foundation，GLEIF）和本地系统（Local Operating Unit，LOU）三层结构。

二、LEI 在全球支付领域应用现状

经过多年发展，LEI 已逐步成为辅助金融监管的基础性技术工具，已覆盖 220 多个国家和地区，美国和欧盟占比较大。全球法人识别编码基金会在《2021 年第一季度回顾：数字中的 LEI》指出，爱沙尼亚、中国、土耳其、冰岛、印度是 LEI 增长率排名前五的国家，LEI 年检率排名前五的国家分别是：中国、日本、芬兰、列支敦士登和印度。

为主动适应国际金融形势发展要求，各个国家和地区的监管机构都积极采取措施加大 LEI 的应用推广力度，为国内或地区内的金融机构顺利加入全球金融交易秩序提前办理"通行证"。

美国：美国证券交易委员会要求货币市场基金报送的监管数据包含注册人、发行人以及回购协议等交易方的 LEI，同时拟要求私募基金报告重大保证金和交易对手违约事件时包含交易对手的可用 LEI。美国消费者金融保护局（Consumer Financial Protection Bureau，CFPB）要求金融机构在报告小型企业贷款数据时，必须包含自身 LEI。美国联邦金融机构检查委员会重申财务报告必须提供已持有的 LEI 相关信息。

印度：印度储备银行（Reserve Bank of India，RBI）已强制并完成了对印度卢比利率衍生品、外币衍生品、信贷衍生品的场外交易市场（Over The Counter，OTC）的所有参与者实施 LEI 体系，并分阶段制定了 LEI 非衍生品市场（包括货币市场、G-sec 市场和非衍生品外汇市场）的实施时间表。同时，RBI 要求从 2021 年 4 月起在集中支付系统中强制使用 LEI 识别交易超过5 千万卢比的参与者，从 2022 年 10 月起 I 类银行应要求从事资本或经常账户交易且每笔交易额达 5 亿卢比及以上的常驻实体（非个人）提供 LEI。

英国：英格兰银行将 LEI 整合到实时全额结算系统（Real Time Gross Seflement，RTGS）服务中，并强制用于清算自动支付系统（Clearing House Automatic Payment System，CHAPS）支付报文，通过通用报文格式解决支付系统互连、跨境支付数据质量等方面的问题。同时，要求金融机构在 2024 年全面使用目的代码和 LEI，实现数据格式的统一。

欧盟委员会：欧盟委员会于 2021 年 7 月 20 日在反洗钱方案中正式承认法人识别码的价值，明确规定借助 LEI 识别和核实客户的身份，转移资金或加密资产时需提供 LEI，从而更好地识别资金转移所涉及的各方；2021 年 12 月 10 日颁布条例将全球法人识别编码作为投资公司报告的必要信息。

加拿大：加拿大投资行业监管组织（Investment Regulatory Organization of Canada，IIROC）要求债务证券交易方使用 LEI，相关债务交易报告需要报告实体和交易对手的 LEI。

墨西哥：墨西哥央行要求金融机构必须基于已确定的数据模板向其报告法人识别编码，以进行衍生品交易。该类机构还必须索要并报告其金融对手方（或未结清头寸至少为 1200 万美元的非金融对手方）的 LEI 编码。

马来西亚：马来西亚国家银行与金融市场委员会合作，在其国内大额支付系统中实施专用证券账户架构，LEI 被确定为除专用证券账户编码以外最终受益人的唯一识别码。

中国：我国从规划应用实施路径、丰富应用规则、拓展应用场景等方面着手，积极推动 LEI 的应用实施。目前已在信用评级、债券发行、银行间债券市场、支付结算、证券账户业务、金融机构外汇业务等领域提出使用 LEI 的相关要求。2020 年 11 月，中国人民银行会同银保监会、证监会、外汇管理局制定并发布了《全球法人识别编码应用实施路线图（2020—2022 年）》，提出了 2020~2022 年我国应用实施全球法人识别编码的主要目标，明确了应用规则制定、赋码推广、技术应用和本地系统可持续发展等方面的重点任务，使我国成为全球首个提出统筹覆盖金融行业 LEI 实施规划的国家。

三、LEI 应用于支付领域的意义

支付系统作为我国重要金融基础设施，是保障社会资金高效流动的"大动脉"。主动对标国际规则，将 LEI 应用于我国支付系统，不仅能提升我国重要基础金融设施的国际化水平，还将助力提升我国金融业对外开放水平，对于落实"一带一路"倡议和国家"十四五"规划具有重要意义。

（一）为贯彻落实"十四五"规划提供先进金融基础设施保障

2021年，《中华人民共和国国民经济和社会发展第十四个五年规划和2035年远景目标纲要》明确提出"坚持实施更大范围、更宽领域、更深层次对外开放"，"建立健全'一带一路'金融合作网络，推动金融基础设施互联互通"等内容。构建以国内大循环为主体、国内国际双循环相互促进的新发展格局，迫切需要联通内外市场、培育国际新优势，提高我国相关法人实体的LEI编码覆盖率势在必行。同时，随着LEI编码的不断推广，LEI未来将有可能成为全球法人机构参与全球金融经济市场的"准入证"。在此情况下，将LEI应用于我国支付系统，积极对接国际规则，提高支付系统先进性、开放性，对实现设施联通、贸易畅通具有基础设施支撑作用，并可为推进我国金融业对外开放、实施"一带一路"倡议、加速人民币国际化发展步伐提供"硬核设施"保障。

（二）为加强支付风险识别、规范金融行为提供有效数据支撑

目前，我国已形成了"一核两翼多层次"的支付清算体系。其中，"一核"是以中国人民银行现代化支付系统为核心，"两翼"为国内支付与跨境支付并行驱动，"多层次"即以银行业金融机构行内支付系统为基础、非银行支付机构和特许清算机构业务系统为补充。现有支付交易蕴含的海量数据反映了真实、实时的交易行为，随着数字经济的全球化，极大地拓宽了交易对象范围。将LEI应用于支付领域，一方面有助于识别交易对手，提高支付交易的可靠性；另一方面依托LEI全球通用且唯一这一关键属性，可实现对国内支付、跨境支付、国际支付全链条的支付交易数据的跟踪分析，为打击洗钱、诈骗、逃税等犯罪活动提供有力的数据支持，提高金融行为的合规性。

（三）为推进数据开放，服务金融实体经济提供优质服务

2020年，中国人民银行建设了数据交换管理平台，目前已支持征信中心通过该平台对国家市场监督管理总局发起电子营业执照核查，一段时间内更多部委、机构有望接入该平台。随着我国政府数据开放进程的持续推进，"数据孤岛"现象将逐步消弭。特别是，支付系统因系统稳定性、流转高效性、数据真实性等特点，对实现相关部委、机构间的数据畅通发挥了桥梁纽带作用。近年来，中国人民银行支付系统在高效完成境内和境外资金流转的

同时，不断推进支付清算配套服务设施建设。例如，通过企业信息联网核查系统，实现与工业和信息化部、国家税务总局以及市场监督管理总局数据的对接，为银行和支付机构提供企业信息真实性核查服务。因此，将 LEI 应用于支付系统，拓宽支付报文的应用维度，能提供更加丰富的信息服务，推进数据开放，持续优化营商环境，更好地服务金融实体经济。

四、工作建议

（一）积极参与 LEI 体系建设，增强在全球金融经济活动中的话语权和影响力

我国作为全球第二大经济体，已全面、深度参与全球经济金融活动。我们应密切跟踪 LEI 国际动态，积极参与 LEI 体系建设，做好前瞻性规划，主动与国际规则接轨，基于国际监管应用实践和国内金融监管实际需要，持续完善我国规则体系并积极主导国际有关规则制定，以增强我国在全球金融经济活动中的话语权和影响力，在确保我国企业"走出去"畅通无阻的同时维护我国企业合法权益。

（二）建立安全规范的数据管理体系，强化数据安全监管

根据《全球法人识别编码应用实施路线图（2020—2022 年）》制定的目标，我国将逐步建立 LEI 与金融机构编码、统一社会信用代码、主要金融基础设施相关信息系统代码的映射及更新机制。将 LEI 应用于支付领域，实现法人机构的资金链与所有权链的有机结合，可以为监管机构实施穿透式监管、防范金融风险提供强有力的信息支持，但同时这一做法也牵涉法人机构信息合规使用、隐私保护等问题。因此，为确保实现政府数据开放的稳步推进、切实保障法人机构合法权益这一"双目标"，建议在将 LEI 应用于支付领域的同时，基于"按需授权"的原则，同步建立安全、规范的数据管理体系，明确各主体数据使用权限及使用范围，确保法人机构敏感信息得到有效保障。

（三）加大宣传推广力度，不断扩大持码机构覆盖率，推动 LEI 支付应用场景加速落地

尽管《全球法人识别编码应用实施路线图（2020—2022 年）》对 LEI 在支付领域的应用明确了路线图和时间表，且从增量上看，2020 年第四季度我国 LEI 持码增长率处于全球第一，但我国编码量全球占比不到 3%，与我国经济地位、金融开放水平严重不匹配。持码机构覆盖率直接影响到 LEI 在支付应用场景中的落地实施，因此，建议持续加大对 LEI 的宣传推广力度，引导法人机构充分认识 LEI 应用对提高国际认可度和信任度的重要意义，不断提升 LEI 持码覆盖率，从而推动 LEI 应用场景持续拓展，形成良性互动。

做好五个转变 推动首都安全保卫工作高质量发展

闫建波[*]

近年来，中国人民银行营业管理部以习近平新时代中国特色社会主义思想为指导，认真贯彻落实中国人民银行货币金银和安全保卫工作会议精神，坚持总体国家安全观，强基固本、压实责任、围绕重点、攻克难点，不断探索保卫管理转型发展，努力实现保卫工作"五个转变"，全面提升安全保卫工作水平，为支持首都经济金融安全稳定健康发展和履行央行职能提供了坚实的安全保障。

一、以平安建设为切入点，社会治理工作实现由虚向实转变

扎实开展社会治理工作，严格落实安全生产责任制，持续细化落实新冠疫情常态化防控措施，确保舆情、保密和网络等方面安全有序运行。平安建设纳入党委重点推动工作，形成党委统筹协调，各责任处室发挥优势的同向合力。

（一）压实安全管理责任

营业管理部坚持"看北京首先从政治上看"的要求，将全年不发生任何重大事故作为首要政治任务，紧盯国家重要活动的各个时间节点，扎实做好安全保卫工作。按照"谁主管谁负责"的原则，重新修订《中国人民银行营业管理部社会治安综合治理工作若干规定》，制定创建平安营业管理部实施方案，各处室负责人与营业管理部签订社会治安综合治理责任书，落实各项

综合管理内容，确保责任区安全。

（二）细化新冠疫情常态化防控措施

根据中央、中国人民银行和北京市关于新冠疫情防控工作的部署和要求，及时研究调整营业管理部新冠疫情防控有关工作，筑牢新冠疫情防控"三道防线"，做好个人自我监测，加强各处人员健康监测管理，加强食堂、会议室、办公区出入口等重点区域人员健康监测管理。继续坚持日报告制度，如遇突发新冠疫情，第一时间组织各部门开展情况摸排，遇到员工涉疫情况，第一时间开展应急处置工作。

（三）做好常态化舆情监测研判

围绕重大活动、重要会议及重要时间节点，加强对干部职工网络行为的教育、引导和管理，对"噪音""杂音"及时研判处置，坚决防止出现意识形态错误倾向。围绕时下热点焦点，重点监测涉及本单位及辖内金融机构的舆论报道，做到及时预警、科学研判、妥善处置、有效回应。

（四）加强保密全链条管理

推动落实保密工作责任制，开展经常性保密教育，提高全员保密意识，确保不发生失泄密案件。加强督促检查，采取自查与抽查相结合的方式，组织开展保密自查自评工作，对机要室、档案库房、机房等要害部位进行安全检查，有效保障涉密载体、涉密设备绝对安全。

（五）确保网络和系统安全运行

加强运维保障，全面排查服务器、存储设备、网络设备等运行状况，做好应急准备。组织开展重要系统应急预案培训和演练，确保部门全员熟悉应急处置流程，一旦发现事故苗头，做到按流程及时报告、迅速处置。

二、以优化流程为着力点，守卫值班工作实现由粗放向精细转变

针对发行库守卫值班工作，我们特别注意在制度执行上下功夫，在标准

细化上求突破。坚持学透一套制度，做到两个凡是，细化三项规程，保证发行库区绝对安全。

（一）学透一套制度

我们将安全保卫工作相关制度汇编成册，包括 6 部法律法规、24 部管理制度和 5 部应急预案，内容涵盖守卫、押运、安防、综治、消防等方面，确保安全保卫各项工作有法可依、有章可循。积极创新学习形式，学制度上墙、测制度上手、用制度上心。在守卫值班室墙上悬挂工作顺口溜，在电子屏上播放制度，在工作台摆放操作手册，营造良好的学习和执行制度的氛围。为充分激发调动制度学习的积极性，我们汇总编写了一个包含 420 道题的大题库，并开发"答题星"微信小程序，每人每天在手机上答题，交卷后能够看到分数、排名和错题集，使大家随时随地就能学制度、测制度，真正实现了将制度学深学透。

（二）做到两个凡是

我们深刻吸取发行库内盗案件的经验教训，在库区安全防护门、车辆出入口两个值守岗位，严格落实对进出库区人员、车辆的查验登记制度和《加强库区（封闭区）出入安全管理的规定》，做到两个"凡是"：凡是进出库区（封闭区）人员携带的箱包袋必须检查登记；凡是因公携带发行基金、金银、有价证券、假币和差错款等进出库区必须履行物品携带审批程序，要求值班人员做到"火眼金睛、六亲不认"。

（三）细化三项规程

在学理论、学制度的基础上，结合守卫值班岗位实际，不断充实和完善细则内容，统一守卫值班标准，细化工作流程，在精、细、实上下功夫，不断通过执行精细化制度来防范和应对潜在风险。同时，我们在守卫值班规范化上做了有益的探索，安排全部值守人员参加安全防范设备值机员培训并取得资格证书，切实提升了守卫值班人员的专业技能和处置能力。

三、以人员、车辆、发行基金安全为落脚点，押运制度执行实现由督促向自觉转变

针对押运工作，我们贯彻"安全第一"的指导思想，坚守人员、车辆、发行基金绝对安全的底线不动摇。厘清押运职责，统筹火车、汽车押运工作，落实"两会""五定""八查"措施，及时消除风险隐患，严防各类不安全事件发生。

（一）厘清押运职责

根据中国人民银行总行巡视整改工作要求和相关制度规定，明确发行基金等物品押运安全管理职责由货币金银处划归保卫处，由保卫处具体负责组织协调完成发行基金、金银、代保管品等实物长短途押运、交接手续办理以及接送站等工作。保卫处及时配备押运骨干、调整专业司机，培训押运人员，梳理押运相关制度细则，实现了押运职责调整工作平稳接转，顺利运行。

（二）统筹辖外火车押运和辖内汽车押运工作

在明确职责的基础上，我们统筹辖外火车押运和辖内汽车押运两项工作，坚持火车押运外包不是责任甩包，加强对外包公司履约目标的监督指导和管理，保证外包公司按合同要求安全规范、集约高效地完成发行基金押运任务；坚持辖内汽车押运安全不抱侥幸心理碰运气，我们从基础做起，加强对全体司机的交通安全教育，签订交通安全责任书，不断提高其安全驾驶意识和技能，坚决防止交通事故的发生。

（三）严格执行"二五八"规定

我们制定汽车押运风险控制措施，严格执行"两会"（押运前做准备会、押运结束后讲评会）、"五定"（定人员、定车辆、定时间、定任务、定路线）、"八查"（检查人员着装、检查车辆、检查装备、检查调拨手续、检查发行基金外包装箱、检查发行基金券别、检查发行基金数量、检查运钞车厢门锁）措施，确保押运任务顺利完成。

四、以数据融合为突破点，技防工作实现由被动防御向主动防范转变

加快推进安全保卫工作转型发展，实现从人防为主向智能化技防为主转变，确保发行库安全。

（一）大力推进智能化建设

2019 年，营业管理部启动"金磐石"工程建设。先后完成三里河办公区和重点库区人员车辆智能管理信息系统及各重要出入口的人脸识别闸机、车牌识别道闸建设；在发行库内运用智能分析技术，实现对违规越界及人员异常行为的监控报警；完成两地发行库周界报警改造及押运车辆远程指挥和车辆底盘安检系统等项目，大幅提升了库区智能化安全管理水平。

（二）深入开展"排雷行动"

践行"预防、预警、预测"风险防控理念，主动作为，制定实施"排雷行动"计划。以库区安防设备设施为重点，对发行库和办公区 1584 个监控点位、830 个报警防区以及安防网络和供电设备等进行全面深入排查，对排查出的问题做到立整立改。通过"排雷行动"，达到了安防网络畅通、视频图像清晰、录像存储完整、门禁控制有效、误报警率大幅降低的良好效果。

（三）实现综合集中管控

持续推进"金磐石"工程建设，深度融合人工智能、云计算、大数据等先进技术，全面整合人防、物防、技防三级防护体系，将视频、报警、门禁系统，融合集成智能分析、应急预案生成、应急指挥等模块，打通各系统间的信息壁垒，实现多系统间的数据互联互通、联动应用，建设应急指挥"双中心"，为智能化、精准化的指挥决策和日常安全管理提供可靠支撑。

五、以精神培育为发力点，保卫队伍作风实现由安于现状向奋勇争先转变

紧紧围绕营业管理部党委提出的"三年跨入先进行列"的目标，针对保卫队伍转业军人多、年轻人多的特点，深入开展思想发动，牢牢把握筑魂育人这个根本，促进保卫队伍作风明显转变。

（一）强化理论武装

把学习习近平新时代中国特色社会主义思想作为首要的政治任务，结合模范机关创建和党史学习教育活动，依托学习强国平台、微信工作群等载体开展宣传，不断提高政治站位，坚定政治立场，自觉在思想上、行动上贯彻"两个确立"，做到"两个维护"。

（二）创新党建引领

强化党支部的示范引导作用，形成"同吃同住同劳动"的工作格局。支部班子当好领头羊，守好责任田，做出好表率。理论学习班子学在前，执行押运任务处长冲在前，日常值守干部做在前。建立支委带群众的"党群结对子"工作机制，做好经常性思想工作，关注员工八小时以外的活动情况，做到思想底数清、现实情况明、针对措施灵、操作方法行；培养青年骨干作为支委"小助手"，提高其政治素养，锻炼其工作能力。"支部强起来、党员立起来、纪律挺起来、人心暖起来"的工作理念和实践路径得到进一步深化和巩固，支部战斗堡垒作用得以充分发挥。

（三）突出精神培育

立足保卫队伍实际，突出忠诚这个基点，用忠诚激励斗志，诠释无畏，展示情怀，铸就辉煌。强化执行忠诚这个点，自觉做到接受任务不讲条件，执行任务雷厉风行。必须做到行动统一，步调一致；倡导努力拼搏的价值追求，发扬"有红旗就扛，有第一就争"的精神，在前进的道路上不相信有完成不了的任务，不相信有克服不了的困难，全身心投入到保卫事业中去，努力践行"无限忠诚、无私奉献、无名英雄、无上光荣"的保卫精神。

（四）升华楷模力量

持续深入学习时代楷模和系统内先进模范的事迹，学习他们立足平凡、追求崇高的美好情怀，爱岗敬业、忠于职守的职业精神。我们还注意用"身边榜样""最美退役军人""优秀共产党员"的事迹来发挥教育作用和鼓舞士气。在学习典型中做到学有榜样、行有规范、赶有目标，营造出比、学、赶、帮、超的浓厚氛围，提振高效履职、干事创业的精气神。

营业管理部以建党百年为契机，进一步提高政治站位，对标对表中国人民银行总行安全保卫工作标准，在提升保卫人员政治素养、理论素养、专业能力上下功夫，在强基固本中谋发展，在审时度势中求创新，不断探索保卫管理转型发展实践，践行新时代金融卫士的使命担当，推动首都安全保卫工作高质量发展。

建党以来保卫工作的历史梳理及现实思考

王又城[*]

　　新时代国际国内安全形势严峻复杂，各种安全问题凸显，保卫工作面临许多新问题、新挑战。习近平总书记指出："不忘历史才能开辟未来，善于继承才能善于创新。"在中国共产党成立 100 周年之际，通过回溯和梳理保卫工作发展史，做到学史明理、学史增信、学史崇德、学史力行，回溯历史、鉴往知来，为中国人民银行保卫工作在"十四五"开局之年起好步、开好局奠定坚实的理论基础，注入强大的精神力量。

一、建党以来保卫工作的历史梳理

（一）建党初期

　　一是建立中央特别行动科（以下简称中央特科）。1927 年 11 月，中国共产党在上海成立了第一个专职情报保卫工作机构"中央特科"，这是我党保卫工作最早的组织形式。中央特科由周恩来直接领导，主要任务是通过秘密工作与情报工作保卫党组织和党领导人的安全，了解和掌握敌人动向，营救被捕同志和惩办叛徒特务。特科设总务、情报、行动、交通四个科，总务科（一科）负责设立机关、布置会场和营救安抚等工作；情报科（二科）负责搜集情报，建立情报网；行动科（三科）负责保卫机关，镇压叛徒特务等；交通科（四科）负责设立电台，培训报务员，开展与各地的通信联络工作。

　　二是建立国家政治保卫局。1931 年 11 月，中华苏维埃共和国临时中央

　　＊　王又城：供职于中国人民银行营业管理部保卫处。

政府在江西瑞金成立，同时成立国家政治保卫局。国家政治保卫局内设侦察部、执行部、政治保卫大队、秘书处、红军工作部和白区工作部。国家政治保卫局实行垂直领导，因此当时内保工作也采取这一模式，即由政治保卫局向各机关、团体、企事业单位派出特派员，全权负责该单位的安全保卫工作。特派员可在单位内部建立发展保卫力量，称为网员，其职责是负责了解敌情、社情动态，协助特派员调查可疑的人和事，保护内部机密安全。

（二）抗日战争时期

一是建立延安保安处。1937 年抗日民族统一战线形成后，西北办事处改为陕甘宁边区政府，西北政治保卫局则改为陕甘宁边区保安处，是边区政府的一个部门，同时隶属于保安司令部。边区保安处是国民党政府行政机构的正式名称，在保卫史上一般称为延安保安处。保安处下设若干分处和一个延安市公安局，负责机关、团体、企业、学校的锄奸保卫工作和社会治安管理工作。

二是成立社会部。1939 年 2 月，中央社会部在延安建立，同时中共中央要求各中央局、中央分局和地方党委都要建立社会部（以下简称中社部）。中社部设有负责管理保卫工作的部门，主要任务是指导中央直属机关及各抗日根据地的内部锄奸保卫工作。

三是成立保卫委员会。1939 年 8 月，中共中央，决定从中央局到地委级党委成立保卫委员会，由党的书记、组织部长、社会部长或专门负责特别工作的人员组成。在有政权、军队的地方，由党政军及保卫部门的负责同志组成。保卫委员会的任务是动员、教育党与群众的组织进行反奸斗争，指导和审查保卫部门的工作，决定锄奸保卫工作的主要内容和基本方法，选择配备适当的干部去执行保卫工作任务。

（三）解放战争时期

一是经济保卫工作重要性不断加强。解放战争时期，随着城市的不断解放，大批经济企业已经掌握在共产党手中，如何保卫经济企业安全的问题日益突出。为此，中社部于 1948 年下半年先后两次下达《对目前保卫工作的指示》，要求各级保卫部门在继续做好首脑机关和首长的保卫、警卫工作的同时，要将保卫军工企业、工厂、仓库、生产等作为保卫工作的重要任务，迅速采取措施予以加强。

二是开始建立内部单位保卫组织。随着解放战争的推进，列入保卫机关管理的内部单位迅猛增加，工作任务日益繁重。1948 年中社部提出要建立内部单位保卫组织，随即各解放区先后建立起一批内部单位保卫组织。这样，从中央社会部到各级公安机关，再到基层内部单位，形成了基本完善的保卫工作体系。内部保卫工作迈上了正规化轨道，为中华人民共和国成立后全国保卫工作的开展奠定了基础，提供了经验。

（四）中华人民共和国成立初期

一是经济保卫工作。1950 年 3 月，中央人民政府政务院发布《关于在国家财政经济部门中建立保卫工作的决定》，明确指出：为了有效地防止敌人反革命的破坏活动，保卫国家财产和国家的经济建设，决定立即建立与加强财政经济部门中的保卫工作。同时，要求政务院财政经济委员会所领导的各部、厅、局、处以及所有的国营工厂、银行、公司、铁道、航运、电讯、仓库、森林等部门，应一律建立保卫工作机关或保卫工作组织，列入各该部门的编制系统内，成为各该部门的组织部门之一，统一领导，统一供给。到 1956 年，各经济企业单位的保卫组织基本健全，带有行业特点的保卫工作不断发展，经济保卫工作已经走上正轨。

二是保卫工作规范化建设。1962 年 12 月，公安部在进行了大量的调查研究，总结 1949 年以来保卫工作实践经验的基础上，制定颁发了《保卫处科工作细则（试行草案）》，1965 年对该细则进行了修正，继续试行。该细则对保卫组织的性质、任务、职责、领导体制、设置原则、思想作风和工作方法等都做出了明确的规定和要求。该细则的出台为保卫工作的规范化建设奠定了基础，是依法开展保卫工作的一个重要里程碑。

（五）改革开放以来

一是保卫工作的恢复与重建。党的十一届三中全会以后，我国进入了改革开放的新的历史时期，为保卫国家的改革开放和现代化建设顺利进行，公安部于 1980 年和 1983 年两次召开全国保卫工作会议。1980 年 1 月召开的全国经济文化保卫工作会议，确定了"预防为主、确保重点、打击敌人、保障安全"的保卫工作方针。1983 年 12 月，公安部召开的全国保卫工作会议，对保卫部门的职责、任务做了相应调整，依据会议精神，保卫部门的职责、任务有两方面的调整：一方面，保卫部门主要转向加强内部敌情调研和对内部发生的现行反革命案件的侦破工作；另一方面，一般灾害事故由有关部门进行处理，保卫部门不再参与，保卫部门只负责几类特殊的灾害事故，其一是追查破坏与有破坏嫌疑的事故，其二是处理火灾、炸药爆炸、剧毒物品中毒和因公共秩序混乱造成伤亡的治安灾害事故，其三是参与处理严重的灾害事故。

二是保卫工作的法制建设。1988 年，全国人民代表大会通过了《中华人民共和国全民所有制工业企业法》，规定"企业必须加强保卫工作，维护生产秩序，保护国家财产"。1997 年，国家经贸委与公安部发布了《国有企业治安保卫工作暂行规定》，确定了"因地制宜、自主管理、积极防范、保障安全"的单位保卫工作方针。2004 年 12 月，国务院发布的《企业事业单位内部治安保卫条例》正式施行。该条例是在深刻总结我国改革开放以来企事业单位内部治安保卫工作经验的基础上，专门规范单位内部治安保卫工作的一部重要法规。

二、保卫工作的现实思考

（一）保卫工作具有鲜明的政治属性，要始终坚持党的统一领导

中国人民银行保卫工作肩负着保卫国家财产安全的重要使命，职责神圣、责任重大，必须把坚持党的领导作为最基本的政治要求，明确政治方向、坚定政治立场、保持政治定力、严格政治纪律。要坚持不懈地用习近平新时代中国特色社会主义理论体系武装头脑，用习近平总书记系列讲话凝聚共识，教育和引导全体保卫干部在对我国基本国情的深刻把握中坚定思想自觉、政治自觉、行动自觉，在对我国改革开放历程的深入思考中增强道路自信、理论自信、制度自信、文化自信，遵守党的政治纪律和组织纪律，服从命令、听从指挥。

（二）情报工作是保卫工作的重要组成部分，要着力推进中国人民银行保卫情报工作发展

回顾保卫工作的发展史，不难发现建党初期的保卫工作与情报工作是基本统一的，保卫工作的推进与情报工作的开展是密不可分的。进入 21 世纪以

来，信息化进程不断加快，情报工作的必要性再次凸显。以公安工作为例：2002 年，《公安部关于改革和加强公安派出所工作的决定》中明确提出，收集、掌握、报告影响社会政治稳定和治安稳定的情报信息是派出所的重要职责。2003 年提出了"情报信息主导警务"战略。2004 年，全国公安厅局长会议指出"情报信息是公安机关决策的基础""要牢固树立情报信息主导警务的理念，要突出情报信息在警务决策中的重要作用，以情报信息牵引警务活动"。2005 年，浙江省公安厅联合公安部国际合作局在浙江杭州举办了"情报信息主导警务"国际讲坛。公安情报工作"王者归来"，对保卫工作具有一定的示范意义。如今，中国人民银行总行保卫局在部署转型发展中特别指出"要加强情报工作"，转型发展中"京津冀区域联防协同机制"的建立，就是对人民银行保卫情报工作的有益探索。情报工作作为一项重点工作被提上日程，既是历史遵循，也是时代要求。

（三）保卫工作专业化是必然要求，要不断加强中国人民银行保卫专业人才队伍建设

无论在哪一个历史时期，专业性都是保卫工作的显著特征。随着时代的发展，现代意义上保卫工作的核心就是安全管理，安全管理的业务范围不仅涉及传统的保卫工作，而且涉及风险的控制、危机事件的处置等一系列与现代安全理念有关的方法、程序与知识，需要熟练运用法律、技术、管理等专业知识，如果没有较强的知识储备就很难有效开展工作。现代社会安全问题的复杂性和安全需求的多样性决定了保卫工作必须具备较高的专业化水平，而保卫工作的专业化则是通过保卫人员的专业化来实现的。中国人民银行在保卫工作方面要进一步加强专业人才队伍建设，完善人才培养机制，打造一支优秀的保卫专业人才队伍。

（四）保卫工作科技化是大势所趋，要持续依托科技赋能提升保卫工作水平

保卫工作是具有时代性的，不同的历史时期有不同的烙印，正如习近平总书记所言："时代是出卷人，我们是答卷人。"21 世纪是科学技术飞速发展的时代，数字化、信息化和人工智能与社会发展深度融合，技术创新在这个时代显得尤为重要。中国人民银行在保卫转型发展中，只有持续加强科技创新，不断掌握和应用新技术，才能加快构建防御型发行库区和监管指挥中心，

提升中国人民银行及人民币发行库的整体防御能力，进而实现从人防为主、技防为辅向智能化技防为主的转变。以营业管理部"金磐石"建设为例，打造综合性技防平台，就是依托科技赋能的积极创新。中国人民银行要抓住机遇，顺势而上，依托科技赋能不断提升保卫工作水平。

营业管理部大数据建设的实践经验与思考

台　璇[*]

党的十九届四中全会明确将数据列为生产要素，做好数据治理统筹与融合应用，是建立现代央行体系制度的基础。为贯彻党的十九届四中全会"推进国家治理体系和治理能力现代化"的决定，全面推进"数字央行"建设，自 2019 年起，营业管理部连续三年将大数据建设作为党委重点工作推进，并在 2020 年出台了《中国人民银行营业管理部大数据建设行动计划（2020—2022 年）》（以下简称《行动计划》）。2019～2021 年，营业管理部大数据建设围绕《行动计划》稳步推进，平台汇集数据达 14 亿条，多项创新应用成果得到中央办公厅、国务院办公厅及北京市委市政府肯定，科技赋能首都经济金融发展水平不断提升。

一、营业管理部大数据建设的背景

2014 年，我国首次将"大数据"写入《国务院政府工作报告》。2015 年，国务院印发《促进大数据发展行动纲要》。2017 年 12 月，习近平总书记在中共中央政治局第二次集体学习时指出，我们要审时度势、精心谋划、超前布局、力争主动，实施国家大数据战略，加快建设数字中国。2019 年 2 月，习近平总书记在中共中央政治局第十三次集体学习时再次强调，要运用现代科技手段和支付结算机制，适时动态监管线上线下、国际国内的资金流向流量，将所有资金流动都置于金融监管视野之内。

2019 年 3 月，营业管理部 2019 年第九次党委会研究确定，将"强化科

＊ 台璇：供职于中国人民银行营业管理部科技处。

技对央行履职的支撑作用，探索引入'大数据'技术，加强数据管理与应用，提升履职效率和水平"列为2019年党委重点工作，并在此后连续三年将大数据建设作为党委重点工作推进。2020年营业管理部出台了《行动计划》。2019～2021年，营业管理部大数据建设围绕《行动计划》稳步推进，科技赋能首都经济金融发展水平不断提升。

二、营业管理部大数据建设的实践与成效

（一）高位推动，强化顶层设计

一是建立"一核双翼"的组织架构。"一核"是指成立工作领导小组，营业管理部党委书记、主任为组长，其他三位行领导为副组长，科技处等相关业务处室负责人为领导小组成员；"双翼"是指设立工作专班组，汇集全行各业务专家和金融科技人才，并引入专家顾问团队，为项目建设提供咨询与指导。

二是建立"应用与安全并重"的制度体系。2021年11月，《中国人民银行营业管理部数据管理办法（试行）》和《中国人民银行营业管理部网络数据安全实施细则》发布，旨在通过统一的架构规划与管理，在保障数据完整性、一致性、可用性和保密性的前提下深挖数据潜能，提升营业管理部整体履职能力。

（二）筑牢地基，夯实平台建设

为更好地支撑各处室拓展创新应用场景，科技处持续丰富数据平台服务能力，建成了包含数据接入、数据存储、数据分析建模、数据推送展现、数据治理共5类服务16个子平台的大数据技术支撑平台。

（三）多方集聚，保障数据接入

积极协调中国人民银行内外相关部门，逐步推进数据对接。目前已持续接入内外部数据达10亿多条，包括来自内部调查统计处、国库处等13个业务条线的数据，以及来自外部政府机构的北京市企业工商注册信息、北京市企业行业规模信息、北京市政务数据等，同时持续开展数据质量巡检，确保

数据完整性和准确性。

（四）理清脉络，开展数据治理

全面开展数据梳理工作，以调查统计处、金融稳定处为代表的 15 个业务处室的骨干，组建形成数据治理工作小组，采取"边应用、边梳理、边完善"的策略，逐步完成全行 13 万个业务指标 418 万个属性的梳理工作，形成营业管理部指标的"全景视图"，提升数据的可用程度。重点开展数据安全管理工作，大数据技术支撑平台通过统一的身份认证、访问控制、数据脱敏、数据备份、日志审计等安全防护措施，为上层的数据应用保驾护航，实现了数据使用范围的严格管控，防止敏感数据的泄露与丢失。

（五）多点开花，创新应用成效显现

中国人民银行营业管理部积极构建大数据应用基础设施，先后开展创信融平台、银企对接平台、外汇线索研判中心、外汇衍生品银企对接公共服务平台、反洗钱大数据分析平台、金融机构风险管理系统等 12 个创新应用项目的建设。

重点推动"创信融"平台 16 家试点行完成模型开发及部署，在全国率先利用"监管大数据+联合建模"，首次面向首都商业银行输出创新应用成果，相关信息被中央办公厅、国务院办公厅采用，作为唯一一个金融领域成果在"中关村论坛"发布。完善北京市银企对接平台功能，督导银行下沉服务重心，拓宽小微企业融资"前半程"，平台接受易纲行长专项视察，并列入《北京市促进中小企业发展条例》，与创信融平台一同纳入北京市"三平台、三中心、两支撑"企业融资综合服务体系，获金融创新推进奖。启动国家外汇线索研判中心（北京）的建设工作，作为全国第一批试点，重点开展对全国支付渠道违规行为的研究，带动京津冀、东北、华北地区外汇非现场水平的提升。建立外汇衍生品银企对接公共服务平台，精准普及汇率风险中性理念，打通企业汇率风险管理的"最后一公里"，作为全国首创的外汇衍生品银企对接公共服务平台，得到国家外汇管理局高度肯定，在 2021 年下半年全国外汇管理工作会议上做经验交流。通过反洗钱大数据分析平台的建设，在全国率先建立了"立体监控、高效识别、精准打击"的可疑交易监测分析和调查体系，形成了内外部监管一体化分析机制，大大提升了打击虚假欺骗性交易的精准度，有效提高了反洗钱调查分析的工作效率和监测识别的准确性。上线"金融消费者投诉情况可视化大屏",作为全国金融消费者保护系统首块可视化大屏,接受中国人民银行金融消费权益保护局领导专程视察,得到高度肯定,并提出向全国推广该工作的意向。

三、营业管理部大数据建设的几点经验

(一)重视顶层设计,绘制大数据建设"一张蓝图"

大数据项目具有牵涉部门多、涉及范围广、建设周期长、建设成本高等特点,营业管理部大数据建设从一开始就建立了"一把手"牵头的工作领导小组,发布了《行动计划》,在"一张蓝图"的统筹引领下,各处室协同推进、紧密协作、各展所长、形成合力,形成了"党委牵头领导、科技业务协同、全行广泛参与"的工作机制。

(二)数据是根本,打造营业管理部的"蓄水池"

丰富的数据是大数据应用的根本所在。营业管理部大数据建设始终在为接入广泛的数据源不懈努力。建设初期,调查统计处、国际收支处率先将2006年以来的存贷款、大集中、结售汇数据接入大数据平台,为后续开展数据分析应用建设提供了铺底数据,验证了平台的数据管理能力,也为其他处室树立了信心。

(三)以应用为导向,确立大数据建设的"破局点"

营业管理部大数据建设选取了"以业务带应用,以应用促建设"的工作推进路线,以应用为突破口,在重点领域率先开展大数据创新应用,让数据价值快速"变现",进而以点带面,从单业务条线的数据应用不断扩展到跨业务条线、跨部门、跨机构的融合应用。

(四)以合作为杠杆,撬动更长更广泛的"价值链"

大数据建设离不开与政府部门、产业各方的开放合作,只有开展更大范围的合作,才能集聚更多资源,形成互利共赢、协同发展的局面,创造更多的社会价值。例如,在创信融项目和银企对接平台的建设中,形成了"政府+

金融+科技"的协同驱动模式，提升了小微金融服务的广度、深度及温度，以更多金融科技创新推动社会释放更大创业创造动能。

（五）平台是基础，打造灵活高效的"数据中台"

营业管理部大数据平台的建设对标了当今互联网公司的最新技术架构，采用了"数据中台"的建设理念，旨在搭建一套灵活高效、统一开放的大数据技术支撑平台。大数据平台就像是一个数据服务的"百宝箱"，百宝箱里存放着各种各样的数据处理工具，业务人员通过挑选、拼插，就能像堆积木一样快速搭建出一套业务应用系统。

四、下一步工作建议

（一）统筹数据源头，建立全行统一的明细数据采集机制

建议探索建立跨条线的、统一的明细数据采集机制，从根本上打破数据的部门壁垒，从源头上避免数据的多头采集和标准不一，进一步提高金融数据的真实性、准确性和及时性，降低跨条线数据清洗、数据交换、逻辑关联的成本。

（二）做好上下联动，建立数据的纵向下发机制

根据中国人民银行"因地制宜"的履职特点，建议中国人民银行总行对于总分行数据的分布与利用，能够采用"全部数据上收、数据按需下发"的机制，在完善的数据申请审批机制下，支持地方数据建模人员开展自己的数据分析与探索，形成"总行集中式"与"地方本地化"相结合的数据分析模式，让更加全面、闭环而个性化的数据有效服务于地方履职。

（三）加强横向合作，破解部门间的数据壁垒

一是政府各部门、中国人民银行各业务条线应进一步提高合作共赢的意识，探索形成长效和高质量的数据融合共享机制，在提高金融服务实体经济和金融风险防控能力方面发挥顶端优势。二是积极探索对区块链、安全多方计算、联邦学习等数据融合应用技术的使用，在数据不出库的前提下，消除

政府各部门或商业银行在数据共享方面的顾虑。

（四）增强数据理解，探索更丰富的数据应用场景

进一步开展调研，结合当前经济金融发展中的痛点、难点问题，快速借鉴普惠金融、绿色金融等领域的成功案例并做好本地化适配。进一步发现、储备更多的大数据业务人才，在中国人民银行全行范围内争取对大数据建设形成更大的共识，从而推动更多的数据接入和更丰富的应用场景落地。

（五）鼓励积极探索并理性看待大数据技术的应用

积极开展机器学习、图计算等新兴技术的调研和应用培训，鼓励全行各处室找准应用的切入点，积极探索使用新兴技术为业务履职赋能，创新工作模式。与此同时，在新兴技术的选择与使用上，时刻保持理性，不盲目跟风，借鉴行业内较为成熟的应用场景案例，做好技术原理与风险研究。

（六）提高信息保护意识，将数据安全管理落到实处

在中国人民银行全行范围内做好数据管理办法等制度的落地工作，开展各条线数据的分类分级工作，根据不同级别数据的使用范围、使用权限、使用方式和配套安全机制，做好相关数据的权限管理、加密、脱敏、监测等工作，确保数据全生命周期安全。

内部审计的数字化转型势在必行

樊大康[*]

2020 年 11 月，内部审计基金会（Internal Audit Foundation）与 Audit-Board 合作开展了一项调查①，研究内部审计如何利用技术来应对 2020 年的各种挑战和变化，此外还调查了新冠疫情暴发之前技术的使用情况。基于调查结果发布《内部审计的数字化转型势在必行：在危机中前进》一文，分析了技术如何帮助内部审计适应新变化，分享了应对变化最有效的技术手段。本文在编译的基础上对调查报告进行了总结概括，并就如何推进中国人民银行内审工作数字化转型提出建议。

一、内部审计数字化转型发展过程及挑战

（一）内部审计数字化转型发展过程

2015~2020 年，内部审计利用技术来优化审计流程并为内部审计工作创造价值的进程较为缓慢。2015 年，内部审计基金会的调查显示，38% 的首席审计执行官（Chief Audit Executive，CAE）表示会在实施内部审计的过程中利用技术。当时，因为用于内部审计的云计算解决方案刚刚面向市场，所以内部审计利用的技术主要是本地软件解决方案。

研究表明，从 2015 年起，企业开始从使用本地软件解决方案转向使用云计算解决方案。在此转变期间，内部审计的数字化转型同其他业务部门相比，

＊ 樊大康：供职于中国人民银行营业管理部内审处。

① Internal Audit's Digital Transformation Imperative：Advances Amid Crisis，Analyzing the Impact of 2020 on Internal Audit Functions' Implementation of Technology ［EB/OL］．［2020-11］．https：//www.theiia.org/en/internal-audit-foundation/latest-research-and-products/.

进展缓慢。根据德勤执行董事的相关研究①，单位领导者通常将数字化转型工作重点部署在能实现业务发展、简化业务运营及能够较快获得回报的营销部门及研发部门，合规和内部审计部门往往缺少数字化转型部署。

同时，内部审计部门的工作人员尚未掌握数字化技术的应用方法，他们可能会感到来自技术的威胁而不是为应用技术提升工作效率感到兴奋，甚至认为自己的工作会被技术所取代。合规和内部审计部门的工作主要是监督并检查他人的工作，因此也较难得到其他部门包含主导数字化转型的科技部门的有力支持。

尽管面临种种困难与挑战，但内部审计行业已认识到云计算解决方案可以为优化内部审计工作带来机会，可以增强内部审计的组织协调能力，简化沟通流程，提高生产力。随着财务部门对云计算解决方案的采用，内部审计利用云计算软件的进程可能会加速。

（二）2020 年内部审计面临的严峻挑战

2020 年对很多行业来说都是颠覆性的一年，新冠疫情流行、经济发展不稳定，内部审计师需要提供针对性的咨询服务以帮助单位持续经营。而且，内部审计的基础工作流程也被打乱，内部审计师需要更多地开展远程审计工作，应对迅速上升的风险，努力克服审计资源不稳定的情况。要想在这种情况下完成审计任务，内部审计就必须做好协作和沟通工作，提升内部审计的生产力，数字化转型势在必行。

根据国际内部审计师协会的标准，内审人员也必须对数字化审计技术有足够的了解。针对上述背景，2020 年 11 月，内部审计基金会与 AuditBoard 合作开展了一项调查，研究内部审计如何利用技术来应对风险及挑战。调查对象为 134 位北美地区的首席审计执行官、董事和在内部审计行业工作的人员，调查结果对外分享，以帮助内部审计行业了解内部审计数字化转型的进展及挑战。

---

① Shuba Balasubramanian，Digital Transformation for the Legal and Compliance Functions ［EB/OL］．［2018］．https：//www2. deloitte. com/us/en/pages/financial-advisory/articles/digital-transformation-risk-compliance-functions. html.

二、技术在内部审计中的应用

调查研究的重点为 2020 年前后内部审计对技术的使用情况。调查结果表明，许多内部审计部门加快了对云计算技术的应用，内部审计行业将在未来几年迎来数字化转型的重大机遇。

（一）技术应用将帮助内部审计适应快速变化的形势

根据调查，47% 的受访者表示在 2020 年 1 月 1 日之前已经在应用审计管理软件或风险合规管控软件来开展内部审计工作，22% 的受访者表示 2021 年将会运用这些软件。对于已经在使用审计管理软件或风险合规管控软件的人而言，2020 年的种种挑战更加凸显出运用技术对于提升内部审计工作效率的价值。在使用软件的受访者中，有 31% 的受访者在 2020 年提高了对软件的使用率，他们在远程协作与合作中节约了时间、提升了效率，利用技术的价值应对动态的风险环境。

不断变化的外部风险环境导致内部审计人员更多地使用技术。有 35% 的受访者表示，他们目前的审计手段制约了内部审计的有效性。有 46% 的受访者表示使用传统的审计手段效率不高，并且难以实现内部审计的最高价值。

（二）审计管理软件的使用需求

调查表明，目前内部审计部门对数字化转型和自动化应用有着较大需求。新冠疫情的流行和 2020 年复杂多变的形势进一步加快了内部审计的数字化转型，有 46% 的受访者使用云计算技术来应对不断变化的外部环境。同时，那些依赖传统人工审计技术的审计人员也意识到数字化转型的重要性，有 36% 的受访者表示他们计划在 2020 年后使用内部审计管理软件或风险合规管控软件。调查发现，技术使用率与部门规模呈现较高的正向关联关系；规模较小的内部审计部门（人员规模 1~5 人）更有可能仍在采用传统人工审计手段，没有使用审计管理软件的计划。这样可能会使他们错过利用技术提升工作效率从而为单位提供更好服务的机会。随着内部审计部门人数的增加，使用内部审计软件的人员比例逐渐升高。

（三）应对挑战最有效的技术手段

在充满危机与挑战的时期，内部审计人员需要意识到要想帮助单位渡过难关，必须选择最佳的审计技术手段，下面将分析三种技术手段，并帮助内部审计人员选择最有效的方式。

1. 传统人工方式

传统的人工方式是指使用电子表格、电子邮件、共享驱动器和 SharePoint 等工具，成本低廉、需要大量人工工作的审计方式。然而，采用这种方式开展内部审计可能面临多种挑战。

人工方式往往既耗时且质量不高，一条信息（如控制描述）可能需要在多个环节进行记录，如在测试表、风险控制矩阵等进行记录。如果需要对该信息进行修改，需要对每个记录点都进行修改。这种方式耗费大量的时间精力，且容易出错，给审计过程控制和信息变更管理带来风险。另外，大量的传统人工工作，会使内部审计人员感觉到投入与收获不成正比，产生负面的工作情绪。

2. 本地软件解决方案

应用本地软件的优势是单位对内部业务可以进行较为严格的控制，但更多的控制并不意味着更加安全。本地软件在我们分析的三种技术方法中成本最高，要求单位有专业的硬件和 IT 资源。内部审计管理软件容易受单位自身条件的约束，例如单位的带宽是有限的，这可能会导致软件的应用存在延迟问题，打开文档需要很长时间，使工作效率低下。

3. 云计算解决方案

云计算解决方案的最大优势是可以随时随地访问资源，这同目前办公地点不固定、办公人员不集中的环境背景是相符的。将来，云计算解决方案相比其他解决方案可以提供更多的优势技术。因为云计算解决方案比传统人工方式更安全，也比本地软件解决方案更容易管理。云计算解决方案作为一项正在蓬勃发展的技术，维护成本将不断下降，产品功能将日趋完善。同时，购买云计算服务产生的是运营费用，同建立本地软件解决方案的资本支出相比，购买审批流程更加简化。

综上所述，云计算解决方案对于单位而言具有较高的投资回报率，可以优化风险评估流程，将风险评估流程从几个月缩短到一两个星期；可以提升审计团队的生产力和沟通效率；可以增强部门间沟通协调质量，扩大业务覆盖面；可以及时掌控风险趋势；可以加强内部管理，明确部门职责；可以提供线上工作平台；可以节约时间，降低成本。

三、对中国人民银行内审工作的启示

受新冠疫情影响，审计人员工作地点分散，审计计划波动较大，中国人民银行内审工作面临巨大挑战，迫切需要加快数字化转型。目前，中国人民银行内审数字化转型工作已经有所进展，通过审前资料分析，创建审计模型，分析审计线索，但内部审计数字化转型工作仍处于初级发展阶段，需要从人员意识、制度建设、技术升级等多方面加快数字化转型的速度。

（一）及时转变工作理念，增强数字化转型意识

首先，领导层的重视程度对于部门的数字化转型的作用是决定性的。只有建立起顶层的数据框架设计，才能在系统内部实现快速转型，进行全方位的数据交换，提升数据分析效率，优化数据分析成果。其次，业务部门需要提升对数字化转型的认识。就一个单位整体而言，只有数据之间流畅共享，才能发挥数字化科技的最强功效，其需要清楚地认识到对内审部门的资源共享并不是自曝风险，内审部门与业务部门的最终目标是一致的，均是为单位创造价值，内审工作数字化转型离不开业务部门的支持。最后，需要广大内审人员明确数字化转型带来的正向价值，积极适应新技术、新业务，用开放式的思维主动拥抱科技手段，将思维从传统的线下审计向云计算的线上审计转变。

（二）加强科技审计制度建设，优化数字审计整体布局

一是从制度层面明确内部审计数字化转型工作，明确转型实施方案及实施步骤。组建转型专项领导小组，抽调业务骨干及外部审计专家，研究制定中国人民银行内审数字化转型方案，明确转型目标，加快转型效率。二是强化对数字化审计人才的培养，制度的有效执行离不开具体审计人员的高效操作。应邀请专家开展数字化审计职业技能培训，举办数字化职业技能竞赛，提升审计人员参与内部审计数字化转型的积极性。三是制定数字化审计规范，

统一数据质量标准、规范审计模型建立、明确数据传输操作渠道、强化数据分析结果审核。通过统一的操作手册，规范审计人员对审计数据的分析，提升分析质量，从而进一步提高审计工作整体水平与质量。

（三）创新审计方式，完善数字化审计平台建设

外部环境的不断变化要求审计工作针对目前风险的分布情况，及时更新审计理念与审计方法，不断完善现有审计模型，以适应最新的业务变化。吸取传统审计方式的优势及经验，创建基于大数据分析、数据挖掘等技术的审计方法，才能在目前海量审计数据中快速定位审计线索，发现审计问题，增强审计质效。加快推进数字化审计平台建设工作，增强业务部门间的生产数据共享，在确保保密工作机制完善的情况下，优化数据分析，建立预警平台，强化对风险趋势的监控能力。

聚焦新冠疫情下的
审计风险应对

张 婧*

2021 年，国际内部审计师协会（Institute of Internal Auditors，IIA）发布了《远程审计：挑战、风险、舞弊、技术和职业道德》① 报告。本文从新冠疫情角度下内部审计发展趋势和未来审计风险方面对报告内容进行摘编，由此进行深入思考和分析，并提出对中国人民银行内部审计风险管理工作的几点启示。

一、新冠疫情加速远程审计的趋势

新冠疫情的暴发增强了远程工作的趋势。根据盖洛普（Gallup）咨询公司的调查，新冠疫情暴发以来，多达 51% 的员工采取远程办公的方式开展工作。

（一）远程审计的优势

远程审计节约了差旅时间，不但让审计人员有更多的时间和精力为审计部门和组织增加价值，而且还为审计人员应用不同的审计方法提供了机会，可提高审计本身的效率。此外，远程审计还在人才、覆盖面、场地等方面具有优势：

一是扩大审计人才库。更方便地邀请兼职人员、退休人员以及专家等参与制定审计计划、短期会谈等工作。

---

* 张婧：供职于中国人民银行营业管理部内审处。

① IIA. Remote Auditing：Challenges，Risks，Fraud，Technology，and Staff Morale ［EB/OL］. ［2021-06-15］. https：//www.theiia.org/en/content/articles/global-perspectives-and-insights/2021/remote-auditing-challenges-risks-fraud-technology-and-staff-morale/.

二是扩大审计覆盖面。当需要考虑优先事项时，远程审计由于能节省时间，所以有利于扩大审计覆盖面。

三是减少场地负担。收集文件可以分散在几周内进行，安排会议也可以更加灵活。

（二）远程审计的不足

一是缺乏收集某些审计证据类型的技术。例如，远程审计库存实物资产时，在技术上具有挑战性。因此 IIA 提示，内部审计部门不能仅仅因为远程审计能节省成本或者减少被审计组织的后勤负担而过度依赖它。

二是面临人际关系的挑战。远程审计缺少面对面的交流与沟通，导致在组织内建立信任更加困难。新冠疫情暴发前，内部审计师相对外部审计师而言，具有独特的优势，因为他们每天为组织提供服务，更有利于同组织建立良好的关系进行诚实的沟通。

（三）远程审计面临的挑战

一是审计人员需要培养新技能。审计人员需要更有意识和更慎重地建立和维持各种联系。一种是"软"技能，如在远程模式中同被审计对象保持沟通，培养敏锐的风险意识，提高工作的主动性和效率，利用良好的人际关系，主动推销自己等。另一种是"硬"技能，如熟练使用视频会议技术等。

二是难以了解审计对象实体情况。视频远程访谈对了解审计对象具有局限性，审计人员无法实地感知审计对象并体会其文化。同时，远程审计也无法执行一些测试，例如检查仓库门是否安全、进入建筑物时是否遵循了访问规则等，这些都有可能带来新的风险。

三是组织需要提供远程审计所需资源。例如，提供互联网连接、在现有服务上增加带宽等基础设施支持，或向员工支付津贴以贴补服务成本。在被审计对象位置偏远或使用互联网受限等情况下，仍需要开展现场审计。

四是潜在的舞弊风险。长期以来，舞弊对于远程审计一直是一个挑战，因为面对面联系更有可能发现舞弊、渎职或简单的错误。有时候人的言语表现和行为表现是相悖的，避免眼神接触的受访者、拖延文件提交的被审计对象，以及不良的文化氛围，都可能通过实地考察来发现。

（四）远程审计需考虑的因素

一是在沟通方面，应考虑提升正式和非正式接触的频率。内部沟通方面，审计人员还需在以下方面安排额外的线上会议：业务计划制定、周中业务分析、周末总结、问题讨论和审查审计报告草稿。与审计对象的沟通方面，与现场审计流程基本一致，但在形式上需要比内部沟通更加正式，可以考虑各种沟通方式，如发邮件、打电话或召开在线会议等。不建议通过即时通信软件沟通，因为其比口头沟通更易造成误解。与审计对象的沟通包括召开进点会议、进行远程访谈和进度通报，以及召开出点会议，要注意控制远程访谈的时间，通常控制在 30~60 分钟，避免时间过长，因为审计人员还需要与访谈者进行多次会面。

二是在文档审查方面，远程文档审查与现场审计相比更耗时，需要审计对象耗费更多的时间准备电子文档并上传到文件共享平台。为了节省时间，可以考虑在审计期间给审计人员提供被审计对象文件系统临时的直接数字访问权限。

二、内部审计未来的主要风险及应对策略

（一）聚焦 2021 年的主要风险

IIA 的报告 On Risk 2021 确定了组织及其内部审计部门在新冠疫情流行的环境中需要解决的 11 个普遍性的顶级风险：

（1）网络安全。日益复杂的网络攻击往往会对组织的品牌和声誉造成破坏，并对财务造成严重影响。此风险用于审查组织是否有足够的准备来应对网络威胁。

（2）第三方关系。与外部商业伙伴和供应商保持健康、互利共赢的关系与组织的成功密不可分。此风险用于审查组织选择和监控第三方关系的能力。

（3）董事会信息。此风险用于审查董事会是否有信心收到完整、及时、透明、准确的信息以做出正确决策。

（4）可持续性。环境、社会和治理（Environment Social Governance, ESG）意识的增长越来越影响组织的决策制定。此风险用于审查组织制定战略以解决长期可持续性问题的能力。

（5）颠覆性创新。目前，正处于由颠覆性技术推动的创新业务模式时代。此风险用于审查各组织是否准备适应或利用颠覆性。

（6）经济和政治动荡。此风险用于审查组织在动态的、潜在动荡的经济和政治环境中所面临的挑战和不确定性。

（7）组织治理。治理涵盖了组织领导和管理的所有方面，包括规则、实践、流程和控制系统。此风险用于审查组织的治理是有助于目标的实现还是有碍于目标的实现。

（8）数据治理。组织对数据的依赖呈指数式增长。此风险用于审查组织对数据整体的战略管理，包括数据的收集、使用、存储、安全和处理。

（9）人才管理。此风险用于审查组织在提高技能和留住合适的人才，以实现其目标方面所面临的挑战。

（10）文化。此风险用于审查组织是否理解、监控和管理驱动期望行为的基调、激励措施和行动。

（11）业务连续性和危机管理。组织面临网络漏洞、新冠疫情、声誉丑闻、继任计划等多种重大的生存挑战。此风险用于审查组织对危机的准备、反应、应对和恢复的能力。

（二）国际内部审计的风险应对策略

钱伯斯认为，全世界的组织都在谈论如何管理和控制风险，不管是内部风险还是外部风险，不论是财务、运营、战略、科技、监管还是与声誉有关的风险都是需要关注的对象。根据 IIA 的调查，新冠疫情防控下国际内部审计应对审计风险的策略主要有以下三个方面。

一是提高内部审计风险评估与审计计划的更新频率。某些行业近三分之一的内部审计负责人表示将大幅提高风险评估频率，总体超六成的内部审计负责人希望提高审计计划更新频率。

二是加大非现场审计力度。更多地以审计软件、业务信息系统、大数据分析等非现场手段、模型代替现场审计，更加关注咨询活动，更多地投资审计信息化、智能审计机器人等项目。

三是增加对业务持续性、网络安全等风险的关注。内部审计应调整重心，关注由新冠疫情带来的企业财务、持续经营能力，网络安全，社会和组织治理等方面的风险。

三、对中国人民银行内部审计风险管理工作的启示

新冠疫情防控的复杂性和长期性，不断给内部审计工作带来风险和挑战。内部审计要通过理念创新、体制机制创新、技术方法创新、人才队伍创新等方式，充分应对风险，实现内部审计高质量发展。

（一）提高内部审计的前瞻性，提升风险管理水平

创新和变革是时代的主旋律，中国人民银行应不断创新审计理念，做好应对新冠疫情与风险长期化和进入风险控制新常态的前瞻性准备。一是适应风险发展变化的速度。明确中长期审计战略目标，培养进步和前瞻性的视角，采用更持续性的方式开展风险评估，增强网络安全等关键风险的评估，将内部审计逐渐从事后监督转变为提供事前战略规划，保证中国人民银行履职目标的实现，有效防范化解金融风险。二是注重开展风险管理审计。科学预见发展形势和隐藏其中的风险挑战，推动建立风险导向机制，提高内部审计在组织治理中风险防控的整体性水平。三是及时评估和完善内部审计计划。将审计资源集中在中国人民银行重点工作和管理层关注的重点审计领域，并积极采取新技术、新工具和新方法，引入远程审计，灵活调整审计计划。

（二）推动内部审计信息化建设，应对风险管理要求

中国人民银行内部审计要适应审计数字化、远程审计的发展形势，加强内部审计信息系统的建设，强化数据共享、数据安全、数据分析，夯实审计创新和风险管理的技术基础。一是构建全域大数据整合平台，实现审计数据和资料的传输、共享，使内部审计人员能够远程采集审计证据，在此基础上建设远程审计系统。二是加强数据安全建设，中国人民银行各业务条线存在诸多保密信息，应加强数据安全的管理，完善数据保密制度。三是加强数据分析和处理能力，通过引入数据分析模型、计算机辅助审计技术开发内部审计程序，实施非现场审计、自动化分析，提升审计效率。

（三）重视内部审计人才转型，适应审计高质量发展

中国人民银行审计人员的工作多集中于财务审计、各条线业务审计，容

易陷入审计工作的固有模式中。为应对审计风险，适应审计高质量发展要求，应采用以下几种方法提升内部审计人才队伍的整体水平：一是审计人员要有风险和创新意识。未来内部审计聚焦的风险不断更新，内部审计人员要增强风险辨识力和预见力，强化层级监督。二是审计人员要主动增强能力。IIA表示，经济新常态将更多地强调软技能。内部审计人员要加强数据分析、IT等知识储备，提升沟通、敏锐性、灵活性、主动性等软实力。三是中国人民银行要提高人才培养力度。利用央行网院 App 培训、开展职业讲座、进行岗位交流等多种方式，全面提升审计人员的综合素质，并鼓励审计人员开展继续教育进一步拓宽技能，培养高水平审计人才。

综合前置后存款准备金管理工作探悉

车 骅 杨瑞欣 朱晓旭 张 键[*]

中央银行会计核算数据集中系统（Accounting Data Centralized System，ACS）综合前置子系统于 2017 年 4 月上线，之后随着 ACS 综合前置子系统的推广和应用，越来越多的金融机构脱离传统的纸质办公形式，实现了线上业务办理，节约了金融机构的办公成本和时间成本，大幅提升了业务办理效率。

2021 年 12 月 13 日，根据中国人民银行总行发布的上调外汇存款准备金率 2% 的通知，辖内所有金融机构需要集中在这一天到柜台办理相关调整业务，在这次业务集中办理中部分金融机构在预留印鉴管理、业务操作等方面暴露了一些问题。同时，在处理 ACS 综合前置子系统发生故障需临时到柜台提交纸质材料等突发情况时，部分金融机构也表现出相同问题。这些问题充分体现出金融机构过于依赖系统办公，缺乏一定的培训、管理、应急机制。

一、存款准备金管理存在的问题

（一）预留印鉴的使用和管理存在漏洞

预留印鉴卡是中国人民银行审核金融机构提交业务的真实性和有效性的重要依据，载有金融机构留存在银行的印章模板、基础信息及相关业务经办人员的联系方式，金融机构应严格管理预留印鉴，妥善保管预留印鉴卡片。金融机构在柜台办理准备金交存、资金划拨、询证等业务时，需在其提交的业务资料上加盖预留印鉴，营业室经与留存的预留印鉴模板核对一致后，方可为金融机构办理相关业务。

---

* 车骅、杨瑞欣、朱晓旭、张键：供职于中国人民银行营业管理部营业室。

目前，金融机构在预留印鉴使用和管理方面主要存在以下问题：

1. 预留印鉴加盖错误

预留印鉴一般由财务章和法人章组合而成，而一些金融机构在柜台办理业务时，存在预留印鉴加盖不全或加盖错误的情况，在营业室向金融机构指出印鉴不符情况时，甚至出现金融机构询问营业室应加盖哪些章的情况。

2. 预留印鉴卡片丢失

预留印鉴卡片一式三份，分别由金融机构、营业室、事后监督部门保管，金融机构进行预留印鉴变更、销户操作时，需要将自己保管的预留印鉴卡片交还。部分金融机构因其保管的印鉴卡片丢失，如 2021 年有近 10 家金融机构无法将预留印鉴卡片交还，无法正常办理变更或销户手续，只能提交纸质说明。预留印鉴卡片作为重要的会计资料供双方留存备查，但就实践中存在的问题来看，很明显其并未得到个别金融机构的足够重视。

3. 预留印鉴未及时变更

已经接入 ACS 前置系统的金融机构的日常业务已实现线上处理，日常业务处理过程中无需向中国人民银行营业部门提供加盖预留印鉴的纸质业务资料，这就导致部分金融机构出现在法人或被授权作为预留印鉴签字人的高管调离岗位或退休，以及法人授权高管签章到期时，未及时到营业室柜台进行预留印鉴变更的情况，从而在遇到需要到柜台办理业务的应急情况时，由于预留印鉴已失效而无法及时办理业务。例如，2021 年 12 月 13 日要求 108 家金融机构集中到柜台办理业务，而某国有大型商业银行因日常通过 ACS 综合前置子系统提交业务，预留印鉴没有及时变更，导致业务没有及时处理。

（二）业务操作不规范

金融机构临时提交纸质业务材料时，应按照相关业务的制度要求在 ACS 专用凭证上准确填写账号、户名、准备金率、金额等信息并加盖预留印鉴，需另附的其他业务资料还要加盖单位公章及相关人员签章。营业室在审核金融机构提交的业务资料时发现了诸多填写不规范的问题，如不知道现行准备金率、不知如何计算应交外汇存款准备金、不知应填写币种符号、不知如何填写科目余额表、日期填写错误、印章加盖不全等。发生以上情况时，金融机构大多以岗位轮换、经办人员初次办理业务不熟悉等理由解释。

（三）对存款准备金政策理解不到位

存款准备金业务中存在考核期、报送期、维持期等几个时间周期概念，部分金融机构无法清楚区分不同周期，对外汇存款准备金的补退时间要求、境外人民币存款准备金的管理规则也时常与人民币准备金相关要求混淆，以致未能准时报送业务资料和补退资金，使准备金出现迟交、透支、外币补交资金款未及时到账等情况。据中国人民银行统计，2021 年财务公司人民币准备金考核异常情况数量比 2020 年增加近 50%；某国有大型商业银行 2021 年出现 3 次准备金余额不足的情况。

（四）制度意识薄弱

部分金融机构制度意识薄弱，抱有绕开规章制度的侥幸心理。例如，办理开户业务时，需提供营业执照副本原件，部分金融机构便存有畏难情绪，企图绕开规章制度，不携带原件办理；办理预留印鉴变更业务时，需提供经办人身份证复印件，个别金融机构担忧隐私泄露，使用签字笔在复印件上随意涂抹企图遮盖一些身份信息，经反复劝说才打消顾虑，提供正常的身份证复印件。

（五）对待考核态度不端正

本外币准备金和财政存款的考核及相关报表资料的提交，均有一定的时间要求，个别金融机构在临近考核结束时间时，经中国人民银行业务人员提醒仍觉无关紧要；或已经迟交，仍态度不端正。对于迟交、迟报资料的金融机构，中国人民银行会发放风险提示通知书，个别金融机构也不予重视，甚至个别财务公司在收到风险警告后，仍然会在同一种类业务中犯同种错误。

二、原因分析

出现上述问题，说明各金融机构的管理工作缺位，主要体现在以下几个方面：

（一）风险管理问题

1. 对预留印鉴管理不到位，缺乏风险意识

印鉴卡片上记载着金融机构在中国人民银行开立账户的重要信息，部分金融机构对预留印鉴的重视程度不足，风险意识薄弱，管理制度不完善，对印鉴卡片的保存及管理不当。部分金融机构未将印鉴卡片交由专人作为重要资料保管，或人员变动时交接遗漏，需使用印鉴卡片时才发现遗失。从根本上看，金融机构并未意识到印鉴卡片遗失可能会造成信息泄露甚至资金损失等风险。

2. 对存款准备金考核重视程度不够

存款准备金是金融机构按存款总额或负债总额的一定比例缴存中央银行的存款，是央行货币政策的重要工具，是防范金融风险的重要保障。部分金融机构未对存款准备金工作给予足够的重视，内部管理制度不完善，经办审核流于形式，或审批流程过于简单，风险把控不严，缺乏相应的监督及检查机制。某大型国有商业银行提交准备金业务资料存在拖延情况，屡次在临近报送结束期时提交材料，不仅自查时间不足，而且出现问题时也没有更正的机会。

3. 上线 ACS 综合前置系统后，过分依赖线上系统，缺乏应急意识

ACS 综合前置系统上线后，金融机构无需再提交加盖预留印鉴的纸质业务资料，这虽然给业务办理带来了极大便利，但在系统出现问题需要线下办理业务时，如果金融机构没有提前制定相应的应急方案和流程，不知晓线下办理业务所需的资料和手续要求，就不能及时处理业务。

（二）人员管理问题

1. 联系人变更办理不及时

金融机构在预留印鉴卡片上填写的联系人和联系方式会被作为重要信息录入相关系统留存备查，而部分金融机构更换经办人员较为频繁，在原联系人已经离职，或联系方式出现变化的情况下，未主动通知营业室柜台进行联系人或联系方式的变更，导致该单位的业务出现问题时无法第一时间联系到相关人员。

2. 经办人员缺乏有效的 AB 岗机制

AB 岗机制即预先安排好岗位替补及轮换人员，保证不管在何种情况下业务都能正常运转，降低差错率。部分金融机构因未设置 AB 岗机制，在原经办人员因特殊情况未能上岗时，临时更换业务负责人员，新上岗人员因初次办理业务不熟练、不了解准备金管理要求，容易出现材料填写不规范等基础性问题，个别金融机构甚至忽视了业务考核时限，出现迟交、透支等违规问题。

3. 缺乏对经办人员进行准备金考核方面的业务培训

因缺乏业务培训，经办人员对相关文件制度的学习不够，工作流于形式或疏忽大意导致材料填写不规范等基础性问题频出。部分金融机构甚至在人员变动时交接不清，政策传导不到位，没有进行相关业务培训，新的经办人员对准备金业务不了解、政策掌握不充分、办理流程不熟悉。

4. 经办人员素质参差不齐，欠缺责任心

部分金融机构的经办人员对本单位的管理要求不重视，对中国人民银行的规章制度不了解、不遵从，对待存款准备金工作态度不端正，面对问题敷衍了事，或未从事过会计工作，不具备基础能力。

三、下一步工作建议

针对上述问题，一方面有必要督促金融机构进一步加强存款准备金考核管理，提高对准备金考核工作的重视程度，增强风险防范意识；另一方面营业管理部可通过多处室协作，形成联动机制，强化外部管理，对金融机构形成威慑力，迫使其完善存款准备金相关工作。具体提出以下建议：

（一）金融机构方面

1. 加强预留印鉴管理

提高风险管理意识，完善预留印鉴相关管理制度并加大执行力度，如预留印鉴卡片交由专人保管，保障交接安全，增加现场检查内容，进行周期性检查等。

2. 加大存款准备金业务的监督检查力度

重视存款准备金工作，加强日常管理，做好日常监督及自我检查，规范提交准备金材料，遵守准备金的管理要求，做到不透支、不迟交、不欠交。

3. 制定应急处置方案

针对线上系统出现问题或因业务需要而进行柜台办理的情形，制定应急预案。要求员工熟练掌握线下柜台业务办理流程，知晓业务办理所需的资料和手续要求，作为 ACS 综合前置系统线上办理业务的备选应急方案，定期进行应急演练，确保系统出现故障时业务也能及时办理且办理流程畅通。

4. 加强人员管理，做好相关人员业务培训和考核

第一，建立工作交接机制。做好人员变动时的工作交接，如有联系人变更及时告知中国人民银行，确保业务出现问题时能在第一时间接到通知。第二，建立完善有效的 AB 岗机制，保证在业务人员变动时也能顺利完成存款准备金工作。第三，加强相关人员业务培训，引导其积极学习相关政策文件，加深对准备金政策的理解，尤其要深入了解存款准备金监测与考核的规则。

（二）营业管理部方面

1. 增加现场检查内容

在现有检查内容的基础上，建议由货币信贷管理处、支付结算处联合营业室等处室，增加针对存款准备金管理的现场检查内容，如预留印鉴卡片检查、存款准备金报送流程检查等。定期对金融机构的内部管理情况进行检查，有利于通过外部监督实现强化管理的目的。

2. 加大惩处力度

针对错误频出、对相关工作重视不够的金融机构，建议由货币信贷管理处、支付结算处根据营业部门提供的情况，通过系统内通报等方式予以警告提醒，强化管理，保障存款准备金管理工作的顺利完成。

ISO9001 质量管理体系应用于钞票处理业务的实践与思考

王　婧　卫宏泽　郭田田　杨　雪　李君宇*

在中国人民银行总行货币金银局和营业管理部党委的坚强领导下，北京钞票处理中心在做好日常钞票处理业务的基础上，自加压力，引入 ISO9001 质量管理体系，通过对照 ISO9001 质量管理体系，发现管理差距，采取措施加以改进，不断提升管理水平，助力钞票处理业务转型高质量发展。

一、ISO9001 质量管理体系及钞票处理业务概况

（一）ISO9001 质量管理体系简介

ISO 是国际标准化组织的简称。ISO9001 质量管理体系是一整套科学、系统的质量管理与质量保证的标准，是国际通行、国内提倡的质量管理工具。它坚持以顾客为关注焦点、领导作用、全员参与、过程方法、系统管理、持续改进、基于事实决策及与供方互利的关系等原则，强调 PDCA（策划、实施、检查、处置）循环和基于风险的思维，被大量世界知名组织采用，也与钞票处理业务管理内涵高度契合，给打造一流管理体系提供了可靠的路线图。

（二）ISO9001 质量管理体系理念与钞票处理业务管理理念高度契合

北京钞票处理中心由总行批准设立，主要负责北京地区回笼人民币清分、

---

　　* 王婧、郭田田、杨雪、李君宇：供职于中国人民银行营业管理部钞票处理中心。卫宏泽：供职于中国人民银行中关村中心支行。

复点及残损人民币机械化销毁等工作。依托北京立体库，北京钞票处理中心的硬件设备属于国内一流、世界领先，一流硬件需要一流管理。ISO9001 质量管理体系的质量管理原则与钞票处理业务管理理念高度契合。钞票处理业务的核心是钞票处理质量和安全管理，关系着提供给老百姓的现金质量和发行基金的安全。钞票处理业务要求从领导层面全面统筹安排、精准管理，各部门人员全员参与，树立全员质量意识，多维度地完善质量控制体系并加以实施，运用过程记录方法确保每个环节衔接紧密、流程顺畅，并不断探索创新，持续提升钞票处理业务质量和现金服务水平。

2020 年，北京钞票处理中心引进 ISO9001 质量管理体系，既充分应用 ISO9001 质量管理体系的理念，又纳入中国人民银行总行和营业管理部钞票处理业务技术规范、质量标准和安全管理的相关工作要求，建立了符合 ISO9001 质量管理体系要求的钞票处理业务综合管理体系，成为中国人民银行系统内首个通过 ISO9001 质量管理体系专业认证的钞票处理中心。

二、在钞票处理业务中建立 ISO9001 质量管理体系

（一）确定管理目标

质量方针和质量目标是 ISO9001 质量管理体系的"圆心"。北京钞票处理中心根据职责定位，结合模范机关创建要求，将"安全、规范、严谨、高效"生产，"把好货币循环最后一关""让党组织放心、让群众满意"作为质量方针，将"年度任务完成率100%、已处理钱捆差错发生率0、案件率0、事故率0"作为质量目标。围绕北京钞票处理中心质量目标的实现，明确各科室的质量分目标（见表1），并按过程策划实施细节。

表 1　分科室质量目标实施策划

责任部门	目标内容	资源	评价方式	完成时限	责任人
综合管理科	1. 耗材使用管理规范率：100% 2. 人员培训有效达到率：95%以上	库房人员培训资料	培训效果统计	2021 年	综合管理科科长

续表

责任部门	目标内容	资源	评价方式	完成时限	责任人
清分管理科	1. 年度任务完成率：100% 2. 长短款差错发生率：零发生 3. 假币漏检发生率：零发生 4. 清分机待机和停止时间占总操作时间：≤30% 5. 单机日均清分时间：达到中国人民银行总行考核要求 6. 设备按期维护率：100% 7. 机器停机故障率：≤45分钟/百万张 8. 操作员操作行为规范率：100% 9. 管理员按照日常工作清单履职率：100% 10. 业务负责人按照日常工作清单履职率：100% 11. 耗材使用管理规范率：100% 12. 案件率：零发生 13. 安全生产事故率：零发生	设备人员信息系统	业务系统统计、内外部检查	2021年	清分管理科科长
复点管理科	1. 年度任务完成率：100% 2. 长短款差错发生率：零发生 3. 假币漏检发生率：零发生 4. 设备按期维护率：100% 5. 操作员操作行为规范率：100% 6. 管理员按照日常工作清单履职率：100% 7. 业务负责人按照日常工作清单履职率：100% 8. 耗材使用管理规范率：100% 9. 案件率：零发生 10. 安全生产事故率：零发生	设备人员信息系统	业务系统统计、内外部检查	2021年	复点管理科科长
销毁管理科	1. 年度任务完成率：100% 2. 设备按期维护率：100% 3. 操作员操作行为规范率：100% 4. 管理员按照日常工作清单履职率：100% 5. 业务负责人按照日常工作清单履职率：100% 6. 耗材使用管理规范率：100% 7. 案件率：零发生 8. 安全生产事故率：零发生	设备人员信息系统	业务系统统计、内外部检查	2021年	销毁管理科科长

责任部门	目标内容	资源	评价方式	完成时限	责任人
业务 检查科	1. 人员培训有效达到率：95%以上 2. 案件率：零发生	人员培训 资料	培训效果 统计、 内外部 检查	2021 年	业务检查科 科长

（二）成立工作小组

北京钞票处理中心由中心主任带头，设立质量内审一名，下设五个工作小组（见图1），按照工作量合理安排每组人员，每组各有一名联络员。工作职责具体如下：中心主任负责制定工作要求、审核工作制度和流程并考核内审情况；质量内审负责学习 ISO9001 质量管理体系文件的内涵、标准和要求，进行过程管理、环节控制；各组联络员负责根据具体工作完善、更新本组工作制度和流程，同时根据专项内容定期抽查，并形成审查报告上报给中心主任。

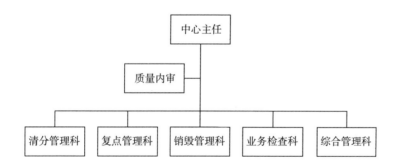

图1　北京钞票处理中心工作小组架构

资料来源：笔者自绘。

（三）建立文件框架

参照 ISO9001 质量管理体系，北京钞票处理中心梳理建立了具有多层结构的质量管理制度文件框架（见图2）。文件框架包括北京钞票处理中心质量管理手册、程序文件、规章制度和业务要求等，既融合了中国人民银行总行各项规章制度，比如钞票处理中心管理办法、不宜流通人民币纸币行业标准；同时又富有北京钞票处理中心工作特色流程，比如工用耗材管理、钱捆质量检查等。从制度数量上来看，在原有 30 个制度的基础上，又增加了 14 个，增幅达 47%。

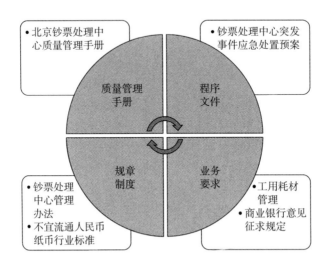

图 2　北京钞票处理中心质量管理制度文件框架

资料来源：笔者自绘。

（四）运用四个质量管理工具

1. 差错通报

为从源头上提升商业银行上交中国人民银行钱捆质量，北京钞票处理中心借助面向商业银行的上交现金差错款通报制度，主动将通报频次由季度调整为月度，通报内容由假币扩展为假币和长短款，并在通报中描述假币具体特征，提示商业银行保持警惕，督促商业银行积极落实全额清分管理要求，不断提升现金服务水平。

2. 实情测试

人为制造差错开展钞票处理业务实情测试，以检验并提高钞票处理人员发现差错和抵御风险的意识和能力。测试点既包括清分、复点和销毁业务环节对下一环节的监测，也包括各业务节点内部管理员对外包员工的横向测试，要求未通过者立行整改，并反映在其绩效考核结果中。以此督促钞票处理业务外包人员牢牢守住安全生产底线。

3. 定期沟通制度

采用电话、书面问卷调查等方式，不定期向中国人民银行总行、商业银行征求现金使用、差错管理等方面的意见和建议，了解中国人民银行总行的管理要求以及商业银行反映的市场情况，根据意见反馈情况，不断改进工作。清分管理科、复点管理科、销毁管理科每周与外包人员开展沟通，北京钞票处理中心每月与外包公司管理团队开展沟通，针对业务管理、人员管理等进行访谈，并制定改进措施。

4. 6S 管理

6S 即整理、整顿、清扫、清洁、素养、安全，可以概括为：

整理：要与不要，一留一弃；

整顿：科学布局，取用快捷；

清扫：清除垃圾，美化环境；

清洁：清洁环境，贯彻到底；

素养：形成制度，养成习惯；

安全：安全操作，以人为本。

6S 管理是以现场为中心推行的一项基础管理活动，坚持"问题眼光"和"自主"原则，要求不断地深入现场、发现问题、解决问题。北京钞票处理中心依照 ISO9001 质量管理体系要求，在各场地推广 6S 管理，对场地内各个区域进行清理整顿，统一标识摆放各个区域的物品，实现业务操作、物品摆放、现场管理的安全、标准，以环境有序促进行为有序，打造运行安全、作业标准、环境整洁的精品钞票处理中心。

三、取得的成效

（一）建立科学的钞票处理业务管理体系

以系统的、规范的管理模式取代以经验为指导的工作模式，坚持发挥领导作用，要求全员参与，靠制度管人，按程序办事，钞票处理业务管理工作更加精准化、科学化、程序化和规范化。各岗位、科室及全员各司其职又通力配合，常规工作有严密、成熟的流程，突发事件有经过演练的应急预案进行保障，使钞票处理质量、安全管理及风险因素始终处于受控状态。

（二）实现钞票处理业务质量控制均达标

ISO9001 质量管理体系的理念在北京钞票处理中心的应用大大提升了钞票处理业务质量和安全管理质量。运行以来，北京钞票处理中心克服新冠疫情等因素对生产的影响，顺利完成中国人民银行总行年度考核任务，实现已处理钱捆无差错，钞票处理业务无案件、无事故，在中国人民银行总行业绩考核中名列前茅，13 项清分业务质量控制目标均达标，10 项复点业务质量控制目标均达标（见图3）。

13项清分业务质量控制目标均达标	10项复点业务质量目标均达标
1.年度任务完成率：100%	1.年度任务完成率：100%
2.长短款差错发生率：零发生	2.长短款差错发生率：零发生
3.假币漏检发生率：零发生	3.假币漏检发生率：零发生
4.清分机待机和停止时间占总操作时间：≤30%	4.设备按期维护率：100%
5.单机日均清分时间：达到中国人民银行总行考核要求	5.操作员操作行为规范率：100%
6.设备按期维护率：100%	6.管理员按照日常工作清单履职率：100%
7.机器停机故障率：≤45分钟/百万张	7.业务负责人按照日常工作清单履职率：100%
8.操作员操作行为规范率：100%	8.耗材使用管理规范率：100%
9.管理员按照日常工作清单履职率：100%	9.案件率：零发生
10.业务负责人按照日常工作清单履职率：100%	10.安全生产事故率：零发生
11.耗材使用管理规范率：100%	
12.案件率：零发生	
13.安全生产事故率：零发生	

图3　清分业务、复点业务质量控制情况

（三）完善钞票处理业务风险应对措施

按照 ISO9001 质量管理体系要求，北京钞票处理中心在日常工作中坚持以问题为导向，主动梳理可能产生的风险，制定应对措施（见表 2）。针对可控的风险相应修订、完善和细化管理制度，不可控的风险及时制定应急预案，不断强化钞票处理质量和安全管理，补充完善了工用耗材管理、钱捆质量检查、销毁质量检查、商业银行意见征求规定、沟通管理、数据分析和业务差错奖惩规定等方面的内容，有效填补了管理空白，实现了目标引领与问题导向、建章立制与落地见效的良性关系。

表 2　钞票处理业务风险及应对措施

风险种类	风险描述	应对措施
不能完成销毁计划	因与货币金银处未做好沟通，导致可销毁残损人民币不足，从而不能完成销毁计划	针对不能完成销毁计划的风险，加强与货币金银处的沟通，由其协调商业银行保证残损人民币提前回笼到位
案件	因内部人员的道德风险，发生盗窃、贪污等案件	针对案件风险，加强人员选用和警示教育，严格执行制度，加强风险防控
安全生产事故	因操作不当或者设备原因，发生人员受伤、财产受损等安全生产事故	针对安全生产事故风险，从严选人用人，加强人员培训
业务差错	因人员责任心、技能原因，造成已处理的钱捆中有长短款或者漏检假币	针对业务差错风险，完善奖惩机制，对于频繁出现差错的人员依规做出处理
钱捆质量不合格	因人员责任心、技能原因或者设备原因，造成已处理的钱捆有捆扎不紧、名章不清、毛边等现象	针对钱捆质量不合格风险，树立质量意识，严格执行钱捆质量检查规定，加强质量管理
设备故障	因设备质量差或维护不到位，造成故障率高于可接受水平	针对设备故障风险，采购性能良好的设备，加强设备保养维护
质量管理体系流于形式	因组织、执行不到位，造成质量管理体系只是体现在纸面上，没有体现在实际操作中	针对质量管理体系流于形式的风险，切实发挥领导重视的关键作用，将质量管理体系与钞票处理制度体系深入融合，使质量管理体系有意义、可操作，持续、认真地开展质量管理

资料来源：笔者自绘。

ISO9001 质量管理体系标准的落实是一个长期的过程，首次通过认证后每年都要接受外部审核。北京钞票处理中心将在实践中坚持问题导向，结合中国人民银行总行关于钞票处理业务转型发展的新规定、新要求，持续改进有关流程，使这一先进管理工具真正成为钞票处理业务质量与安全管理的有力保障，守护让人民群众用上干净钱、放心钱的初心使命。

关怀关爱离退休干部的几点思考

顾振杰　张可森[*]

近年来，离退休干部处在营业管理部党委的坚强领导下，以政治建设为统领，全面落实从严治党主体责任，坚持和完善管理与服务并重的工作理念，在党支部活动、医疗服务、体检等老同志关切的问题上，为老干部办实事、解难题。本文旨在梳理离退休干部关心的问题，分析了这些问题目前的主要情况，并提出相应建议。

截至 2021 年底，营业管理部共有离退休干部 268 人（离休干部 5 人），其中党员 178 人，占比约 66%；80 岁以上党员有 39 人，平均年龄约 67 岁。营业管理部设有离退休党总支 1 个，4 个党支部。离退休干部处在营业管理部党委的坚强领导下，以政治建设为统领，坚持和完善管理与服务并重的工作理念，认真落实《关于进一步加强和改进离退休干部工作的意见》、中国人民银行总行党委《关于进一步加强和改进离退休干部工作的实施意见》的精神，以党史学习教育为契机，扎实开展"我为群众办实事"实践活动，推动了营业管理部离退休干部工作的高质量发展。

一、基本情况

（一）党支部活动情况

近年来，营业管理部党委积极落实离退休干部的政治待遇，把组织老干部学习党的十九大精神和贯彻习近平新时代中国特色社会主义思想作为首要政治任务。教育引领广大离退休党员始终保持公仆本色，始终牢记党员身份，

---

[*]　顾振杰、张可森：供职于中国人民银行营业管理部离退休干部处。

始终坚定理想信念，始终保持对党忠诚的政治品格，牢牢把握为党和人民的事业增添正能量的价值取向，弘扬中华民族传统美德，传递向上向善的精神力量，自觉在思想上政治上行动上同以习近平同志为核心的党中央保持一致。

为确保离退休干部党史学习教育顺利开展，确保学习取得实效，达到学史明理、学史增信、学史崇德、学史力行的目的，我们在营业管理部党委的统一领导下，积极组织四个党支部离退休党员积极开展党史学习教育，深入贯彻落实习近平总书记在党史学习教育动员大会上的重要讲话精神。按照中国人民银行总行的统一要求，组织离退休党员通过"离退休干部工作"微信公众号观看党史学习教育网上专题报告会。2021年七一前夕，营业管理部党委隆重为28名离退休党员颁发"光荣在党50年"纪念章，举办"新老党员话初心　薪火相传担使命"座谈会，引导年轻党员干部赓续光荣传统、传承红色基因，增强了离退休党员的荣誉感、归属感、使命感。为弘扬党的优良传统、赓续红色血脉，贡献智慧和力量。

不断加强离退休干部党支部班子建设。根据党支部建设的要求，2021年我们对三个党支部班子进行了改选。更加注重选好选强班子成员，充分结合实际情况和老同志的特点，坚持选配党性强、威信高、身体好、有奉献精神且担任过处级领导的退休干部担任支部书记。同时，各党支部根据本支部党员人数配强班子，根据年龄结构层次等因素选配支委，不断优化支委结构。各党支部书记、支委带领全体党员共同学习党的十九届六中全会精神，发挥党支部的组织引领作用，发扬党员先锋模范带头作用，掀起学习和贯彻中央全会精神热潮，切实把思想和行动统一到全会精神上来，进一步发挥了老干部的政治优势、经验优势和威望优势。

（二）医疗服务、体检基本情况

"我为群众办实事"是党史学习教育不忘初心、牢记使命的工作要求。离退休干部处认真践行全心全意为老干部服务的宗旨，把老干部时刻放在心里。在为老干部办实事的过程中不断赢得了老干部的赞许，增强了营业管理部和离退休人员的联系。2021年我们主要做了以下工作。

为了保证老干部的生活待遇，体现党委关心爱护老同志之情，针对离退休干部的医药费报销比例与在职人员存在一些差距的情况，营业管理部党委大力推进，促使营业管理部修订完善了《离退休干部医药费管理办法》，提高了离退休干部的医药费报销比例和居住养老院就近看病无公立医院就医的报销标准，保证了老同志的健康需求，提升了其就医满足感。

在营业管理部相关处室的大力支持下，2021年离退休干部体检工作圆满完成，参检人员共184人。离退休干部处在严格遵守北京市新冠疫情防控要求、落实防控措施的基础上，本着"健康至上，精准服务"原则，通过精心组织、悉心安排，确保了体检工作顺利、安全、有序开展。一是选定了爱康国宾体检中心，该中心在北京有十多家体检网点，方便了离退休干部就近体检。二是提高了离退休干部体检的费用，增加了体检项目。三是细化体检方案。以微信、电话等多种方式，将体检时间通知到每一位老同志，让老同志充分了解体检项目、注意事项，力争做到"应检尽检"。四是派人专门协助老同志体检，得到老同志和家属的好评。五是加强与后勤服务中心的配合，加强与体检中心的沟通协调，及时解决体检过程中出现的各种问题，如保证每一位体检的老同志及时收到体检报告等。

二、存在的问题

（一）渐老趋势与家庭角色负相关

从党支部班子建设看，由于离退休干部年事已高，存在"后继队伍"问题。老年群体是一个非常特殊的群体，呈现出年纪较大、行动不便，居住分散，难于管理的特征。部分老同志离开工作岗位后，参加学习教育少了，政治意识有所减弱，政治观念有所淡化，对自身要求有所放松；更多的老同志退休后或为安度晚年，或为照顾儿孙，或为异地疗养，这些也占去过多的时间，极大影响了老同志参与组织活动的时间和精力。特别是很多老同志老党员因身体原因，不能及时参加党的组织生活，给各支部的各项工作带来了诸多不便，使党支部班子建设、支部工作受到一定影响，因而造成党员学习和组织生活不能得到较好的落实。

（二）精细化管理的需求

老干部医药费的报销规定，限定老干部只能在公立医院看病才能报销这一事实，给住在养老院及无子女照顾的老人带来一定的困难，《离退休干部医药费管理办法》解决了部分问题。在体检方面，离退休同志的需求和在职同志的需求往往不同，不能简单地"一刀切"。比如，有的老同志行动不便，希望就近体检，而有的老同志希望和在职人员一起体检。又如，老同志对身高体重等一般的检查项目关注不够，认为它们对身体健康帮助不大，且做此类检查也消耗体力和精力。老同志更专注于自己需要的项目，希望尽快完成体检。但受多种因素的制约，体检只能满足大多数人员的需求。

三、应对问题的思考

离退休干部处紧紧围绕党委决策部署，聚焦问题、找准路径、创新方法，以政治建设为统领，以组织建设为重点，坚持一手抓标准规范，一手抓活动创新，烧旺锤炼党性大熔炉，让党组织和老党员行有参照、做有标准，从而达到政治生活有温度、理论学习有深度、党员教育有强度、康健生活有力度的目标。

一是政治引领。老干部工作是建设有中国特色社会主义事业的重要组成部分，老干部党支部在做好老干部工作中具有不可替代的责任和作用。因此，重视老干部党支部建设，不仅是关心爱护老干部的一项基础性工作，也体现出一种政治责任，而且是促进党的建设、维持社会稳定的一个重要环节。2021年，营业管理部领导高度重视离退休干部党支部建设工作，从思想上真正关心重视离退休干部党支部工作，积极创造条件，给予支部工作在人、财、物上的大力支持。挂牌离退休干部活动中心，满足离退休干部活动需求。实践证明，老干部工作做得好，必然依靠有凝聚力、有战斗力、有活力的老干部党支部，而真正过硬的老干部党支部工作，则必得益于领导的重视和支持，得益于全体党员的共同努力。应积极倡导老同志参与为党的事业增添正能量活动，利用党员活动日和重大节日等活动，正确引导离退休干部弘扬正气、传播中国好声音。

二是制度先行。采取有效措施降低医药费个人垫付比例，缩短报销周期，确保医药费能够及时报销，在合理范围内增加养老院药费报销额度。完善离退休干部困难帮扶机制。做好离退休干部医药费统筹管理工作，并保证老同志就近就医。协助子女不在身边的离退休职工看病就医，帮助外地居住人员和临时外出人员办理异地就医及医药费结算事宜；保障离退休干部看病就医用车；为离退休职工提供有关就医、医疗保险、保健等方面的政策解读与咨询。

三是规范保障。离退休干部党支部要进一步建立健全组织生活、流动党员管理、党费收缴和管理、监督检查等各项规章制度。制度建设要在继承过去好传统、好经验、好做法的基础上，把制度执行中的原则性和灵活性结合起来。根据离退休干部党员自身特点，注重实效，按照就地就近、简便易行、保证安全的原则，把理论学习、情况通报、民主评议等组织生活和健康知识讲座、文体活动、参观考察等活动结合在一起，建立离退休干部党员"长期受教育，永葆先进性"的长效机制，通过加强制度建设来不断推进离退休干部党建工作的制度化、规范化、科学化。努力在人员、经费、场所等方面为离退休干部党支部开展活动不断创造条件。

四是发挥党支部战斗堡垒作用。党支部作为营业管理部党委和离退休干部联系的桥梁，应详细掌握每名离退休党员的思想、学习、生活和身体状况，要用心用情做好离退休党员服务工作，做到精神上送关怀、思想上送营养、生活上送温暖，多为老干部们创造机会、提供平台。积极引导离退休干部参与支部决策，促使离退休干部党支部在自我管理、自我教育、自我服务等方面发挥积极作用。努力把离退休干部党支部建设成"支部班子好、党员队伍好、活动开展好、制度建设好、作用发挥好"的五好支部。